Equipe de Realização
Supervisão Editorial: J. Guinsburg
Projeto Gráfico e Capa: Sergio Kon
Revisão: Eloísa Graziela Franco de Oliveira, Marcos Silva e Saulo Alencastre
Produção: Ricardo Neves e Raquel Fernandes Abranches

As letras do alfabeto foram desenhadas por Virgilio Maia, sobre marcas de ferrar gado, a partir de idéia original de Ariano Suassuna

DICIONÁRIO CRÍTICO CÂMARA CASCUDO

MARCOS SILVA
(Organizador)

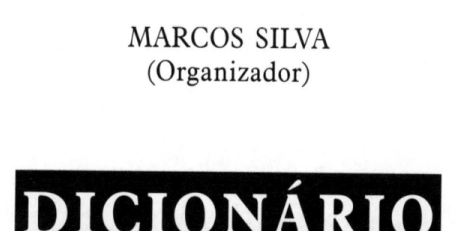

Dados Internacionais de Catalogação na Publicação (CIP)
(Câmara Brasileira do Livro, SP, Brasil)

Dicionário Crítico Câmara Cascudo/Marcos Silva, organizador. – São Paulo: Perspectiva, 2006.

1ª reimpr. da 1. ed. de 2003
Vários autores.
Bibliografia
ISBN 85-273-0592-5

1. Brasil – História 2. Brasil – Usos e costumes 3. Cascudo, Luís da Câmara, 1898-1986 – Crítica e interpretação 4. Cultura popular – Brasil 5. Escritores brasileiros – Dicionários 6. Folclore – Brasil I. Silva, Marcos

03-4106 CDD-869.98

Índices para catálogo sistemático:

1. Escritores brasileiros: Apreciação crítica: Literatura brasileira 869.98

Direitos reservados à
EDITORA PERSPECTIVA S.A.

Av. Brigadeiro Luís Antônio, 3025
01401-000 São Paulo SP
Telefax: (0--11) 3885-8388
www.editoraperspectiva.com.br

2006

SUMÁRIO

NOTA PRELIMINAR
Marcos Silva .... *XIII*

 ALMA PATRÍCIA
Moacy Cirne *1*

ANTOLOGIA DA ALIMENTAÇÃO NO BRASIL
Nancy Alessio Magalhães *3*

ANTOLOGIA DO FOLCLORE BRASILEIRO
Maristela Oliveira de Andrade *7*

ANTOLOGIA DE PEDRO VELHO
Almir de Carvalho Bueno *10*

ATENEU NORTE-RIO-GRANDENSE
Olga Brites *12*

 BREVE HISTÓRIA DO PALÁCIO POTENGI
Angela Lúcia de Araújo Ferreira *17*

 NO CAMINHO DO AVIÃO
Maria Amélia M. Dantes *21*

CANTO DE MURO
Telê Ancona Porto Lopes *23*

A CARNAÚBA
Gilmar de Carvalho *27*

A CASA DE CUNHAÚ
Mário Ruldolf *29*

CINCO LIVROS DO POVO
Carlos Rodrigues Brandão *31*

CIVILIZAÇÃO E CULTURA
Vânia Gico *34*

OS COMPADRES CORCUNDAS E OUTROS CONTOS BRASILEIROS
Beth Brait 38

CONDE D'EU
Esmeralda Blanco Bolsonaro Moura 40

CONTOS TRADICIONAIS DO BRASIL
Hilário Franco Jr. 46

A COZINHA AFRICANA NO BRASIL
Wilson Nascimento Barbosa 48

DANTE ALIGHIERI E A TRADIÇÃO POPULAR NO BRASIL – 1^a *versão*
Teresa Aline Pereira de Queiroz 51

DANTE ALIGHIERI E A TRADIÇÃO POPULAR NO BRASIL – 2^a *versão*
Franco M. Jasiello 54

DICIONÁRIO DO FOLCLORE BRASILEIRO
Martha Abreu 59

O DOUTOR BARATA – POLÍTICO, DEMOCRATA E JORNALISTA
István Jancsó 62

ENSAIOS DE ETNOGRAFIA BRASILEIRA
Edinaldo Bezerra de Freitas 67

ESTATUTOS DA SOCIEDADE BRASILEIRA DE FOLK–LORE
Zélia Lopes da Silva 71

FABULÁRIO DO BRASIL
Airton José Cavenaghi 77

FLOR DE ROMANCES TRÁGICOS
Diva Cunha 80

FOLCLORE NOS AUTOS CAMONIANOS
Joaci Pereira Furtado 83

FOLCLORE DO BRASIL
Raquel Trindade, A Kambinda 84

GENTE VIVA
Lourival Holanda 87

GEOGRAFIA DO BRASIL HOLANDÊS
Pedro Puntoni 90

GEOGRAFIA DOS MITOS BRASILEIROS
Renato da Silva Queiroz 92

GOVERNO DO RIO GRANDE DO NORTE
Marc Hoffnagel 96

HISTÓRIA DA ALIMENTAÇÃO NO BRASIL
Paula Pinto e Silva 99

UMA HISTÓRIA DA ASSEMBLÉIA LEGISLATIVA DO
RIO GRANDE DO NORTE
Homero de Oliveira Costa 101

HISTÓRIA DA CIDADE DO NATAL
Leda Guimarães 105

HISTÓRIA DE UM HOMEM (JOÃO SEVERIANO DA CÂMARA)
Renata Marinho Paz 107

HISTÓRIA DOS NOSSOS GESTOS
Denise Bernuzzi de Sant'Anna 109

HISTÓRIA DA REPÚBLICA NO RIO GRANDE DO NORTE
Marlene da Silva Mariz 111

HISTÓRIA DO RIO GRANDE DO NORTE
Marcos Antonio da Silva 114

HISTÓRIAS QUE O TEMPO LEVA...
Carlos Eduardo dos Reis 119

OS HOLANDESES NO RIO GRANDE DO NORTE
Raquel Mizrahi 124

O HOMEM AMERICANO E SEUS TEMAS
Maria Helena P. T. Machado 128

INFORMAÇÃO DE HISTÓRIA E ETNOGRAFIA – 1^a *versão*
John M. Monteiro 131

INFORMAÇÃO DE HISTÓRIA E ETNOGRAFIA – 2^a *versão*
Maria Sylvia Porto Alegre 135

JANGADA
Bianor Paulino 139

JANGADEIROS
Heloísa de Faria Cruz 141

JERÔNIMO ROSADO (1861-1930): UMA AÇÃO BRASILEIRA NA
PROVÍNCIA
Raimundo Arrais 143

JOIO
Humberto Hermenegildo de Araújo 146

L

LENDAS BRASILEIRAS
Rui Sá Silva Barros *151*

LITERATURA ORAL
Jerusa Pires Ferreira *153*

O LIVRO DAS VELHAS FIGURAS
Cláudio Augusto Pinto Galvão *156*

LOCUÇÕES TRADICIONAIS NO BRASIL: COISAS QUE O POVO DIZ
Diana Luz Pessoa Barros *160*

LÓPEZ DO PARAGUAY
André Amaral de Toral *164*

M

MADE IN AFRICA
Thaís Veloso Cougo Pimentel *169*

O MARQUEZ DE OLINDA E O SEU TEMPO
Izabel Andrade Marson *171*

MELEAGRO – *1ª versão*
Marlise Meyer *176*

MELEAGRO – *2ª versão*
Roberto Motta *180*

OS MELHORES CONTOS POPULARES DE PORTUGAL
Nelly Novais Coelho *185*

EM MEMÓRIA DE STRADELLI
José Ribamar Bessa-Freyre *188*

MITOS BRASILEIROS
Sérgio Alves de Souza *192*

MOSSORÓ, REGIÃO E CIDADE
Douglas Araújo *198*

MOUROS, FRANCESES E JUDEUS
Maria Luiza Tucci Carneiro *201*

MOVIMENTO DA INDEPENDÊNCIA NO RIO GRANDE DO NORTE
Cecília Helena Salles Oliveira *205*

N

NOMES DA TERRA
Fátima Martins Lopes *209*

NOSSO AMIGO CASTRICIANO (1874-1947) – *1ª versão*
Manuel Onofre Jr. *212*

NOSSO AMIGO CASTRICIANO (1874-1947) – *2ª versão*
Tarcísio Gurgel *215*

NOTAS E DOCUMENTOS PARA A HISTÓRIA DE MOSSORÓ
José Lacerda Alves Felipe 217

NOTAS PARA A HISTÓRIA DA PARÓQUIA DE NOVA CRUZ
Antonio Almeida 219

NOTÍCIA SOBRE DEZ MUNICÍPIOS POTIGUARES
Cláudio de Oliveira 222

NOTÍCIA HISTÓRICA DO MUNICÍPIO DE SANTANA DO MATOS
Muyrakitan Macedo 224

ONTEM – MEMÓRIAS
Moacyr de Góes 227

O PADRE MIGUELINHO E OUTROS TEMAS CASCUDIANOS
Glacyra Lazzari Leite 233

PARÓQUIAS DO RIO GRANDE DO NORTE
Inácio Magalhães Sena 236

PEQUENO MANUAL DO DOENTE APRENDIZ
Yara Nogueira Monteiro 237

PRELÚDIO DA CACHAÇA
Yara Aun Khoury 241

PRELÚDIO E FUGA DO REAL
Jomard Muniz de Britto 244

O PRÍNCIPE MAXIMILIANO DE WIED NEUWIED NO BRASIL
José Carlos Barreiro 247

REDE DE DORMIR
Nássaro Nasser 251

NA RONDA DO TEMPO
Cléria Botelho Costa 254

SELETA DE LUÍS DA CÂMARA CASCUDO
Frederico Augusto Garcia Fernandes 261

EM SERGIPE DEL REY
Luiz Antônio Barreto 265

SOCIOLOGIA DO AÇÚCAR
Vera Ferlini 266

SUPERSTIÇÕES NO BRASIL
Sônia Aparecida Siqueira 270

T O TEMPO E EU – MEMÓRIAS

Lauro Ávila Pereira 277

TRADIÇÃO, CIÊNCIA DO POVO
Margarida de Souza Neves 280

TRADIÇÕES POPULARES DA PECUÁRIA NORDESTINA
Alzir Oliveira 283

TRINTA "ESTÓRIAS" BRASILEIRAS
Deífilo Gurgel 285

V VAQUEIROS E CANTADORES

Ivone Cordeiro Barbosa 287

A VAQUEJADA NORDESTINA E SUA ORIGEM
Silvia Ilg Byington 291

VIAJANDO O SERTÃO
José Maria de Oliveira Silva 294

VIDA BREVE DE AUTA DE SOUZA (1876-1901)
Nelson Patriota 296

VIDA DE PEDRO VELHO
Sérgio Luiz Bezerra Trindade 299

VOZ DE NESSUS
Marinalva Lima 303

BIBLIOGRAFIA 307

COLABORARAM NESTE VOLUME 317

NOTA PRELIMINAR

"Se Cascudo é o Tema..."^{1}

Este volume é composto por análises dos livros de Luís da Câmara Cascudo (1898-1986), um dos mais importantes estudiosos da cultura popular no século XX e autor de dezenas de títulos, dentre os quais clássicos do pensamento brasileiro, como *Cinco Livros do Povo* [11]*, *História da Alimentação no Brasil* [30], *Vaqueiros e Cantadores* [32] e *Literatura Oral* [46].

Através desses e de outros de seus estudos, foram configuradas dimensões de sociabilidade do homem comum brasileiro, visíveis no cotidiano de alimentação, moradia e vestuário, nos rituais de nascimento e morte, nas identidades de gênero e faixa etária, em oralidade, gestos, lembranças, comemorações e tantas outras faces da condição humana. Esse universo temático local e regional retomou também tradições milenares de diferentes povos, evidenciando vasta e cosmopolita erudição do escritor.

Cascudo foi amigo pessoal e colaborador de Mário de Andrade na viagem de pesquisa folclórica, musical e estética que o modernista paulistano fez a Natal na década de 1920, e os dois trocaram correspondências nos anos seguintes. Escreveu em múltiplos campos do saber – etnografia, história, estudos literários etc. – e lecionou no Ateneu Norte-Rio-Grandense, tradicional escola de Natal, a qual também dirigiu, na Faculdade de Filosofia de Natal e na Faculdade de Direito – depois, uma das unidades-piloto da UFRN.

Começando a publicar livros na década de 1920 (*Alma Patrícia* [1] é de 1921), Câmara Cascudo desfrutou de vigência intelectual no Brasil desde aquela época, e no exterior, alguns anos depois, numa produção que percorreu múltiplas conjunturas políticas e intelectuais, brasileiras e mundiais^2. Suas opções teóricas e polí-

---

1. Verso do samba-enredo *Esses São Outros 500*, de Serginho, Melão e Dor, da escola de samba Império do Cambuci, São Paulo, folheto avulso, 2000.
* Os números entre colchetes remetem às fontes citadas dos livros de Câmara Cascudo, nesta p. e ss.
2. Alguns depoimentos de autores como Carlos Drummond de Andrade, Eneida, Gilberto Freyre, Jorge Amado, Herman Lima, Paulo Rónai e Afonso Arinos de Melo Franco, dentre outros, que atestam esse prestígio, foram reunidos em: *Província*, Natal, Fundação José Augusto, 2, 1968 (há reedição fac-símile, de 1998, pela mesma instituição).
Sobre trajetos do autor, vale a pena consultar também as biografias: Américo de Oliveira Costa, *Viagem ao Universo de Câmara Cascudo – Tentativa de Ensaio Biográfico*, Natal, Fundação José Augusto, 1969 e Diógenes da Cunha Lima, *Câmara Cascudo – Um Brasileiro Feliz*, 3ª ed., Rio de Janeiro, Lidador, 1998.

ticas foram marcadas por um recorte conservador, do monarquismo explícito dos anos de 1920 e 1930^3 à liderança integralista no Rio Grande do Norte, ao longo da última década^4, desdobrando-se no convívio cordial com o Estado Novo (1937-1945)^5 e a ditadura militar dos anos 1960-1980^6.

Essa faceta de sua identidade convida a refletir sobre os conceitos de povo com que trabalhou, situados no campo do pensamento conservador^7. Ao mesmo tempo, ela requer especial cuidado para não ser transformada em tópico dedutivo ou chave explicativa de toda uma obra: não se conhece conjunto de estudos similar ao de Cascudo desenvolvido por outros monarquistas, integralistas e simpatizantes das ditaduras estado-novista e militar; ele dialogava com algumas tradições brasileiras no estudo da cultura popular que não se confundiam automaticamente com aquele espectro político – Sílvio Romero, Euclides da Cunha, Capistrano de Abreu, Mário

3. Mamede cita artigos em que Cascudo anuncia a possibilidade de breve domínio do Brasil por Luís de Orleans Bragança ("A Propaganda Monarchica", *Imprensa*, Natal, 24 nov. 1918), considera injustos a expulsão e o banimento da família real pelos republicanos e propõe sua vinda ao Brasil para o primeiro centenário da independência ("A Liberdade da 'Redemptora'", *Imprensa*, Natal, 9 maio 1920) e "Defende a idéia do estabelecimento do III Império do Brasil [...]" ("Imprensa Monarchica", *Boletim Ariel*, 2 [10]: 256, jul. 1933). Zila Mamede, *Luís da Câmara Cascudo: 50 Anos de Vida Intelectual 1918-1968*, Natal, Fundação José Augusto, 1970, pp. 121, 165 e 174.
4. Essa militância foi objeto do livro: Luiz Gonzaga Cortez G. de Melo, *Câmara Cascudo, o Jornalista Integralista*, Natal, CCHLA/UFRN, 1995. Sobre uma das fontes totalitárias do Integralismo, Cascudo comentou que "A soma das vogais e das consoantes do nome – 3 + 8 – é igual ao número da sorte: 11 – que é fortuna e glória". Luís da Câmara Cascudo, "Adolph Hitler através da Numerologia", *A República*, Natal, 1º out. 1933. Registrado em: Zila Mamede, *op. cit.*, p. 200.
5. Durante o Estado Novo, um livro e um opúsculo de sua autoria mereceram edições oficiais: Luís da Câmara Cascudo, *O Doutor Barata – Político, Democrata e Jornalista* [19] e *Sociedade Brasileira de Folklore*, Natal, Oficinas do DEIP, 1942. Este título não está incluído neste *Dicionário* porque não foi localizado em instituições públicas de Natal, São Paulo e Rio de Janeiro. Sua autoria foi atribuída em: Zila Mamede, *op. cit.*, p. 46.
6. Maria Conceição Pinto de Góes recorda que, em 1964, quando muitos dos participantes do governo de Djalma Maranhão (prefeito natalense de esquerda, cassado e preso naquele momento) foram perseguidos, processados e presos, tentou "pegar atestados das figuras importantes da cidade, políticos ou intelectuais, que afirmassem que o trabalho da Prefeitura não era subversivo. [...] Nem sempre fomos bem-sucedidos. Alguns intelectuais que freqüentavam a casa de Djalma Maranhão e os palanques da Prefeitura recusavam-se a atestar, alegando não conhecerem a fundo os problemas da Prefeitura. Foi assim com Luís da Câmara Cascudo, quando pedi-lhe um depoimento sobre o trabalho cultural da Diretoria de Documentação e Cultura, com o qual tantas vezes havia colaborado". *Apud* Mailde Pinto Galvão, *1964: Aconteceu em Abril*, Natal, Clima, 1994, pp. 118-119. Em 1967, Cascudo foi indicado para o Conselho Federal de Cultura. Diógenes Lima registra a visita de Lucy Geisel, mulher do presidente general Ernesto Geisel, ao etnógrafo, que a tratou como "menina": Diógenes da Cunha Lima, *Câmara Cascudo – Um Brasileiro Feliz*, p. 156. Vânia Gicco refere título de entrevista de Cascudo, apoiando sutilmente a candidatura presidencial de Paulo Maluf, do PDS, em 1984: "Para Cascudo, Maluf é Inovador (Tancredo Neves talvez Represente o Continuísmo)", *Correio Brasiliense*, Brasília, 10 out. 1984. *Apud* Vânia Gicco, *Luís da Câmara Cascudo: Bibliografia Comentada (1968-1995)*, Natal, EDUFRN, 1996, pp. 154 e 351. Nesse episódio, há uma surpreendente desvalorização da continuidade (Neves), que sempre foi muito cara a Câmara Cascudo em termos de método.
7. Essa abordagem do popular em autores europeus dos séculos XIX e XX foi analisada no volume: Raphael Samuel (org.), *Historia Popular y Teoria Socialista*, trad. Jordi Beltran, Barcelona, Crítica, 1984.

de Andrade; a dimensão política, embora importante, não se constitui na única via explicativa de um fazer cheio de nuanças teóricas, empíricas e estéticas. Cabe refletir sobre as complexas relações entre esse universo do pensamento conservador e a ênfase na continuidade de longuíssima duração (numa perspectiva comparativa, desde antes de Fernand Braudel elaborar formalmente aquele conceito num outro contexto teórico)^8 das experiências humanas, que percorre as obras-primas apontadas.

Aquelas opções interpretativas também se manifestam de diferentes formas ao longo das várias décadas de sua produção. É assim que critérios raciais se fazem muito fortes em passagens de *Histórias que o Tempo Leva...* [37] e *Viajando o Sertão* [84], surgem mais diluídos em *Vaqueiros e Cantadores* [82] ou *História do Rio Grande do Norte* [36] e praticamente desaparecem nos ensaios de *Tradição, Ciência do Povo* [79]. No mesmo sentido, a seleção dos personagens de suas primeiras biografias (Conde d'Eu [14], Marquês de Olinda [51], Solano López [49], mesmo Cipriano Barata [19]) indica ligação temática com o período imperial, articulada também aos seus vínculos com a Societé d'Études Historiques Dom Pedro II^9. Posteriormente, seu espectro de biografados ficou mais concentrado no universo da política e da cultura do Rio Grande do Norte – Auta de Souza, Henrique Castriciano de Souza, Pedro Velho, João Câmara, Jerônimo Rosado –, do final do século XIX e início do século XX, reforçando o argumento local ou regional^{10}.

Como historiador e biógrafo, Cascudo assumiu freqüentemente posturas mais convencionais, ligadas a vieses da política oficial. Em contrapartida, sua produção de etnógrafo (a partir de *Vaqueiros e Cantadores* [82], de 1939, com primeiros esboços em *Viajando o Sertão* [84], de 1934, e *Em Memória de Stradelli* [54], de1936) descortina, em muitos momentos, vastos universos de significação histórica e agentes sociais, com especial destaque para a erudição popular, equiparando-se à importância de outros autores que, a partir de Modernismo e Regionalismo, debateram esse universo (o próprio Mário de Andrade e Gilberto Freyre, por exemplo)^{11}, embora o norte-rio-granden-

---

8. Fernand Braudel, "História e Ciências Sociais – A Longa Duração", *Revista de História*, trad. Ana Maria Camargo, São Paulo, XVI (62), pp. 261-294, abr.-jun. 1965 (1ª ed. francesa 1958).

9. Zila Mamede registra essa ligação associativa. Zila Mamede, *op. cit.* A fragilidade temática e analítica da biografia do conde d'Eu foi objeto de duras críticas em carta de Mário de Andrade: "Porque em vez do príncipe vazio você não pegou a Nísia Floresta, cheia, não esgarafunchou, não analisou, não descreveu ela?" Mário de Andrade, Carta de 9.6.1937, em *Cartas de Mário de Andrade a Luís da Câmara Cascudo*, Belo Horizonte/Rio de Janeiro, Villa Rica, 1991, p. 147. Artigo anterior de Cascudo sobre Nísia Floresta considerou-a "[...] muito justamente esquecida em sua terra, com quem nada tem em comum". Luís da Câmara Cascudo, "O Busto de Nísia Floresta", *República*, Natal, 11 maio 1930. *Apud* Zila Mamede, *op. cit.*, p. 192.

10. [85], [60], [86], [33] e [43]. Exceção nessa tendência, pelo período em que viveu o personagem, é o estudo genealógico sobre o Padre Miguelinho, mártir norte-rio-grandense do Movimento de 1817: [66]. Um bom guia sobre as reedições fac-símile de Câmara Cascudo pela Fundação Vingt-Un Rosado é: Isaura Ester Fernandes Rosado Rolim, *Bibliografia de Luís da Câmara Cascudo no Boletim Bibliográfico e na Coleção Mossoroense*, Mossoró, Fundação Vingt-Un Rosado, 1998 (Mossoroense / B / 1487).

11. Mário de Andrade, *Danças Dramáticas do Brasil*, São Paulo, Martins, 1959. Gilberto Freire, *Casa-Grande & Senzala*, 30ª ed., Rio de Janeiro, Record, 1995 (1ª ed.: 1933).

se não costume ser incluído na maioria dos estudos gerais sobre a modernidade brasileira dos anos de 1920 e 1930^{12}.

Na condição de intérprete da história do Brasil, em múltiplos campos de escrita, Câmara Cascudo enfatiza dimensões de tradição e continuidade milenares, num contexto marcado intelectualmente pela nostalgia diante da perda de tradições (Freyre) e pela busca de novas alternativas para a sociedade brasileira (Prado Jr. e Buarque de Hollanda)^{13}.

Câmara Cascudo experimentou, ainda em vida, processo de monumentalização em Natal, de nome de rua, prêmio cultural, Biblioteca e Museu de Antropologia, a transformação de sua casa em referência turístico-cultural da cidade, atingindo construção de Memorial após seu falecimento. O respeito que ele despertou em instituições de pesquisa em outras cidades do Brasil e no exterior não foi menor, como se verifica através de sua correspondência e da participação em simpósios, viagens de estudos e publicações, bem como nas referências que seus escritos receberam e continuam a merecer.

Em 1998, comemorou-se seu centenário, oportunidade para a retomada e ampliação de um debate sobre aquela produção, esgotada em grande parte nas editoras que a lançaram originalmente (muitas das quais atuando apenas no circuito regional de distribuição, o que dificulta o acesso aos livros fora dessa área), ou mesmo inédita^{14}.

Certos excessos no culto à pessoa e à obra de Câmara Cascudo, manifestos na própria menção a uma "cascudologia" (em alguns casos, talvez seja mais correto falar em cascudolatria), têm por contrapartida a tentação iluminista de "desmontar o mito", que pode, facilmente, significar tiro pela culatra em quem a reivindicar: sendo intensa

---

12. Ele não foi objeto de análises em manuais e ensaios como: Mário de Andrade, "O Movimento Modernista", *Aspectos da Literatura Brasileira*, 4ª ed., São Paulo/Brasília, Martins/INL, 1972, pp. 231-255 (1ª ed. da conferência: 1942). Mário da Silva Brito, *História do Modernismo Brasileiro – Antecedentes da Semana de Arte Moderna*, Rio de Janeiro, Civilização Brasileira, 1964. Wilson Martins, *O Modernismo (1916-1945)*, São Paulo, Cultrix, 1967 (Roteiro das Grandes Literaturas – A Literatura Brasileira – 6). Afonso Ávila (org.), *Modernismo*, São Paulo, Perspectiva, 1975, Coleção Stylus. Tal panorama sofreu modificações, por exemplo, em: Mário de Andrade, *O Turista Aprendiz*, edição organizada por Telê Ancona Porto Lopes, São Paulo, Duas Cidades/SCCT, 1976. Humberto Hermenegildo Araújo, *Modernismo: Anos 20 no Rio Grande do Norte*, Natal, UFRN, 1995; *Asas de Sófia – Ensaios Cascudianos*, Natal, FIERN/SESI, 1998. Veríssimo de Melo, *A Obra Folclórica de Cascudo como Expressão do Movimento Modernista no Brasil*, Mossoró, Fundação Vingt-Un Rosado, 1998 (Mossoroense / B / 1480).

13. Gilberto Freyre, *op. cit.* Caio Prado Jr., *Evolução Política do Brasil*, São Paulo, Brasiliense, 1987 (1ª ed.: 1933). Sérgio Buarque de Hollanda, *Raízes do Brasil*, 26ª ed., São Paulo, Companhia das Letras, 1995 (1ª ed.: 1938).

14. Mamede cita os seguintes títulos de Câmara Cascudo que ainda não tinham sido editados até 1970 – e assim permanecem no ano 2000: *História da Literatura Norte-Rio-Grandense*, *História do Município do Ceará-Mirim*, *História do Rio Grande do Norte para as Escolas*, *Nomes de Ruas e Praças da Cidade do Natal*, *O Livro dos Patronos*, *Santos que o Povo Canonizou* e *Brazilian Folk-Lore*. Não fica claro se o último título é apenas versão inglesa de *Folclore do Brasil (Pesquisas e notas)*, 2ª ed., Natal, Fundação José Augusto, 1980 (1ª ed.: 1967). Os originais de muitos deles são dados pela autora como extraviados. Zila Mamede, *op. cit.*, pp. 18-20.

a carga explosiva, em termos intelectuais, desse suposto "objeto de desmonte", o candidato a demolidor se arrisca a ficar reduzido à eterna função do discurso negador dos que o cultuam – antimito –, como se observa no argumento ateu. Melhor é procurar entender a importância criadora e crítica do Câmara Cascudo inventor de temas e abordagens, destacando potencialidades de pensamento que ela contém. Isso não significa adotar, sem mais, sua envolvente retórica sobre povo, cultura e história nem renunciar à tarefa crítica que parta de indagações básicas como: Qual povo? Qual cultura? Qual história?

A retomada da discussão sobre essa obra se beneficia também de um universo teórico das ciências humanas que tem redefinido, em diferentes rumos, questões como cultura popular, multiplicidade de experiências e fazeres humanos, do riso popular, em Mikhail Bakhtin, ao pensamento selvagem, em Lévi-Strauss, às análises de Carlo Ginzburg sobre circularidade das culturas, às reflexões de George Rudé sobre a multidão na história, aos vários historiadores que, homenageando Rudé, falaram sobre a história vista "de baixo", aos debates da nova história sobre cultura material, a Edward Thompson, discutindo a "economia 'moral' da multidão", a Jean Chesneaux, enfatizando lutas de minorias étnicas e outros grupos sociais oprimidos, e à multifacetada história Cultural de Roger Chartier^{15}. Sem pretender transformar o autor norte-rio-grandense em suposto "precursor" de ninguém e preservando diferenças teóricas e políticas, é importante, todavia, identificar suas sintonias e os confrontos com essas tendências do debate sobre sociabilidades e culturas, que incluem outros clássicos brasileiros, como os referidos Freyre, Andrade e Buarque de Hollanda^{16}.

Este volume começou a ser projetado no contexto daquelas comemorações pelo centenário de Câmara Cascudo, fora de seu calendário oficial^{17}. Ele apresenta criticamente a produção desse autor em livros, quer nos individuais, quer nas importantes coletâneas sobre temas de etnografia, literatura e história que Câmara Cascudo organizou.

---

15. Mikhail Bakhtin, *Cultura Popular na Idade Média e no Renascimento*, trad. Yara Frateschi, São Paulo/ Brasília, Hucitec/Edunb, 1987. Claude Lévi-Strauss, *O Pensamento Selvagem*, trad. Tânia Pellegrini, Campinas, Papirus, 1989. Carlo Ginzburg, *O Queijo e os Vermes*, trad. Maria Bethania Amoroso, São Paulo, Companhia das Letras, 1987. George Rudé, *Multidão na História*, trad. Waltensir Dutra, Rio de Janeiro, Campus, 1991. Frederick Krantz, *A Outra História*, trad. Ruy Jungmann, Rio de Janeiro, Jorge Zahar, 1989. Jean-Marie Pesez, "História da Cultura Material", em Jacques Le Goff, (dir.), *A História Nova*, trad. Eduardo Brandão, São Paulo, Martins Fontes, 1990, pp. 180-213. Edward P. Thompson, *Costumes em Comum*, trad. Rosaura Eichenberg, São Paulo, Companhia das Letras, 1998. Jean Chesneaux, *Devemos Fazer Tábula Rasa do Passado? Sobre História e Historiadores*, trad. Marcos A. da Silva, São Paulo, Ática, 1995. Roger Chartier, *A História Cultural*, trad. Maria Manuela Galhardo, Rio de Janeiro, Bertrand Brasil, 1990.

16. Mário de Andrade, *op. cit.* Gilberto Freyre, *op. cit.* Sérgio Buarque de Hollanda, *Índios e Mamelucos na Expansão Paulista*, São Paulo, Imprensa Oficial do Estado, 1949 (Separata dos *Anais do Museu Paulista* 13).

17. Algumas de suas diretrizes foram esboçadas em Conferência feita durante a 50ª Reunião Anual da SBPC (Natal, 1998): Marcos Antônio da Silva, "Câmara Cascudo e a Erudição Popular", *Projeto História*, São Paulo, Pós-Graduação em História da PUC, 17, 1998, pp. 317-334.

Através de textos escritos por especialistas dessas e de outras áreas de estudos – jornalismo, lingüística, filosofia, geografia, sociologia etc. –, ligados a 25 instituições de doze estados brasileiros^{18}, além de pesquisadores autônomos, num total de 91 autores, este livro procura avaliar a contribuição de Cascudo para aqueles campos de saber, confrontando temas e problemáticas que ele definiu com o estado atual do conhecimento^{19}.

A multiplicidade interpretativa de todas essas vozes em relação à obra de Luís da Câmara Cascudo, necessária para dar conta de suas diversas facetas teóricas e

18. Brasília (UnB), Ceará (UFC, URCA), Minas Gerais (Universidade Federal de Uberlândia), Paraíba (UFPB), Paraná (UEL), Pernambuco (UFPE), Rio Grande do Norte (UFRN, Fundação José Augusto, IHGRN, Universidade Potiguar, Rede Estadual de Ensino), Rio de Janeiro (UFF, UFRJ, PUC, UERJ), Rondônia (UFRO), Santa Catarina (UFSC), São Paulo (USP, Unicamp, Unesp, PUC, CEBRAP, Faculdade Ítalo-Brasileira e Rede de Estado do Ensino Público) e Sergipe (UFSE, Instituto Tobias Barreto).

19. O *corpus* cascudiano foi estabelecido a partir das bibliografias comentadas que Mamede e Gico editaram, abarcando livros individuais e organização de coletâneas: Zila Mamede, *op. cit.*; Vânia Gico, *op. cit.* Alguns títulos de Cascudo não receberam verbetes individuais porque foram reagrupados em edições posteriores ou extraídos de volumes pré-existentes, casos de: *A Intencionalidade do Descobrimento do Brasil*, Natal, Imprensa Oficial, 1933. (Reaproveitado em *Informação de História e Etnografia*, Recife, Tradição, 1944 [1ª ed., 1939]; *Dois Ensaios de História*, Natal, Imprensa Universitária do Rio Grande do Norte, 1965); *O Mais Antigo Marco Colonial do Brasil*, Natal, Centro de Imprensa, 1934 (inserido em *Informação de História e Etnografia*, edição citada; *Dois Ensaios de História*, edição citada); *O Brasão Holandês do Rio Grande do Norte*, Natal, Imprensa Oficial, 1936 (reeditado em *Os Holandeses no Rio Grande do Norte* [edição fac-símile], Mossoró, ESAM, 1992 [Mossoroense / C / 792] [1ª ed.: 1949]); *Dois Ensaios de História*, edição citada (repetido de *Informação de História e Etnografia*, edição citada); *Consultando São João*, Natal, Departamento de Imprensa, 1949 (Sociedade Brasileira de Folclore – 1), republicado em: *Anúbis e Outros Ensaios*, Rio de Janeiro, O Cruzeiro, 1961; *A Família do Padre Miguelinho*, Natal, Departamento de Imprensa, 1950 (reagrupado com outros textos em *O Padre Miguelinho e Outros Temas Cascudianos*, edição organizada por Raimundo Soares de Brito, Mossoró, Fundação Vingt-Un Rosado, 1997 (Mossoroense / C / 947); *Anúbis e Outros Ensaios*, edição citada (relançado em *Superstições no Brasil*, São Paulo/Belo Horizonte, Edusp/Itatiaia, 1985); *História da Imperatriz Porcina*, Lisboa, Álvaro Pinto, 1952 (retomado em *Cinco Livros do Povo*, edição citada); *Contos de Encantamento*, Salvador, Progresso, 1954 (extraído de *Contos Tradicionais do Brasil*, São Paulo/Belo Horizonte, Edusp/Itatiaia, 1986 [1ª ed., 1946]); *Contos Exemplares*, Salvador, Progresso, 1954 (retirado de *Contos Tradicionais do Brasil*, edição citada); *No tempo em que os bichos falavam*, Salvador, Progresso, 1954 (recorte de *Contos Tradicionais do Brasil*, edição citada); *Superstições e Costumes*, Rio de Janeiro, 1958 (parcela de *Superstições no Brasil*, edição citada); *Etnografia e Direito*, Recife, Imprensa Oficial, 1961 (encaixado em *Civilização e Cultura*, 2ª ed., Belo Horizonte, Itatiaia, 1983); *Roland no Brasil*, Natal, Santa Terezinha, 1962 (fração de *Motivos da Literatura Oral da França no Brasil*, Recife, sem editora, 1964); *Motivos da Literatura Oral da França no Brasil*, edição citada (integrado a *Mouros, Franceses e Judeus*, São Paulo, Perspectiva, 1984); *Coisas que o Povo Diz*, Rio de Janeiro, Bloch, 1968 (parte de *Locuções Tradicionais no Brasil: Coisas que o Povo Diz*, Belo Horizonte/São Paulo, Itatiaia/Edusp, 1986); *Locuções Tradicionais no Brasil*, Recife, Funarte/UFPE, 1970 (realocado em *Locuções Tradicionais no Brasil: Coisas que o Povo Diz*, edição citada); *Religião no Povo*, João Pessoa, Universidade Federal da Paraíba, 1974 (rearticulado em *Superstições no Brasil*, edição citada). Há exemplo de mudança de título: *Breve História do Palácio da Esperança*, Natal, Departamento de Imprensa, 1961 (rebatizado como *Breve História do Palácio Potengi*, Natal, Fundação José Augusto, 1975).

temáticas e também para expressar uma contemporaneidade analítica pluridimensional na abordagem de sua produção, procura ampliar o debate sobre esse autor, contribuir para um maior conhecimento de um acervo intelectual tão importante quanto o que ele construiu e manifestar diferentes caminhos no entendimento da cultura popular.

Marcos Silva

ALMA PATRÍCIA [1]. Como seria a vida literária numa pequena província brasileira nos primeiros anos do século XX, cuja capital ainda não atingira quinze mil habitantes? Com certeza, enquanto vivência intelectual, era uma vida extremamente limitada, extremamente frustradora. Decerto, estamos pensando nos valores culturais e/ou burgueses que chegavam até nós, sobretudo ao Rio de Janeiro.

Pensar os valores da terra – neste caso, a terra potiguar – não era tarefa fácil. Mas, ao mesmo tempo, tinha um lado gratificante: escritores, poetas, críticos, artistas e jornalistas podiam refletir melhor e mais demoradamente sobre os problemas sociais, econômicos, políticos e culturais que nos moldavam. E como não havia ainda a tirania da mídia, a tirania da me(r)diocrização, melhor dizendo, havia mais espaço para a aventura do saber em estado bruto. A partir daí, da reflexão instaurada com sensibilidade, os mais ousados, os mais criativos, os mais inquietos construíam todo um universo intelectual. Para esses, nada era impossível.

A Natal dos anos de 1910 e 1920 não era uma cidade diferente de muitas outras: acanhada, porém atrevida (a capital do Rio Grande do Norte, através do jornalista Manuel Dantas, foi a primeira cidade do país a traduzir e publicar, ainda em 1909, o *Manifesto Futurista*, de Marinetti), sempre procurou se pautar pela relação, às vezes conflituosa, às vezes estimulante, entre a preservação emocional da tradição e a busca racional da novidade. De um lado, as várias práticas populares da cultura dos excluídos, dos marginalizados, dos explorados pelos sistemas ideológicos dominantes; do outro lado, um saber ainda reticente, mas eventualmente aberto à pesquisa e às dúvidas que nos marcavam mais vivencial do que existencialmente, mais econômica do que politicamente. Portanto, como em qualquer espaço teórico, a própria busca da novidade precisa ser contextualizada criticamente – e uma novidade não se constrói a partir de palavras fáceis, não se constrói a partir de soluções equivocadas. De qualquer maneira, como (um pequeno) agrupamento de pessoas, como possibilidade aventureira, como sonho imaginante, Natal, entre a boemia e a política, existia – um acontecimento cultural à procura de luz própria.

Não, Natal não era uma festa, seja no sentido parisiense, seja no sentido fluminense. Mas, nos pequenos gestos, nas pequenas ousadias, nas grandes ambições, nos grandes devaneios, era uma só alegria de viver, de amar, de construir, de lutar pela transformação. De certa maneira, Natal se bastava. Como cidade e como fonte de poesia.

Foi necessário que surgisse um Luís da Câmara Cascudo para apontar novos caminhos para a vida intelectual da cidade e do Estado. É verdade que, antes dele, nomes como os de Henrique Castriciano, Manuel Dantas e Antônio Marinho já tentavam consolidar, de forma mais séria, os parâmetros sociais para as bases filosóficas de uma cultura potiguar. Esclareçamos que Segundo Wanderley, na virada do século XIX para o XX, era o mais famoso intelectual do Estado; Marinho, numa atitude rara para a época, arrasou com suas pretensões literárias, sobretudo teatrais – Cascudo, em *Alma Patrícia*, registra a polêmica^1.

Cascudo – que se tornaria o maior nome da intelectualidade norte-rio-grandense e um dos maiores do país – construiu uma portentosa obra nos campos do folclore, da etnografia, da história, da cultura popular. Curiosamente, o Cascudo historiador merece ser cultuado, merece ser re/lido, enfim, muito mais quando investiga a *História da Alimentação no Brasil* [30], a história dos pequenos gestos (*História dos Nossos Gestos* [34]), da *Literatura Oral* [46], do que quando tenta ser "historiador" propriamente dito, seja se voltando para a Cidade do Natal (*História da Cidade do Natal* [32]), seja se voltando para a história do seu estado (*História do Rio Grande do Norte* [36]). Este é um Cascudo menor, como menor – dentro de uma perspectiva exatamente *histórica* – é o Cascudo crítico literário.

Esclareçamos: *Alma Patrícia* [1], seu primeiro livro, de 1921, em sendo uma obra de crítica, traz as marcas de um autor preocupado com a produção literária do Rio Grande do Norte, fato esse bastante positivo como proposta intelectual, só que, assumidamente, através de uma leitura "impressionista e admirativa" (p. 14). Sem dúvida, para a cultura local, foi uma obra importante; Cascudo já se revelava um bom escritor, com invejável bagagem intelectual para a época – há referências, entre outros, a Nietzsche, Hartmann, Schopenhauer, Montaigne, Sainte-Beuve. Do mesmo modo, o recenseamento dos poetas e escritores de sua terra, então em evidência, é louvável sob todos os aspectos, apesar da leitura elogiativa/admirativa que o alimenta. Nesse sentido, *Alma Patrícia* cumpre o seu papel, mesmo sendo um papel discutível, mesmo sendo um papel por demais "provinciano". Contudo, não nos esqueçamos, Cascudo colecionava provincianismos assim como, imprevisível por excelência, colecionava crepúsculos.

Há também, já aqui, o Cascudo colecionador de preciosidades estilísticas, verdadeiras metáforas de alta voltagem sonora, ora "cachoeirando as rimas" em Sebastião Fernandes (p. 17), ora vendo em Othoniel Menezes um lutador contra a "tumultuância quente das inspirações" (p. 30). Mas há o Cascudo limitado, pouco sensível, ao se referir, por exemplo, a Rimbaud como "imbecilíssimo" (p. 16). Uma opinião dessas – com inusitada crueza crítica – poderia desqualificar qualquer trabalho crítico. Só que, ao contrário de um Alceu do Amoroso Lima^2, para citar apenas

1. Sobre Antônio Marinho e, em particular, sua polêmica com o poeta natalense Segundo Wanderley, cf. Tarcísio Gurgel, "Marinho *versus* Segundo", *O Galo*, Natal, XI (12): 17/24, dez. 1999.
2. Cf. Alceu Amoroso Lima, *Estudos Literários*, Rio de Janeiro, Aguilar, 1966. Publicados originalmente em 1919/1920, os Estudos I e II foram editados em 1927/1928.

um nome que surgiu no mundo das letras na mesma época – anos de 1910 –, o melhor da prática intelectual do autor de *Vaqueiros e Cantadores* não se realizaria no ensaio literário. Mesmo assim, há que se notar observações críticas ainda hoje pertinentes, como, entre outras, "Os poetas emotivos são sempre os piores metrificadores" (p. 18).

Há que se registrar, contudo, que, em seus dezenove estudos dedicados à literatura norte-rio-grandense, são poucos os momentos de maior densidade crítica, embora sejam muitas as comparações – às vezes, provocativas – com a pintura e a música: são estudados/analisados por Cascudo, entre outros, Henrique Castriciano, Othoniel Menezes ("Possuo a esquisita mania de comparar os escritores aos quadros. Othoniel Menezes lembra-me um Ticiano", p. 30), Palmira Wanderley, Segundo Wanderley, Ferreira Itajubá, Auta de Souza ("O seu misticismo é de uma doçura comovente. Auta de Souza era como Chopin", p. 125), Gothardo Neto ("De um fundo pessimista, resultando de sua vida e da sua desdita, as rimas de Gothardo – como os quadros de Goya e os retratos de Greco – fazem pensar nas coisas tristes", p. 136).

E não é o impressionismo enquanto proposta epistemológica que limita Cascudo; são as opiniões quase sempre "admirativas" que, nele, não fazem avançar as questões metodológicas, que não fazem avançar os problemas nascidos no interior da sociologia e da própria literatura, que não fazem avançar a aventura do conhecimento crítico. Mesmo assim, apesar de tudo, é possível reconhecer neste primeiro livro o estilo cascudiano, em particular, quando a sua cidade é objeto de reflexão memorialística: "Natal, não possuindo a grande tristeza das desgraças pátrias que acabrunham algumas cidades da Europa, retém uma infinita tristeza" (p. 47).

Portanto, a leitura de *Alma Patrícia* carrega uma contradição interna: se, em termos locais, tem sua importância específica, em termos nacionais pouco significa, a não ser como matriz de um pensamento nacional voltado para a relação entre regionalismo e modernismo e para a formação de uma identidade brasileira como um todo social e cultural. Afinal, ao lado de um Mário de Andrade, de um Guimarães Rosa, de um Gilberto Freyre, de um Graciliano Ramos e de alguns poucos poetas, artistas, músicos e cineastas, Luís da Câmara Cascudo será um dos pilares estruturais da(s) cultura(s) brasileira(s) em nosso século. [M. C.]

ANTOLOGIA DA ALIMENTAÇÃO NO BRASIL [2]. Essa obra é duplamente datada – julho de 1964 e novembro de 1974 – e reúne 62 textos. São diferentes autores, como um general (que escreve sobre toques de rancho, não sobre comida especificamente), um médico, um geólogo, geógrafos, folcloristas, jornalistas, cronistas, viajantes estrangeiros, poetas, memorialistas, historiadores, professores universitários, embaixadores, freis, frades, escritores e ensaístas.

Somente seis dos textos foram escritos especificamente para a *Antologia*, além de cinco do próprio Câmara Cascudo, aos quais se acresce mais um reproduzido de pesquisa etnográfica por ele antes realizada e publicada em 1962. São páginas de depoimentos variados também nas temáticas, no tempo e no espaço. Predominam os oriundos dos séculos XX e XIX, seguidos, em menor número, do século XVIII, uns possivelmente do século XVII (Frei Ivo D'Evreux) e outros do século XVI (Gabriel Soares de Sousa).

As temáticas envolvem desde higiene, classificação de alimentos por digestão e assimilação, regime alimentar, emprego de condimentos, preparação e receitas de molhos, sobremesas e diferentes comidas, como: queijadinhas, cocadas, amendoins, mingaus, cuscuz, vatapá, caruru, xinxim, moqueca, cabidela, abará, acarajé, feijão de leite, feijão de azeite, comidas de azeite (dendê) e comidas de candomblé, preparos de pratos de carnes (caça e pesca) do Pará e Amazonas, como maniçoba, pato no tucupi, sarapatel, sarrabulho, açaí, assim como processos de abate e pesca de animais, descrição detalhada de peixes de água doce e salgada, de molhos e seus preparos, de refrescos como cajuada, umbuzada, caldo de cana, laranjada, limonada, limada, preparo de mingaus e de farinhas usadas na Amazônia, no Nordeste, em São Paulo e Minas como tapioca, farinha de mandioca (d'água e seca), de milho, de peixes, até cantiga para fazer paçoca, mate no Rio Grande do Sul e Paraná como símbolo de concórdia e entendimento, barreado como prato tradicional do Paraná, sopas de várias regiões, virados paulistas como sinônimo de comida de farnel, próprio para viagem, vida e pratos de restaurante em São Paulo, sociedades cariocas para conversar e comer (encontros de escritores e artistas)...

"Nesse labirinto, come-se, bebe-se, conversa-se, [...]" (Querino, p. 139). "Comer é revelar-se, não é só alimentar-se" (Chagas, p. 125).

A partir deste labirinto de fragmentos da *Antologia*, à primeira vista caótico, podemos pensar em infinitas investigações das múltiplas interpretações das dimensões históricas desse ato cultural de comer, através de temas que podem ser construídos e desdobrados desse farto e extenso material compilado por Luís da Câmara Cascudo.

São exemplos, entre outros, os registros das diferenças sociais de gênero e dos contextos da escravidão que o ato de jantar pode revelar.

[...] Escravos não partilhavam da panela da família [...] mulheres não vinham à mesa no copiar [Ceará, no século XIX]. Comiam no fundo da casa, em companhia da dona. Mulher não aparecia entre homens, até do sol fugia, porque era macho (Brígido, p. 136).

[...] No Rio, como em outras cidades do Brasil, é costume, durante o tête-à-tête de um jantar conjugal, que o marido se ocupe silenciosamente com seus negócios e a mulher se distraia com os negrinhos que substituem os doguezinhos, hoje quase completamente desaparecidos na Europa (Jean Baptiste Debret, p. 143).

A família em geral fica na varanda, na parte de trás da casa, lugar em que se acha quase tão isolada do mundo como se se encontrasse nas profundas de uma floresta. As mulheres, sentadas em roda, na postura costumeira, costuram, fazem meia, renda, bordados ou coisas semelhantes, enquanto que os homens se encostam a tudo quanto possa servir para isso ou ficam a vaguear de quarto em quarto [...]. A refeição principal consta de um jantar ao meio dia, por ocasião da qual o chefe da casa, sua esposa e filhos às vezes se reúnem ao redor da mesa, é mais comum que a tomem no chão, caso em que a esteira da dona da casa é sagrada, ninguém se aproximando dela senão os favoritos reconhecidos (John Luccock, p. 161).

[...] Galinha e porco são as carnes que se servem mais comumente em casa dos fazendeiros da província das Minas. O feijão preto forma prato indispensável na mesa do rico, e esse legume constitui quase que a única iguaria do pobre (Auguste Saint-Hilaire, p. 168).

No ensaio de uma pesquisadora, identificada como de "tradicional família baiana", é assinalado que, por preconceito racial e social, as comidas de azeite (dendê) sofreram restrições, devido à sua origem negra, só sendo servidas em ocasiões especiais – quaresma, sextas-feiras de guarda, para turista ou em festa sem etiquetas. Segundo ela, é um exibicionismo turístico dizer que a Bahia "nada em azeite e arde como pimenta" (Vianna, p. 33). Por engenho do negro, para ela ainda, houve deformações e adaptações de comidas originalmente africanas, por necessidade de usar produtos da terra para conquistar o paladar do branco. O vatapá, assim, é o mais violentado, porque perdeu muitas características originais e sofreu tantas modificações que cozinheiras baianas "legítimas" riem delas.

Alguns depoimentos tendem a estabelecer ligações entre habilidades de fazer certas comidas e determinada raça. Entre outros: "[...] Dizem haver um complexo etnográfico, para as pessoas que fazem o tacacá, por exemplo, mulatas, pretas, crioulas, caboclas, brancas mestiças, porque as brancas 'alvaçãs', de sangue 'limpo', não sabem dar ao tacacá o paladar, e porque aquelas outras mulheres são peritas em prepará-lo" (Menezes, p. 69). Se as mulheres são peritas em preparar aquele alimento, necessitaram aprendê-lo, o que põe por terra o determinismo da cor da pele no desempenho dessa habilidade.

Por vezes, são também associados os sabores de algumas comidas às condições da natureza.

[...] Bocas habituadas a comestíveis sem pimenta, adaptaram-se instantaneamente ao sabor exótico da iguaria que nasceu e só podia nascer em terra de sol ardente... Não me causou surpresa ter o vatapá conquistado o paladar de estrangeiros, apesar da sua originalidade bárbara (Alves, p. 77, numa referência ao banquete anual da Societé Nationale d'Acclimation, que incluiu no seu cardápio "pratos genuinamente brasileiros", como vatapá e frigideiras de siri mole, os quais Einstein muito apreciou).

Logo após, nesse mesmo texto, tais associações à natureza e à barbárie dos pratos acabam por perder força, quando o mesmo autor acentua que cozinhar é uma arte e que precisa ser aprendida.

[...] podemos, sim, olhar com alegria, as panelas que demonstram a fecundidade, a originalidade do espírito nacional [...] e uma boa cozinheira, de repertório rigorosamente nacional, fará com a sua colher mais que muitos artistas com pincel, rabeca e trombone [...]. Não quero dizer com isso que pintura e música sejam artes inferiores à arte de cozinhar. Pobre dela, que não se ensina em conservatório, e não é objeto da crítica que estuda quadros e óperas [...]. Não se diga que seja indigno do orgulho nacional o empenho de ganhar a atenção do mundo por quitutes [...]. A celebridade alcançada por esse meio não é inferior à que se obtém pela filosofia, pela arte e pela ciência.

A cozinha pode, assim, revelar gênios e gênios tantos quanto Kant, Rafael, Mozart, Bethoven.

Nessa linha, é que, em outro texto, um médico aplaude a obra das nossas cozinheiras, "o vinho de alhos", face à hoje comprovada ação terapêutica do alho, a combinação de pimenta malagueta com limão galego como excelente tópico para as inflamações da garganta, entre outros. Como também acentua:

[...] Nos tempos da escravidão entre nós, a nossa cozinha nacional celebrizou-se pelo modo hábil e seguro com que manejava o emprego do feijão, do angu de milho e da gordura. Um instinto científico certeiro guiou os nossos avós [...]. Um dos mais distintos fisiologistas ingleses daquele tempo, o professor Rolleston, de Londres, sem saber o que se passava no Brasil em matéria de alimentação, demonstrava por experiências de laboratório que a associação de feijão, do milho e da gordura constitui uma ração alimentar singularmente completa (Barreto, pp. 14-15).

Portanto, carece de fundamento definir que "o homem é o que come", para se associar uma "alimentação bárbara" (carne crua) a um "temperamento bárbaro" (espanhóis), para caracterizar-se, pelas espécies de comidas consumidas, o brasileiro como "sensual e guloso", o inglês como "pesado" (porque come carne em postas em sangue), "com inteligência para governar no lar e no Estado", a "índole amorosa da raça portuguesa", pelos diminutivos por ela utilizados – "coxinha, mãozinha" (Chagas, pp. 126-128).

Num ensaio especialmente escrito para a *Antologia*, Mota ressalta a extraordinária intuição das tribos indígenas (embora as chame de silvícolas), que anteciparam as propriedades nutritivas e terapêuticas do caju. Sob a influência e as dádivas do cajueiro, protegiam-no como um dos mais valiosos recursos da própria sobrevivência (usavam-no para o preparo de caldos e farinhas). Essa proteção extremava-se nas guerras pela posse dos cajuais, entre tribos do litoral e as que desciam do interior (Cariris, Potiguares e Tabajaras), na época da frutificação, coincidente com o aparecimento de cardumes nas costas nordestinas. Maurício de Nassau chegou a proibir a derrubada de cajuais. Hoje, eles estão entre os mais devastados da região.

Nessa direção, Câmara Cascudo escreve sobre o açaí no Pará, com uma presença mais prestigiosa e contemporânea das heranças indígenas. E, também, sobre a pesca do voador, "[...] peixe do pobre, assado ou cozido com leite de coco, acompanhado de farinha seca ou simples farinha de mandioca. Viaja para o alto sertão. É o mais popular, democrático e proletário dos pescados há mais de quatrocentos anos" (p. 203).

Assim, como em outros textos, o pequi – *py-qui* – é ressaltado como recurso alimentar do sertão, o umbuzeiro como árvore sagrada que desafia secas duradouras e economiza energia vital: *y-mb-u*, árvore que dá de beber água, remédio para sede dos índios que ali passavam.

Boa parte dos textos compilados por Câmara Cascudo nessa *Antologia* não nos convocam ao etnocentrismo, sempre reducionista, segundo o qual seríamos estimulados a exteriorizar valores autóctones de nossa nacionalidade, pelo nativismo, pela exaltação do paraíso tropical e da democracia racial. Mas, pelo contrário, convidam-nos a assumir, criticamente, nossa mistura, ao exercício da tolerância, à investigação de como as artes da comida podem revelar e velar interpretações de nossas experiências históricas e culturais, pelo conhecimento e pelo desconhecimento de nós mesmos, se admitimos ou não diálogos com o outro, com o exterior, com o estrangeiro, sem os desqualificar, com nosso presente em relação ativa com o passado.

A inserção do Brasil no mundo, a partir de 1500, foi feita pela violência da conquista, produto da inserção de terras e povos considerados "bárbaros" no movimento de ocidentalização do planeta. Esta re-inserção – tão propalada num universo dito globalizado –, para expressar vontades livres de cidadãos preocupados com possibilidades de avanços não só materiais, mas humanos, deve ser, antes de tudo, *cultural*.

Nada tão cultural como as artes da comida e de como, nesse campo, as diferentes etnias, gêneros, grupos sociais múltiplos e diversos podem interagir na direção de uma crítica de nosso tão presente passado colonial escravocrata. [N. A. M.]

ANTOLOGIA DO FOLCLORE BRASILEIRO [3].

Nos dois volumes que compõem este livro, Cascudo faz uma espécie de arqueologia do folclore brasileiro em busca das fontes primordiais desta área de conhecimento, através do levantamento dos textos escritos mais remotos a respeito de variadas manifestações folclóricas presenciadas no Brasil desde o século XVI até o início do século XX. Tais fontes seriam provenientes dos abundantes relatos sobre a vida social no Brasil, produzidos por cronistas, viajantes estrangeiros e pelos pioneiros pesquisadores brasileiros, os quais foram, com propriedade, qualificados por Cascudo de precursores, curiosos e veteranos, respectivamente.

Em seu breve prefácio, o autor nos oferece uma definição de folclore em que manifesta seu repúdio às críticas e depreciações freqüentes do meio intelectual em relação a esse campo de estudo, tão atraente para autodidatas diletantes. Sua concepção de folclore revela o sentido profundo e ao mesmo tempo abrangente emprestado a tais estudos.

> Não consiste o FOLCLORE na obediência ao pinturesco, ao sertanejismo anedótico, ao amadorismo do caricatural e do cômico, numa caçada monótona ao pseudotípico, industrializando o popular. É uma ciência da psicologia coletiva, com seus processos de pesquisa, seus métodos de classificação, sua finalidade em psiquiatria, educação, história, sociologia, antropologia, administração, política e religião (p. 9).

Procura ele advertir que, contrariando o que preceituam os teóricos clássicos e mais ortodoxos do folclore, haveria um "folclore indígena, negro, cafre ou hotentote", não sendo um fenômeno exclusivo das sociedades complexas ou do contexto das civilizações. Com isso, ele justifica as inúmeras observações registradas a respeito da vida indígena no Brasil, que constam do seu inventário de autores e obras pioneiras sobre o tema, autores que, naturalmente, impressionaram-se com os usos, costumes e crenças encontrados entre os índios e os descreveram em seus diários de viagem e cartas ou relações, a exemplo dos missionários jesuítas. A inclusão desse repertório nativo de manifestações folclóricas responde, por outro lado, ao interesse de investigar possíveis assimilações e adaptações do folclore indígena ao universo dos mestiços, integrantes da população nacional, ou descobrir variantes desse folclore entre os diferentes grupos e nações indígenas. Dessa forma, tenta demonstrar que no terreno da ação humana, haverá sempre lugar para a fixação folclórica, seja nas sociedades "primitivas", seja nas de modernidade avançada.

Outro aspecto relevante a destacar nessa obra, antes de nos determos em seu conteúdo específico, é que ela tem um caráter inicial e introdutório, o autor busca as bases para fundamentar as suas próprias pesquisas, quando se tornou ele mesmo testemunha ocular de fatos folclóricos antes observados por aqueles predecessores. Embora o uso das fontes aí anotadas tenha sido uma constante em toda a sua obra, o livro que melhor representa a continuidade do trabalho realizado na *Antologia* é o *Dicionário do Folclore Brasileiro* [18], publicado dez anos mais tarde. Aliás, ele foi indicado por Cascudo, em sua "Nota da Terceira Edição" (*Antologia*), ao leitor interessado em conhecer o folclore brasileiro em sua forma contemporânea.

Nesse minucioso e paciente trabalho de compilação e catalogação de fontes precursoras dos estudos folclóricos brasileiros, há um esforço notável para recompor sua história, fixando três momentos ou fases distintas: a) a dos cronistas (entre os quais, vários missionários de origem portuguesa e estrangeira, como os jesuítas Nóbrega, Anchieta e Cardim, os capuchinhos franceses d'Abbeville, d'Evreux, o franciscano Frei Jaboatão, e alguns moradores ou colonizadores portugueses) referentes aos séculos XVI, XVII e XVIII; b) a dos viajantes estrangeiros do século XIX e XX, a maioria oriundos de terras britânicas, como Luccock e Koster, e dos países alemães, como Martius e Ave-Lallemant; e c) a dos estudiosos brasileiros dos séculos XIX e XX. O número total de autores identificados em toda obra chegou a cem, repartidos entre as diferentes categorias já discriminadas. Contudo, foi à fase seguinte que ele dedicou maior atenção, transcrevendo longos trechos de observação e registro sistemático de manifestações folclóricas brasileiras, identificando mais da metade dos autores listados em toda a obra, de modo que essa etapa se estendeu para o segundo volume.

Quanto ao conteúdo dos relatos selecionados por Cascudo, começamos reafirmando que predominaram, na primeira fase, os registros de crenças e rituais indígenas, especialmente dos Tupinambás, mencionando-se em vários deles as crenças no curupira e jurupari, entre outros, interpretados como espíritos do mal e, portanto, associados ao diabo concebido pelos cristãos. Em seguida, aparecem os primeiros relatos sobre os escravos negros, a partir da célebre obra do jesuíta italiano de pseudônimo Antonil, de onde Cascudo extrai tão-somente um ditado popular da época em que se dizia que "para o escravo eram necessários três PPP, a saber, pão, pau e pano" (p. 49). Outro relato mais expressivo sobre os negros, nesta fase, é o do cronista Nuno Marques Pereira, que publicou um livro contendo inúmeras informações sobre festas, mentalidades e superstições no Brasil. No extrato publicado por Cascudo, há uma rápida descrição dos "Calundus", que não foram por ele diretamente presenciados, mas escutados numa fazenda onde o cronista foi hóspede, e explicados por seu anfitrião. Tratava-se de folguedos dos negros, ao som de tambores, em que se faziam adivinhações para descobrir doenças, predizer o futuro e achar objetos perdidos, como também para pedir proteção para as lavouras e caçadas. Devemos destacar, por último, os primeiros registros sobre distorções nas práticas religiosas como procissões, das quais participavam figurantes do povo, mascarados e debochados, em meio ao cortejo sacro.

Os registros dos viajantes do século XIX alcançaram o século XX e abordaram, além dos temas constantes na primeira fase, outros mais diretamente identificados como manifestações folclóricas, vários dos quais se incorporaram à contemporaneidade, como a "congada" e o "bumba-meu-boi"³. Abundam ainda as descrições sobre os índios, dessa vez privilegiando os grupos situados na Amazônia, que se mantinham mais fiéis às tradições ancestrais. Os viajantes selecionados tiveram predileção por temas ligados à cultura nacional em que aparecem descrições sobre costumes da sociedade brasileira, com destaque para o interessante relato sobre o "cafuné" feito por Expilly (viajante francês) e registros sobre a vida religiosa e suas singularidades, bem como sobre as danças e os cantos. Entre as danças, há um relato muito expressivo sobre o "Lundu" e já aparecem transcrições de contos populares e indígenas, que se tornarão tema predileto na fase seguinte.

A última fase aborda propriamente as primeiras contribuições sistemáticas de pesquisadores brasileiros, embora incorpore autores que não tinham um compromisso explícito com a pesquisa folclórica. Refiro-me aqui a Lopes Gama, que ao invés de assumir uma postura simpática e de prazer estético ante às manifestações folclóricas, mostrava-se insensível e intolerante em relação a elas. Contudo, Cascudo reconhece a importância da sua contribuição através do periódico que dirigia, *O Carapuceiro*, que por mais de uma década fixou o que julgava os principais vícios da sociedade recifense da época, num tom satírico delicioso. Merece destaque nessa lista o nome de Couto Magalhães, indicado por ele como o "iniciador dos estudos folclóricos no Brasil", realizando um importante registro de lendas indígenas e explorando seu aspecto educativo. Sílvio Romero, igualmente daria grande impulso a esses estudos, publicando vários livros a respeito do nosso folclore, nos quais procurava situar o folclore dos povos formadores do Brasil e as sínteses realizadas no âmbito da cultura brasileira. Para finalizar a lista dos autores inscritos no primeiro volume, citarei apenas mais um que encerra parcialmente o inventário de Cascudo, Pereira da Costa, que se dedicou ao estudo do folclore pernambucano, tendo escrito um livro que foi considerado por Cascudo "o melhor e maior volume documental referente ao Nordeste" (p. 343).

No segundo volume, a galeria dos primeiros estudiosos brasileiros sensíveis e simpáticos às manifestações folclóricas é consideravelmente ampliada. Ela é reiniciada com um autor estrangeiro, porém naturalizado brasileiro, Stradelli (de origem italiana), a quem Cascudo dedicaria um dos seus estudos mais tarde. Embora a maioria desses estudiosos sejam de origem nordestina, como Nina Rodrigues, Arthur Ramos e Leonardo Mota (para citar os mais conhecidos), há em sua lista um número importante de estudiosos paulistas, como os não menos famosos Mário de Andrade (com quem o autor manteve relações de amizade) e Amadeu Amaral, e, entre os oriundos do Rio de Janeiro, encontram-se o brilhante cronista João do Rio e Euclides da Cunha. Os conteúdos explorados privilegiam os temas ligados às superstições, às religiões afro-brasileiras e cultos mágicos, e também àquelas circunscritas ao âmbito da literatura oral, merecendo menção os estudos relativos à musicologia, associados amplamente às obras produzidas pelos autores acima mencionados.

3. Vários termos aqui referidos entre aspas reaparecem como verbetes no *Dicionário do Folclore Brasileiro* [18].

Para finalizar, é preciso dizer que o uso desse material etnográfico levantado por Cascudo foi, por muito tempo, alvo de críticas por parte de inúmeros pesquisadores que, ciosos de rigor científico na observação e sistematização de dados etnográficos ou folclóricos, rejeitaram a validade desses registros informais. Entretanto, é inegável que pesquisadores, não só no Brasil como na América Latina e mesmo em Portugal, venham fazendo uso freqüente dessas fontes em seus estudos sobre história social e cultural em seus respectivos contextos nacionais, validando essas observações assistemáticas, após sua necessária relativização. Com isso, o inventário feito por Cascudo continua sendo um valioso instrumento de orientação para as pesquisas de hoje, de modo que sua leitura deve ser muito recomendada aos novos pesquisadores atraídos por temas não apenas ligados ao folclore, mas à etnografia ou à história social brasileira. [M. O. A.]

ANTOLOGIA DE PEDRO VELHO [4]. Trata-se de coletânea de manifestos políticos, discursos, mensagens governamentais e artigos jornalísticos escritos pelo líder republicano da propaganda, deputado federal, governador do Rio Grande do Norte e senador Pedro Velho de Albuquerque Maranhão (1856-1907), quase todos publicados no jornal *A República*, organizada por Luís da Câmara Cascudo em 1954, com curtas notas explicativas ao final de cada texto selecionado. O livro inclui também, como adendos, três breves ensaios sobre a vida do "chefe" da primeira oligarquia do período republicano no Estado. Curiosamente, o índice da obra só apareceu dois anos depois, em 1956, por ocasião da publicação da *Vida de Pedro Velho*, em meio às homenagens pelo centenário de nascimento do "organizador do Estado Republicano" no Rio Grande do Norte.

A coletânea, realizada a convite do governo potiguar, obedece a uma seqüência cronológica, reunindo inicialmente alguns documentos da propaganda republicana escritos por Pedro Velho em 1889. Entre estes, destacam-se o manifesto "Pela Pátria" (pp. 5-6), artigo de apresentação de *A República*, órgão oficial do Partido Republicano do Rio Grande do Norte (PRRN); um folheto praticamente desconhecido até então, que fora publicado no Rio de Janeiro e sintomaticamente distribuído em Natal num 14 de julho, intitulado "Partido Republicano do Rio Grande do Norte" (pp. 7-33), que contém os principais manifestos políticos contra a Monarquia, historiando o movimento republicano norte-rio-grandense, além dos documentos fundadores do partido, como a ata (o único da coletânea não escrito por Pedro Velho) e os estatutos. Esse primeiro bloco se encerra com a transcrição do artigo "A Terceira Cruzada" (pp. 35-37), de dezembro de 1889, já na República, mas cujo conteúdo, de resposta eloqüente às críticas que faziam a Pedro Velho os ex-monarquistas e adesistas de última hora, encastelados na *Gazeta do Natal*, enquadra-se perfeitamente no clima de luta ideológica da propaganda.

Os documentos que Cascudo seleciona a seguir são do conturbado período que vai da eleição indireta do Marechal Deodoro da Fonseca à presidência da República, no final de fevereiro de 1891, até o final do governo Pedro Velho, em março de 1896.

O líder republicano, então deputado federal, votara na chapa Prudente de Moraes/ Floriano Peixoto, rompendo a aliança política que assumira o poder no Rio Grande do Norte após a proclamação e provocando a imediata represália de Deodoro, que entregou o governo potiguar aos ex-monarquistas conservadores do jornal *Rio Grande do Norte*, relegando o grupo de Pedro Velho ao ostracismo de quase um ano na política estadual. Na *Antologia*, Cascudo incluiu o manifesto em que Pedro Velho explicou os motivos de seu voto em Prudente e o primeiro discurso na Câmara dos Deputados (8.8.1891), de caráter denunciador contra os deodoristas do estado (pp. 39-56). Com a renúncia de Deodoro em novembro de 1891, Pedro Velho reassumiu a liderança do PRRN e o controle político estadual, que o levariam, em fevereiro do ano seguinte, a ser eleito governador do Rio Grande do Norte pelo Congresso Legislativo Estadual. Desse período, Cascudo transcreveu trechos da primeira e da última mensagem enviadas pelo governador ao Congresso Legislativo (ambas lidas num 14 de julho de 1893 e 1895, respectivamente – mais uma vez, repare-se no simbolismo da data), em que se pode acompanhar a visão pragmática do político e administrador republicano no exercício do poder, sem os raros mas encontráveis arroubos mais radicais da propaganda (pp. 65-83).

O bloco seguinte da *Antologia* (pp. 85-119), composto por artigos de Pedro Velho em *A República*, em sua coluna dominical denominada "Artiguetes", escritos nos raros períodos em que se encontrava em Natal depois de sua eleição para o Senado, em 1897, é o mais interessante de toda a coletânea. Assinada sugestivamente com o pseudônimo Nemo, o comandante do Nautilus, personagem do romance *Vinte Mil Léguas Submarinas*, de Júlio Verne, a coluna, recheada de ironias e certo humor sarcástico, é a prova de que nos jornais partidários do século XIX e começos do XX, não se encontram apenas áridos manifestos políticos ou violentos editoriais contra os adversários de ocasião, como muitos acreditam, mas também espaços para um "discurso" mais sutil. Como bom político e conhecedor dos costumes de seu tempo, Pedro Velho utilizou-se muito bem desse espaço e Câmara Cascudo foi feliz em selecionar, nos "Artiguetes" de 1897 e 1899, aqueles em que mais aparece a verve espirituosa do oligarca melômano. Seguramente, da *Antologia*, as crônicas escolhidas (sempre compostas por três curtas historietas irônicas e jocosas) são as mais agradáveis de se ler. Dos casos da vida cotidiana da pequena Natal do final do século XIX (a "cidade-aldeia", como a chamava Pedro Velho) até os comentários ferinos sobre o fanatismo das beatas do padre Cícero no Juazeiro ou dos conselheiristas de Canudos, a leitura dos "Artiguetes" mostra a outra face, irônica e debochada, do autoritário oligarca norte-rio-grandense, como o próprio Pedro Velho assume numa das crônicas, justamente intitulada "Ironia" (pp. 155-156).

A *Antologia* propriamente dita se encerra com alguns discursos pronunciados por Pedro Velho em ocasiões especiais, normalmente respostas a homenagens de correligionários por ocasião de seu aniversário (27 de novembro), como o último discurso que pronunciou na vida (27.11.1907, pp. 199-201), doze dias antes de morrer, ao receber uma saudação de todos os presidentes de Intendência do Rio Grande do Norte. Merece menção, nessa parte, o último discurso de Pedro Velho no Rio de

Janeiro, em 20 de junho de 1907 (pp. 195-197), ao ser incumbido por um grupo de senadores de saudar Rui Barbosa, então de partida para Haia, onde participaria, como delegado do governo brasileiro, da famosa Conferência Internacional sobre a paz, que o consagraria. No estilo retórico da época, Pedro Velho não mede esforços em elogiar o futuro "Águia de Haia", esquecendo-se, como era de praxe, das antigas divergências que vinham do tempo em que o político baiano fora Ministro da Fazenda do Governo Provisório.

No final da *Antologia*, Câmara Cascudo incluiu, como adendos, três textos sobre a vida de Pedro Velho. O primeiro (pp. 205-214), escrito por Domingos de Barros uma semana após a morte do senador potiguar, é um relato emocionado dos últimos dias do chefe republicano norte-rio-grandense, que falecera em seus braços no Recife, a bordo do navio que os levaria ao Rio de Janeiro para tratar dos problemas cardíacos que acabariam por matá-lo, aos 51 anos de idade; o segundo texto (pp. 215-219) é um discurso laudatório do político e jornalista fluminense Alcindo Guanabara, que fora companheiro de Pedro Velho no Congresso Nacional desde os tempos da Constituinte de 1891, pronunciado em homenagem ao morto recente na Associação dos Empregados no Comércio do Rio de Janeiro, a 15 de janeiro de 1908, que o escritor, um dos fundadores da Academia Brasileira de Letras, incluiria no livro *Discursos fora da Câmara*, publicado em 1911.

O último adendo (pp. 221-250) é um ensaio do próprio Cascudo, intitulado "Meu Retrato de Pedro Velho", esboço da *Vida de Pedro Velho*, que seria publicada em 1956, por ocasião do centenário de nascimento do ex-governador. Retrato generoso demais, que Câmara Cascudo justificaria no prefácio da *Vida* (p. 7) um pouco como uma herança paterna (seu pai fora, durante muitos anos, um leal correligionário do "Chefe", privando da intimidade da casa dos Albuquerque Maranhão), que transmitira ao filho a admiração quase sagrada pelo líder oligárquico potiguar, da qual só a muito custo Cascudo procuraria libertar-se (nunca totalmente) para escrever, com a pretendida isenção do historiador, a biografia do ícone de sua infância. [A. C. B.]

ATENEU NORTE-RIO-GRANDENSE [5]. O trabalho foi escrito por Câmara Cascudo em 1959, 125º aniversário de fundação da escola. Criado em 3 de fevereiro de 1834, o Ateneu perdeu seu nome original em 1943, quando foi mudado para "Colégio Estadual", transformado em "Instituto de Educação" a partir de 1954. A antiga denominação – que consagrou a escola como responsável pela formação da elite norte-rio-grandense, atuante em linha de frente de postos governamentais, como vanguarda da intelectualidade da região – foi restaurada em 1959. Recuperar a designação significou reatualizar a tradição da escola, que foi dirigida pelo próprio Câmara Cascudo. Cabe lembrar que, segundo o livro, a direção do Ateneu ficou inicialmente reservada ao próprio Presidente da Província, demonstrando como sua existência esteve fortemente marcada pela política administrativa do Rio Grande do Norte. Isso foi alterado em 1849, passando o cargo a ser exercido pelo Diretor da Instrução Pública.

O livro foi apresentado por José Augusto Bezerra de Medeiros, também antigo professor e diretor do Ateneu, que usou as palavras e expressões "progresso" e "bem da terra", demonstrando percepções da nação afinadas a um poder excludente em relação a quem não fazia parte da elite. A escola foi referida como "templo da educação", ligada metaforicamente ao universo do sagrado, afastando qualquer possibilidade de crítica e tensão no que se refere à instituição. Medeiros apresentou Cascudo como "príncipe das letras potiguares e o maior dos nossos historiadores", consagrando a obra como plenamente confiável: através dela, o Ateneu se eternizava na memória dos potiguares e da nação.

Câmara Cascudo, no prefácio do livro, indica que seu escrito é um registro do período inicial da escola, sem a pretensão de considerá-lo a história do Ateneu.

Um dos grandes méritos do volume é trazer para conhecimento público fontes sobre a história dessa escola, como o estatuto, livros de matrículas e diplomas, informações sobre professores e outros funcionários, disciplinas ministradas etc., reproduzindo trechos ou mesmo versões integrais de documentos, além de percorrer a historiografia sobre o Rio Grande do Norte, de forma predominantemente descritiva.

A relação do autor com essas fontes como que legitima as afirmações feitas sobre a instituição, mostrando a situação da província e do estado do Rio Grande do Norte no contexto nacional, sendo o Ateneu sintonizado com escolas de outras cidades brasileiras, antecipando-se mesmo ao Colégio Pedro II, do Rio de Janeiro, nascido apenas em dezembro de 1837, donde aquela escola poder ser encarada como exemplo para outras províncias, como se observa em trecho do Relatório do Presidente Quaresma:

[...] e que mais falta para constituir um Colégio de Belas Artes? Os Estatutos! Eles vos vão ser apresentados: recebei-os e ponde arremate a essa tão importante obra! Que as outras Províncias do Império aplaudam a existência do Ateneu do Rio Grande do Norte, e que nossos vindouros digam a seus filhos, apontando-lhe com o dedo: é ao Conselho de 1833 que devemos esse tão útil Estabelecimento.

Essa criação ocorreu durante o período regencial, marcado por múltiplas práticas políticas e institucionais, englobando centralização, descentralização e até sendo caracterizada como informal "experiência republicana"^{4}.

Há um esforço de fundamentação erudita de fatos – a data da criação da escola, os responsáveis pela instalação da entidade – com base em documentação, o que foi visto pelo autor como sua maior contribuição de pesquisa, na medida em que informava corretamente aquele aspecto de existência da instituição. Ele assumiu, identificou-se com e glorificou personagens responsáveis pela criação do Ateneu.

Cascudo apontou trajetos políticos e intelectuais do fundador do Ateneu Norte-Rio-Grandense, o Presidente da Província Basílio Quaresma Torreão, que o qualificavam como figura comprometida com importantes momentos históricos e intelectuais, legitimando a criação do Ateneu: participação nas Revoluções de 1817 e 1824, atua-

4. Paulo Pereira de Castro, "A 'Experiência Republicana', 1831-1840", em Sérgio Buarque de Hollanda (org.), *O Brasil Monárquico*, 6ª ed., Rio de Janeiro, Bertrand do Brasil, 1995, pp. 9-67 (História Geral da Civilização Brasileira II – 2 – 4).

ção na Independência do Brasil, escritor, primeiro bibliotecário do Curso Jurídico de Olinda, em 1832... Na pequena biografia desse homem público, aparecem atributos intelectuais significativos, como ser amante dos clássicos, envolvido com a história, na medida em que percorria arquivos, além de ter fundado o primeiro jornal da província (*O Natalense*, 1832-1837).

A concepção de história do próprio Cascudo valoriza aquela busca centrada nos arquivos. Tal caracterização é importante para os estudos históricos, mas ela se limita, muitas vezes, em seu texto, a uma história factual, menos preocupada com diálogos críticos, enfatizando o caráter da descrição daquilo que o documento diz.

Para enfatizar a grandiosidade de seu trabalho, Cascudo arrola dificuldades de suas tarefas (documentos ilegíveis ou mutilados, equívocos históricos cometidos) que, depois, cuidou de clarear, tornando sua história a mais confiável e verdadeira, realizada a partir de um trabalho sistemático, pretendendo ser um memorialista que esclarece através de um conhecimento capaz de desmontar enganos.

Quem se formava no Ateneu, durante o século XIX, podia ocupar cargos públicos de prestígio na região, o que demonstra que a escola desempenhava a função de preparar quadros para a burocracia imperial e para a vida política.

Para Câmara Cascudo, a dimensão fundamental de sua história do Ateneu Norte-Rio-Grandense é revelar data correta e comprovada de acontecimentos e personagens documentados. Assim, ele, como autor, teria a tarefa pioneira de tornar claro para os potiguares e outros setores da população brasileira a importância de recuperar o momento exato da fundação da escola, afinado com os projetos mais avançados para a nação. A questão é tão importante para ele que o livro contém um tópico específico com o título "A Data da Fundação" (pp. 13-17).

O Ateneu reuniu as aulas maiores (filosofia, retórica, geometria, francês e latim) preexistentes, visando a dar unidade e a fundir as mesmas, sendo destacada a necessidade de ficarem "ao alcance das vistas do governo". A escola foi primeiramente instalada num edifício antes reservado a aquartelamento, o que permite deduzir que não havia prédio próprio para desempenhar aquela função. Ao mesmo tempo, houve referências ao Ateneu como "edifício moral", traduzindo a perspectiva de apresentar a escola como lugar de cultura, formação moral e altos valores da sociedade, donde os esclarecimentos que o autor fez sobre o nome adotado, derivado da deusa grega Atena, " 'a sabedora', acompanhada pelo mocho grave e sério", identificando-se a tradição clássica que englobava poesia, história e ciência, culminando na "plenitude do conhecimento e mesmo da busca, da pesquisa, na batalha pela Certeza das Cousas e das Causas". Cascudo reproduziu o dístico colocado na porta principal do Ateneu, que evocava a mudança de função do prédio:

DE GUERREIROS ASSENTO FUI OUTRORA,
HOJE D'AQUILO QUE MINERVA ADORA.

Os dispositivos disciplinares dos estatutos do Ateneu previam para os alunos instâncias internas de punição e até apelo à autoridade policial, incluindo processo criminal. O uso da palmatória foi oficializado em 1849.

Houve preocupação de fazer biografias sucintas de professores que ministravam as aulas maiores, valendo destacar o que ele afirmou sobre Elias Antônio Cavalcanti de Albuquerque, administrador do município de Apodi, presidente da primeira Câmara Municipal e deputado provincial, além de secretário da instrução pública. Essa trajetória pública foi também realçada em relação ao Padre Antônio Xavier Garcia de Almeida, diretor da instrução pública, deputado provincial e presidente da Assembléia Legislativa. Eram figuras que ocupavam postos de destaque na vida política norte-rio-grandense ou mesmo de outras províncias. Isso foi também relatado em relação àqueles que elaboraram os estatutos do Ateneu, caso de Joaquim Aires de Almeida Freitas, juiz de direito e futuro presidente da província, além de primeiro chefe de polícia, instituição criada nessa primeira metade do século XIX, representando o estado nacional, nascido há poucos anos. O professor Urbano Égide da Silva Costa, além de proprietário de terras, teve destacada a patente de tenente-coronel da Guarda Nacional. Cipriano Barata, que participou da Inconfidência Baiana, da Revolução de 1817 e da Confederação do Equador, lecionou francês no Ateneu a partir de 1837.

Por intermédio do livro, o autor evidencia uma atuação de elite norte-rio-grandense que extrapolava os limites provinciais, para estar a serviço da nação, o que configura um compromisso do Ateneu com o que havia de mais grandioso no país, incluindo uma idealização que caracterizava a escola como "Casa da Sabedoria, fiel ao seu destino alto e puro". Dessa forma, historicamente, Cascudo falava de um destino que retirava possibilidades de mudanças e transformações derivadas da ação de sujeitos, destino identificado à origem, que garantia o caminho certo.

Nos estatutos, aparecem funções e atribuições de cada uma das aulas, regulamentos referentes às atividades de professores, alunos, bedel e porteiro. Vale lembrar que uma escola como o Ateneu contava com lentes e congregação docente, estrutura que sobreviveu até a primeira metade do século XX e está associada a imagens de excelência do corpo de professores^5.

Apesar de o livro ter um caráter de glorificação da escola, podem-se perceber, através de suas páginas, razões de descontentamentos ou conflitos em relação, por exemplo, a vencimentos pagos, porque desiguais. Outra fonte de tensão era a distribuição dos horários entre os professores. Havia ainda um rigor no que se refere ao risco de se exceder despesas, como se observa no documento de aprovação regencial, datado do Rio de Janeiro, aos 25 de junho de 1834. Além disso, os primeiros professores e alunos temiam que o edifício do Ateneu fosse ocupado por um batalhão de linha, o que chegou a ocorrer, provocando o deslocamento de alunos para as casas dos professores, onde as aulas eram ministradas. Daí, o desejo de contar com edifício próprio, apesar das dificuldades financeiras da província, o que começou a ser satisfeito em 1848, pelo Presidente Frederico Augusto Pamplona (cearense), sendo a obra

5. Cascudo foi catedrático de História da América naquela instituição e sua Tese de Concurso está incluída no livro: *O Homem Americano e seus Temas: Tentativa de Síntese* [39].

terminada em 1858, sob a presidência de Antonio Marcelino Nunes Gonçalves (maranhense, que presidiu, além do Rio Grande do Norte, Ceará e Pernambuco e foi deputado geral, senador, conselheiro de Estado e visconde de São Luís do Maranhão), referências que demonstram a existência de uma elite imperial que circulava entre diferentes províncias nordestinas. A fundação do novo prédio se deu em 1859.

Outra evidência de tensões foi a crítica que José Joaquim da Cunha, presidente da província, fez ao Ateneu em 1851, destacando a grande reprovação, o baixo aproveitamento dos alunos e os altos custos da escola para a província. Um desdobramento dessas críticas foi a extinção do Ateneu pela Resolução 253, de 27 de março de 1852, que voltou apenas em 1856, com o nome Ateneu Rio-Grandense.

Nessa localização, o Ateneu abrigou "duas Escolas Normais, Assembléia Legislativa, Biblioteca Pública, Casa do Governo e Paço Episcopal", o que demonstra a grande importância da escola na cidade, identificada a instituições de amplo significado civil e religioso.

Essa segunda sede funcionou até 1954, quando foi inaugurado, com o nome de Instituto de Educação, outro edifício no bairro natalense de Petrópolis (onde funciona até o ano 2003), sendo o prédio anterior doado à Faculdade de Odontologia. As localizações do Ateneu evidenciam ligação com bairros de elite na cidade, associadas a uma clientela socialmente privilegiada ao menos até a década de 1960, preservando um ensino de qualidade, adequado à formação desses quadros sociais.

O trabalho de Câmara Cascudo é de fundamental importância para se pensar criticamente sobre a existência do Ateneu Norte-Rio-Grandense e pode servir de inspiração para outras pesquisas sobre a trajetória dessa escola, como o recolhimento de depoimentos orais de ex-alunos de várias gerações que viveram a instituição, lembrando que todo documento, seja oral, escrito ou tridimensional, deve ser visto como interpretação de experiências vividas, que implicam em refletir sobre relações de poder, destacando o espaço da cidade, concebido em sua multiplicidade, que representa também tensões e conflitos. [O. B.]

BREVE HISTÓRIA DO PALÁCIO POTENGI [6]. Este livro é uma plaquete de 48 páginas. Embora não inclua nenhuma informação ou advertência a esse respeito, ela constitui uma reedição atualizada da *Breve História do Palácio da Esperança*, editada pelo Departamento de Imprensa do Rio Grande do Norte em 1961. O conteúdo do livro é transcrição literal, com poucas alterações ortográficas, do capítulo XVIII da *História da Cidade do Natal*, de 1946, intitulado "Onde morava o Governo"^{1}. Com o nome "A Casa do Governo", esse texto foi publicado originalmente em forma de artigos no jornal *A República*, na década de 1940.

O texto da *Breve História do Palácio da Esperança* é precedido por uma epígrafe que reproduz seu parágrafo de conclusão e por uma nota introdutória do então Governador Aluizio Alves. Acrescentaram-se no final, como anexos, a cronologia dos governantes do Rio Grande do Norte^2, desde a sua colonização até o início da década de 1960; dois decretos (o de n. 2.521, de 10 de dezembro de 1954, e o de n. 3.803, de 31 de janeiro de 1961) que renomeiam a referida casa de governo; duas ilustrações do edifício em épocas diferentes (1902 e 1962) e a planta baixa dos dois pavimentos do prédio restaurado em 1961.

A edição de 1978, com o título de *Breve História do Palácio Potengi*, traz uma atualização da cronologia dos governantes até a metade da década de 1970, além do decreto n. 5.471, de 15 de março de 1971, que restaura a denominação da sede da administração do estado. Excluem-se as fotos e, talvez por um erro de composição, a página 23, que deveria conter o título da parte seguinte: Cronologia dos Capitães-Mores, Presidentes da Província e Governadores do Rio Grande do Norte, presente na primeira edição.

Nas duas edições, o nome do autor está ausente na capa, na contracapa e na folha de rosto, aparecendo no final do texto principal, junto ao título do livro de que ele foi

1. *História da Cidade do Natal* [32]. Para maiores informações, ver: Zila Mamede, *Luís da Câmara Cascudo: 50 Anos de Vida Intelectual 1918-1968*, *op. cit.*, p. 246.
2. A relação cronológica dos capitães-mores, presidentes de província e governadores do Estado do Rio Grande do Norte foi atualizada em obras anteriores de Câmara Cascudo. Em *Governo do Rio Grande do Norte* [29], ela compreende o período entre 1597 a 1939 e na *História do Rio Grande do Norte*, esse período é ampliado até 1951 [36].

transcrito. A capa exibe o frontão do Palácio, em desenho assinado pelo artista plástico potiguar Newton Navarro, e o título, que se modifica de uma edição para outra.

As palavras de Aluizio Alves na introdução do livro são datadas de 28 de outubro de 1961 e justificam, com argumentos populistas, a nova mudança de nome do Palácio. O Palácio, anteriormente chamado do Tesouro, passou a ser do Governo, depois Potengi e, a partir de então, da Esperança. A denominação funda-se na vontade popular que "o decreto apenas legalizou". A esperança ganha roupa nova, o seu símbolo mais concreto também. O prédio fora restaurado para exercer tal função. E o compromisso com o povo, referendado pelas urnas, deve ter motivado a primeira edição do texto em forma de plaquete que reconstitui os deslocamentos da sede do poder dentro dos bairros iniciais de Natal.

"Onde morava o Governo?" Nesse tom de intimidade, Câmara Cascudo tenta descobrir e apresentar, através de relatos ou fatos concretos, os locais que serviram de sede aos governos e de moradia aos governantes. Descreve os edifícios, alguns ainda existentes, outros reduzidos aos indícios de sua localização, seus moradores e os acontecimentos que muitas vezes mudaram os rumos da história política e a vida dos grupos no poder ou, simplesmente, o cotidiano daqueles que, ao longo do tempo, habitaram-nos ou se hospedaram neles. A cronologia dos governantes complementa a descrição dos atores dessa história e delimita o seu tempo (1597-1974).

Do Forte dos Reis Magos ao Palácio Potengi, são seis os edifícios que Câmara Cascudo identifica como residência dos representantes máximos da administração pública local. O Forte sediou por quase um século o governo colonial e seu pequeno séquito. Foi também sede do domínio holandês. A segunda casa, de que não se conhecem a data nem o local preciso de sua construção, foi demolida em 1830. "Onde ficava esse Palácio?". Relatos apontam duas possibilidades de localização, diante da Igreja Matriz, na Rua Grande, Largo da Matriz, enfim, do lado oposto ao da Igreja situada na atual Praça André de Albuquerque. "Ninguém sabe onde ficava", mas sabe-se dos fatos e dos assuntos de que foi palco o seu interior: "As horas tumultuosas e festivas da Independência e Proclamação do Império [...]" (p.13), entre outros.

No ano de sua demolição, a Casa de Governo já se encontrava em outro edifício, na Rua da Cruz, hoje Junqueira Ayres, local de construção da antiga Capitania dos Portos. Foi a casa onde se organizou a Província: "Daquela casa governaram a província nomes famosos [...]" (p. 14). A Rua da Conceição sediou o quarto Palácio do Governo: um sobrado alugado em 1862. O prédio resistiu até 1914, quando foi demolido, mas como local da administração, existiu somente até 1869. Neste ano, a "residência do Executivo" desceu para a Ribeira, para a rua do Commercio, hoje rua Chile: "Era o sobrado com sotéia, o mais imponente, o mais alto e mais caro do seu tempo, verdadeiro orgulho da cidade" (p. 17)^3. Ele presenciou os últimos e intensos momentos da vida política da província e os primeiros dos governadores. Nele, organizou-se o Estado "nas bases constitucionais republicanas". Em 1902, o poder subiu

3. Atualizamos e corrigimos, quando necessário, a ortografia do texto.

a ladeira e, na Cidade Alta, instalou-se no que era então o Palácio do Tesouro. Construído a partir da demolição de outros, o prédio que abrigou o sexto palácio já "Nasceu para funções políticas e continua abrigando repartições, mesinhas, papelório, convenções, ordens, sonhos e decepções" (p. 19). Sua construção terminou em 1872, mas somente em 1902 ele se tornou a sede do poder maior do estado com a nova denominação de "Palácio do Governo".

Embora os anexos apareçam como algo enxertado *a posteriori*, sem comentários que os relacionem à obra como um todo, eles mostram que esse edifício de estilo neoclássico se consolidara como espaço físico do comando ou "lugar da chefia" desde o início do século. A cada restauração, a cada reforma, corresponde, porém, um novo nome. Em 1954, passa de Palácio do Governo a Palácio Potengi; em 1961, é o Palácio da Esperança e, dez anos depois, volta a se chamar Palácio Potengi. No entanto, se essa edição fosse atualizada em função dos acontecimentos posteriores, dever-se-ia anexar a ela um outro decreto, o de n. 12.940, de 28 de março de 1996, e os termos do convênio com a Fundação José Augusto. O primeiro atribui à Governadoria do Centro Administrativo do Estado a denominação de Palácio de Despachos de Lagoa Nova, deslocando a sede do governo do centro da cidade para sua área de expansão; o segundo transfere a administração do edifício do antigo Palácio do Governo da praça 7 de Setembro para a Fundação José Augusto, mudando não apenas o seu nome, mas também a sua função. Hoje, ele se chama Palácio da Cultura e, além de abrigar a Pinacoteca do Estado, disponibiliza suas salas e salões para atividades culturais, como exposições temporárias, lançamentos de livros e realizações de eventos.

Dessa forma, mais do que uma *Breve História do Palácio Potengi* [3], o livro enfoca a história das sedes do poder político ao longo do processo de construção da cidade de Natal, seus prédios e seus personagens. Entretanto, ele se ressente principalmente da ausência de uma apresentação que explique essa nova edição de textos publicados em décadas anteriores, articulando as diferentes partes que a constituem, de modo a permitir uma melhor compreensão de seu conteúdo e seu uso como ponto de partida para novos estudos sobre esse assunto. O texto registra fatos passíveis de investigação; relatados de modo excessivamente sucinto, ligeiro e descompromissado, eles carecem, todavia, de maiores referências e dados mais precisos. Esses aspectos, aliás, não desprestigiam a obra nem seu autor, mas devem ser levados ao conhecimento do leitor desavisado.

Analisar os espaços isoladamente, sem articulação com um processo de interpretação global, envolve o risco de uma descrição que pode dar conta de parte de uma realidade, mas dificilmente explicitará ou explicará as razões de sua espacialidade. O lugar onde se acham os equipamentos e as atividades na cidade não se configura nem é escolhido por acaso. E o espaço urbano, assim como a sua arquitetura, está repleto de significados. O poder sempre encontra sua expressão na arquitetura e em espaços diferenciados, conformados ou estruturados por ele, dentro da cidade. Por isso, o edifício-sede das instituições do poder político acompanha suas necessidades de controle, de domínio sobre as atividades sociais, seja de um espaço menor, seja dos grandes espaços característicos da época moderna.

O poder militar, função inicial, firmou-se em espaços fortificados e segregados, sendo o forte o primeiro símbolo da posse de um território. Foi assim particularmente em Natal, porque, nessa época, a ocupação do espaço para outros usos e por outros grupos sociais era quase inexistente; o que determinou sua localização foram os interesses estratégicos de defesa, garantia do "avanço português no setentrião do Brasil". O forte era mais do que a sede do governo local. Mas a cidade cria-se e, com ela, surge uma outra relação entre espaço e poder. E em seu ponto mais central, núcleo geográfico repleto de conteúdo social, vão situar-se os equipamentos dos gestores do território.

No entanto, a dinâmica urbana, sociedade e espaço, conforma territórios diferentes em momentos diversos da história, sempre criando locais geograficamente estratégicos de irradiação do poder. E as sedes do governo acompanham, ou provocam, esses deslocamentos, principalmente seguindo os caminhos delineados pelas elites dominantes. Se a atividade comercial agroexportadora é então o complemento, no espaço urbano, da principal atividade econômica desse momento, e se o espaço que representa simbolicamente esse poder está na Ribeira, é ali que o prédio do governo deve-se localizar. Mas se o espaço já parece deteriorado, devido à aglomeração, à superposição de usos diversos, ou se se pretende dar nova relevância ao poder político, o poder muda de lugar, sobe para a Cidade Alta; se se deseja mostrar que o momento é de progresso, de modernidade, se a intenção é negar um momento anterior, cumpre destruir os símbolos que representam o atraso colonial e construir ou restaurar, dar a este "novo" momento o espaço físico capaz de representá-lo.

Renovam-se os espaços, mas não os grupos sociais enquistados no poder, representantes das oligarquias. Esta questão pode gerar um outro debate: estaria o deslocamento de um lugar para outro vinculado a uma nova configuração política e representando novas estratégias dos grupos no poder?

Assim, o texto de Câmara Cascudo pode suscitar uma discussão sobre a construção e desconstrução dos territórios e lugares na cidade^4. As sedes do governo, dentro de seu caráter simbólico, ora consolidam territórios, ora promovem o aparecimento de outros, valorizando ou incentivando a ocupação de novas áreas, muitas vezes seguindo as mesmas leis e regras de mercado que dominam a distribuição dos usos e ocupações na cidade capitalista. [A. L. A. F.]

---

4. Vários autores podem contribuir para essa discussão. Entre eles, sugerimos: Claude Raffestin, *Por uma Geografia do Poder*, São Paulo, Ática, 1993; Paul Claval, *Espaço e Poder*, Rio de Janeiro, Zahar, 1979; Joan-Eugeni Sánchez, *La Geografía y el Espacio Social del Poder*, Barcelona, Los Livros de la Frontera, 1981; Milton Santos (org.), *et. al. Território: Globalização e Fragmentação*, São Paulo, Hucitec/ANPUR, 1994; Flávio Villaça, *Espaço Intra-urbano no Brasil*, São Paulo, Nobel, 1998.

NO CAMINHO DO AVIÃO [7]. Com esse sugestivo título, Luís da Câmara Cascudo reuniu, em 1933, um conjunto de textos por ele escritos para seu jornal diário e, como correspondente, para a *United Press*, sobre a passagem de alguns pioneiros da aviação por Natal. Aí, registra e comenta como a pequena cidade começava, naqueles anos, a entrar na rota dos vôos nacionais, continentais e mesmo intercontinentais.

Nas "Preliminares", Câmara Cascudo define seus textos como "notas de repórter" e esclarece que procurou incluir informações precisas sobre os reides e sobre os aviões, pois esses dados poderiam, um dia, interessar ao historiador da aviação. Ou seja, seu objetivo nesses escritos não era realizar estudos sistemáticos sobre o significado dos fatos vividos, mas registrá-los, como um observador contemporâneo.

Trata-se de dois conjuntos de textos de natureza distinta.

Inicialmente, estão coletadas quinze pequenas crônicas, escritas para serem publicadas em jornais, e que tratam da passagem por Natal de aviadores brasileiros e estrangeiros que eram notícia, merecendo assim a atenção do repórter. São variados, alguns mais técnicos, outros mais discursivos, que apresentam informações sobre os pilotos, seus aparelhos, os vôos realizados, a recepção que receberam, mas também não se furtam a comentários e reflexões sobre os personagens e os significados mais amplos destes vôos pioneiros.

Já a cronologia, apesar de conter alguns breves comentários, é mais uma listagem dos vôos, apresentando data dos eventos, dados sobre os pilotos e sobre os aviões.

Os textos estão enriquecidos por notas redigidas por Fernando Hyppólito da Costa, contendo informações complementares sobre os vôos tratados nas crônicas.

Minha análise vai se voltar, a seguir, para as crônicas, textos de época, que se constituem em rico material para o historiador que se dedica ao estudo desses anos, nos quais os aviões começavam a fazer parte, não apenas do cotidiano dos natalenses, mas das populações dos vários continentes.

Treze das quinze crônicas têm por título os nomes dos aviadores que passaram por Natal nesses anos, o que nos mostra que esses personagens eram vistos pelo jornalista como as figuras centrais dos eventos que estava registrando.

Sua passagem pela pequena cidade era um acontecimento social que envolvia a população e os governantes. Vemos assim se sucederem os registros de homenagens aos heróicos aviadores que se aventuravam pelos ares e que por ali trafegavam. Ao mesmo tempo, os vôos aéreos intercontinentais projetavam a cidade internacionalmente, pois eram vôos pioneiros, conquistas que estavam sendo registradas como marcos nos anais da história universal. Alguns dos aviadores focalizados pelo repórter eram bastante populares na época e, por suas façanhas, tornavam-se os novos mitos da civilização moderna.

A primeira crônica, de 1922, trata de um evento local, o primeiro pouso de um avião em Natal, sendo aí registrado o espanto que causou na população natalense a descida, no rio Potengi, do hidroavião Sampaio Correa II, pilotado pelo brasileiro Euclides Pinto Martins. Note-se que esse é um dos registros de amerissagens de hidroaviões, bastante presentes nas crônicas de Câmara Cascudo por serem os principais veículos dos primeiros vôos interoceânicos; mas as crônicas também registram sua substituição gradativa pelos aviões comuns, mais agéis e menos custosos.

As notícias referentes a 1926 já nos mostram que, com as primeiras travessias do Atlântico Sul, Natal começava a adquirir uma posição estratégica internacional, constituindo-se em passagem obrigatória para os vôos intercontinentais. Pode-se dizer que começa então a fase áurea desse conjunto de reportagens, que registram, numa sucessão acelerada, a passagem pela cidade de alguns dos mais destacados aviadores, pioneiros que, muitas vezes com aparelhos modestos, lançavam-se em empreendimentos que colocavam suas vidas em risco.

Podemos acompanhar, assim, a passagem, em fevereiro de 1927, do italiano Francesco de Pinedo em seu hidroavião Santa Maria, o primeiro a atravessar o Atlântico Sul; em março do mesmo ano, o português Sarmento de Beires, que, com o hidroavião Argos, realizou a primeira travessia noturna da África a Fernando de Noronha e Natal; e, em maio, a primeira travessia realizada por brasileiros, tendo por piloto Ribeiro de Barros, no hidroavião Jaú. Ou ainda, no início dos anos de 1930, os vôos solitários de pilotos afamados como Bert Hinkler e Jim Mollison, quando as viagens interoceânicas começavam a se tornar "um passeio".

A faceta heróica desses primeiros aviadores está presente nas várias crônicas. No entanto, Câmara Cascudo surpreende o leitor, entremeando os textos com frases desconcertantes, que parecem ter por objetivo trazer esses seres míticos para a condição humana. Sua atuação como repórter, com acesso a entrevistas e observações mais aproximadas dos ídolos, lhe dava elementos para isso. Vemos assim surgir a frieza e o ar desdenhoso de Francesco de Pinedo; a competência, mas também a falta de amizade, de Costes e Le Brix; e mesmo um certo olhar crítico em relação a Charles Lindbergh, então considerado o maior de todos os aviadores, apresentado pelo autor como um herói construído pela mídia.

As crônicas são também entremeadas de considerações sobre o papel que esses vôos pioneiros adquiriam no mundo moderno, como no texto dedicado ao português Sarmento de Beires, que Câmara Cascudo compara aos capitães-mores do século XVI; ou quando o vôo realizado pelos franceses Costes e Le Brix é comparado à viagem de Sarah Bernardt, uma verdadeira "missão civilizadora nas três Américas".

O conjunto de textos constitui-se também num registro de como esses reides não eram apenas fruto do empenho de aviadores destemidos e que as nações mais ricas marcavam presença na conquista das rotas aéreas. Assim, está noticiada a passagem por Natal, em março de 1927, de uma esquadrilha de cinco aviões norte-americanos, liderados pelo major Herbert Dargue, em viagem de quatro meses pelo continente americano. E, em janeiro de 1931, a de uma esquadrilha de doze hidroaviões italianos, comandados pelo general Italo Balbo, em missão oficial do governo Mussolini.

Duas outras nações também marcam presença nos registros do repórter, a França e a Alemanha, por meio de companhias de vôo comercial, respectivamente a Latécoère e a Condor. Em Natal, nesses anos, como nos conta Câmara Cascudo, foi marcante a presença do serviço postal da Latécoère que, a partir de 1927, passou a operar na América do Sul e, em 1930, realizou a primeira ligação Europa/África/ América do Sul. Natal tornou-se uma das sedes dessa companhia que construiu, para suas atividades, a primeira pista da cidade, em Parnamirim.

O texto sobre a Latécoère retoma um ponto que, como vimos, era caro ao autor, o da condição humana dos vôos aéreos. É assim que – após declarar que a regularidade das atividades da companhia francesa, no vai-e-vem de trazer cartas e levar passageiros, tornou o avião familiar aos habitantes de Natal – conclui que esses vôos "despiram do aviador a sua carapaça divina e tornaram-no apenas e gloriosamente um homem-que-vence-a-natureza".

Finalizando, queremos salientar que esse conjunto de textos é registro precioso de um momento muito especial da história brasileira e mundial, quando os vôos aéreos transformavam a vida das regiões mais afastadas, causando fascínio, constituindo-se em notícia local e internacional. Revelam também como eles eram vivenciados por Câmara Cascudo, que, não se limitando ao simples registro dos eventos, passa ao leitor seus questionamentos sobre essa grande epopéia do homem moderno. [M. A. M. D.]

CANTO DE MURO [8]. Esgotado na primeira tiragem da Livraria José Olympio, em 1959, e na segunda, quando entrou, em 1977, para a Coleção Sagarana, da mesma editora carioca, *Canto de Muro* está entre os "livros que 'ficam'"; tornou-se um "daqueles 'clássicos de segunda fileira' que fazem as delícias dos amadores sutis e exigentes", conforme previa o crítico Wilson Martins^1.

Romance na vertente do regionalismo nordestino? Que mais andou fazendo nosso grande folclorista?, poderá se perguntar o leitor desavisado ao primeiro contato com a capa do volume. Não lhe tardarão as respostas. *Canto de Muro* é, de fato, um "romance de costumes", como o classifica, com humor, seu subtítulo. Mas, um romance de costumes que se debruça sobre o mundo dos animais, tendo como personagens insetos, aves, répteis, pequenos mamíferos moradores e visitantes de um

---

1. Wilson Martins, "Canto de Muro", em [8]; fragmento da apresentação na aba, posto na capa do livro.

quintal abandonado, o canto do muro velho, em Natal, onde árvores, trepadeiras, chão, ruínas e refugos guardam existências miúdas em constante sobressalto. É um romance que fixa elementos da fauna e da flora, uma geografia regional e explora ditos, sabenças e práticas do nordeste brasileiro. Mesmo enriquecendo a singularidade do espaço, ao colocá-la na esteira da história dos homens e da chamada história natural e ao buscar vínculos com outras regiões do Brasil, privilegia sempre a tonalidade do folclore.

Romance, descarta a fábula na construção da trama que leva em conta a condição dos bichos na natureza, além das fronteiras do bem e do mal, e se limita a onomatopéias ou menções às vozes dos animais. Morcego, urubu, aranha, bacurau, lagartixa, lacrau e tantos outros não estão ali para transmitir recados morais. Existem simplesmente. Conservam sua autonomia de personagens decalcados em indivíduos da realidade, alheios à comprovação de teses e traços. Em nota de abertura à primeira edição, o autor assim os encara, ironizando as experiências científicas:

> Se alguns dos meus personagens, fixados na liberdade de todas as horas do dia e da noite, portaram-se aqui diferentemente do que fizeram nos laboratórios científicos, nas horas de experimentação grave, a culpa pertence a eles pela duplicidade cínica de atitudes e sonegação a um depoimento legítimo da verdade, diante de pessoas sérias e de boa reputação social [a nota é repetida na 2ª edição].

Personagens, vivem suas aventuras e desventuras inter-relacionando-se espontaneamente no velho quintal, cobertos pela interpretação que lhes empresta traços humanos e inverte o teor das relações presenciadas no quintal de João Romão, em Aluísio Azevedo. Têm seu comportamento narrado com admiração e benevolência irônica, ao passo que, em *O Cortiço*, o determinismo naturalista inventa homens e mulheres carregados de marcas pejorativas atribuídas aos animais pela sociedade do homem. Cascudo antropomorfiza sem ganhar, entretanto, a abrangência literária e simbólica maior que se constata na viagem de Gulliver ao país dos Houyhnhnms, de Swift, em *A Revolução dos Bichos*, de George Orwell, ou na *Fazenda Modelo*, do nosso Chico Buarque de Holanda. Preconceitos e superioridade humana à parte...

A valorização da vida no canto do muro começa nos títulos dos capítulos que parodiam obras científicas em latim, crônicas antigas, romances de cavalaria, de cordel e autores consagrados como Lima Barreto, Pirandello e Francisco de Assis. "De re Aliena", "Gesta de Grilo", "De como Licosa Perdeu uma Pata e o mais que Sucedeu", "Triste Fim de Raca", "Três Personagens à Procura de um Autor" ou "Irmã Água" são bons exemplos.

O romance harmoniza observação e contemplação amorosas e, por isso mesmo, cheias de humor. Ao longo dos episódios, o narrador multiplica seus papéis: mostra-se o cronista encarregado do registro mais ou menos objetivo dos acontecimentos, o memorialista em rápidas intromissões, com respaldo no "Depoimento" anexo ao volume, e, o mais das vezes, é o personagem que se desenha no correr da matéria narrada. A ficcionalização de certos aspectos da realidade transforma o que poderia ser um depoimento à Bates e não esquece a análise do mundo dos entes racionais. O narrador enquanto personagem, ou seja, o naturalista das horas vagas, dotado de altíssima erudição e sofisticada simplicidade, profundo conhecedor do folclore de todos os países, não se desperdiça em informações pernósticas. Na sua linguagem plena de graça, puxa naturalmente o fio dos episódios, entrelaça seus personagens. Combina desenvoltura de romancista na montagem da ação, vivência, objetividade, filosofia e visão poética do espaço escolhido. Não se exime de condenar o abuso de poder por parte do homem no trato cotidiano e na experimentação científica com animais, embora, paralelamente, relate, sem sombra de culpa, o cativeiro de um guaxinim e de uma coruja, por ele próprio perpetrado... Coexistência... Contradições...

Na verdade, o texto de Montaigne, a que o escritor recorre na nota de abertura, não é a "Apologia de Raimond Sebond", luminosa compreensão dos animais que atravessa séculos e pode ser aproximada à revolucionária ética ecumênica hoje proposta pelo geógrafo Augustin Berque.

Predomina, no narrador/personagem, o lirismo do olhar que transfigura, através de imagens, comparações, sinestesias, adjetivos precisos, um local desprezado e corroído, ao captar nele a pulsação da vida, a dimensão plástica nas cores da vegetação e dos seres, nas luzes e sombras, nas diversas danças de amor e de morte; a dimensão dos sons da terra, dos chilreios, cantos e guinchos ou dos silêncios ominosos; o alcance dos perfumes e cheiros.

A contemplação do artista não empresta, ao antropomorfismo que adota, intenções didascálicas, enquanto diretiva moral. Parece antes acreditar nesse recurso como a melhor forma de aproximação sensível que possui, pois sabe que seu ato de observar já vem impregnado de fantasia, de imagens e comparações que minam *a priori* qualquer registro científico rigoroso. Sabe da dificuldade de construir o ponto de vista do animal, de se colocar no lugar dele, de afastar projeções. Consegue apenas recorrer a interpretações vindas de tudo o que conhece no gênero humano, projeta, enfim. Como artista, Cascudo não aceitou o árduo esforço de comunicação ou a impotência dolorosa que fazem a grandeza literária e humana de "La Mort du Loup", de Vigny, de *Caninos Brancos*, do norte-americano Jack London, do *petir chat*, de Bandeira, do *Pássaro Espaço*, de Salvador Monteiro, ou da câmera de Arne Suckdorff, quando plasma os olhos da raposinha moribunda, perante os quais a paisagem simplesmente se apaga.

Canto de Muro trabalha com êxito a intertextualidade em sua estrutura; alia a ficção a dados absolutamente corretos da zoologia, da botânica, da história, da mitologia, da geografia, permeados pelo folclore, e recolhe citações de poetas amenizadoras do escopo didático que disfarçadamente se instala. Como sempre mescla à narração as informações e os trechos selecionados, não aborrece o leitor, a quem até os nomes científicos podem soar engraçados e hiperbólicos, bizantinos nos sobrenomes tirados dos padrinhos naturalistas. A seqüência que focaliza o acauã, no episódio da morte de Raca, a jararaca, bem representa o amálgama operado:

[...] Raca estava dormindo debaixo da tábua da porta derrubada na entrada da velha cozinha. Acordou, sem saber porquê, os músculos repuxados, a cauda inquieta, uma vontade de esgueirar-se e fugir de um perigo invisível. Sentiu uma estocada que findara em beliscão estorcegador. Raca, indignada com a falta de respeito, lançou-se para fora, mentalmente construindo a posição do bote caçador. Diante, saltitante nos tijolos sujos da calçada, estava uma ave em quem nunca a jararaca pusera os olhos.

Teria uns 25 centímetros de altura, plumagem cinzento-escura, atravessada de faixas claras, quase brancas. Penas amareladas subiam-lhe do ventre até o pescoço. Longas asas, duras, escudos de combate. Olhos acesos, vibrantes, os olhos das aves de rapina. O bico longo, sólido, brilhando foscamente. Era uma ave de batalhas, ágil, maciça, airosa, com o corpo luzindo, o óleo isolador do gladiador profissional.

Ali estava um príncipe da dinastia dos falconídeos invencíveis, preador de todos os ofídios, seguindo-os como Raca acompanhava o fugitivo e apavorado Gô [o rato]. Uma Herpethotheres cachinnans guerribundus, Bangs e Penard. Era uma Acauã (pp. 101-102).

A procura da base científica oferece uma curiosa ambivalência: ao mesmo tempo em que o naturalista nordestino acata especialistas renomados, desde Plínio, Buffon e Cuvier, tem o prazer de contestá-los, com ironia, ao exibir resultados de sua "pesquisa" no âmbito brasileiro. O empenho na pesquisa nos faz lembrar escritores do porte de Maeterlinck, Alejo Carpentier e Mário de Andrade na necessidade que demonstraram de conhecer a história natural e empreender investigações. O canto dos pássaros e as outras vozes da natureza atraindo Carpentier e Mário, em seus caminhos de musicólogos; os insetos, abelhas e formigas conquistando Maurice Maeterlinck. O folclorista brasileiro, aliás, não poupa elogios ao lirismo de *La vie des abeilles*.

Cascudo descobre um ótimo expediente para batizar os bichos que põe em cena, criaturas do espaço do romancista. Enxerga-os como indivíduos que merecem um nome especialmente inventado, porém, comum a cada gênero porque são muitos, como as baratas e os ratos, e porque se sucedem rapidamente no quintal, por força da curta duração de suas vidas – veja-se o escorpião. Não o satisfaz o anonimato do rótulo da zoologia, que toma como abonação generalizadora. Prefere promover uma relação de familiaridade do narrador com eles, colorida por um certo tom hipocorístico. Adota formas populares, como Guaxinim; cria nomes a partir da figura da personagem – Vênia, a lagartixa, sempre balançando a cabecinha –; confirma em Sófia a sabedoria secularmente conferida à coruja; recupera os apelativos dos únicos animais domésticos que cruzam o quintal – a galinha Dondon e o gato Brinco –; mas, na maior parte das vezes, separa palavras e segmentos na denominação científica ou escolhe parcelas do termo que classifica a família no reino animal. Títius é o escorpião ou lacrau, saindo de *Tityus bahiensis*, Perty; Licosa, a enorme aranha negra, de *Lycosa raptoria*, Walckenser; Niti, bacurau e curiango, de *Nyctidromus albicollis*, Quiró, dos quirópteros, Raca, de *Bothrops jararaca*, e assim por diante.

Fica-se desejando que o centenário de Luís da Câmara Cascudo traga uma nova edição desse romance. No momento em que, felizmente, vivemos a preocupação do cinema e da televisão em produzir filmes dedicados ao registro da vida na natureza, a contrapartida literária de Cascudo, que sorve, minimalista, o movimento dos habitantes de seu *Canto de Muro*, tem sua importância redobrada. Wilson Martins a havia aproximado, muito justamente, dos documentários de Walt Disney. A terceira edição poderá sanar, em notas de rodapé, a ausência de tradução das numerosas citações em latim, francês e inglês, semeadas ao longo do discurso do narrador, dádiva ao leitor culto, mas esquecimento, em termos de Brasil, de um público mais amplo. Deverá, sem dúvida, repetir a crítica de Martins, jóia de síntese. [T. A. P. L.]

A CARNAÚBA [9]. A contribuição de Câmara Cascudo à etnografia (ele preferia antropologia) brasileira é maior do que a adjetivação que lhe seja atribuída. Pode-se falar, sem exagero, de uma vida inteira, de quase um século, dedicada ao trabalho intelectual. Sua produção tem o alcance enciclopédico e poucos merecem a afirmação de nos ter deixado uma obra.

Claro que, em meio a títulos da maior significação, como *Cinco Livros do Povo* [11], no campo das matrizes tradicionais da literatura popular; de uma obra de referência como o *Dicionário do Folclore Brasileiro* [18]; do seminal *Meleagro* [52] ou de textos sobre comida, gestos, cachaça ou rede de dormir, que inventariam e apontam na direção de uma contribuição fundamental à chamada cultura brasileira, ele escreveu trabalhos de menor fôlego. *A Carnaúba* é um deles, o que, longe de desmerecer a qualidade de sua reflexão, inscreve-se como esboço de uma caderneta de campo, que seria explorada, à exaustão, em outras oportunidades.

Publicado pela *Revista Brasileira de Geografia*, em 1964, com duas reedições pela Coleção Mossoroense, da Fundação Vingt-Un Rosado de Mossoró, RN, em 1991 e 1997, *A Carnaúba* chegou a ser excluído de listagens da obra de Cascudo, tal a pouca importância que assume diante uma produção que evidencia o pesquisador comprometido com a busca de nexos, a associação de causas e efeitos e a articulação teórica da maior profundidade e competência.

Poderíamos considerá-lo como um trabalho monográfico, periférico, em relação ao núcleo mais denso de suas preocupações e ao campo em que ele se locomovia com maior desenvoltura.

Claro que Cascudo daria o melhor de si em qualquer pesquisa que empreendesse. Em *A Carnaúba*, ele procurou se cercar de opiniões abalizadas, de números e de todo um jargão científico. A árvore seria melhor estudada por um botânico, que ele não era, apesar de sua formação nos remeter à condição do erudito, espécie em extinção nesses tempos de especialização.

Cascudo atualizava a tradição de um saber que se irradiava em muitos sentidos, sem que isso significasse esforços em vão ou leviandade intelectual. Sua determinação e aplicação fazem da placa afixada em sua casa, proibindo as visitas pela manhã porque ele varava as noites, insone, dedicado aos estudos, o marco de uma disciplina monástica.

A Carnaúba não se inscreve no ciclo de uma leitura prazerosa, de um Cascudo que, sem perder a consistência, era senhor de um texto que nos enredava, sedutor em suas teias, surpreendente no vigor e definitivo em sua coloquialidade. Por fugir ao campo em que ele transitava muito à vontade, esse texto nos mostra certas amarras de quem procurava, antes de tudo, dar conta de uma empreitada.

Quem conheceu os vastos carnaubais nordestinos e essa palmeira esguia, elegante, com suas palmas em formato de leque, é capaz de fazer uma leitura nostálgica, como se Cascudo, ao escrever esse texto, estivesse antecipando um réquiem que a devastação e a perda da importância econômica da cera viriam acentuar.

A carnaúba, que foi, durante muito tempo, uma árvore emblema do semi-árido, útil em todos os sentidos, da madeira às folhas, dos frutos à cera, se rarefez. Ela poderia ser considerada o símbolo, arbitrário sem dúvida, de uma condição de adversidade, prevalecendo na secura e emoldurando de verde as extensões de um plano-seqüência do jargão cinematográfico.

Cascudo revisou a bibliografia, foi em busca de quem escreveu antes sobre a espécie, cumpriu um roteiro previsível. Do ponto de vista da metodologia, seu texto tem começo, meio e fim. Sua não-hipótese é desvendá-la, sob todos os aspectos. Como se fizesse círculos concêntricos e fosse ampliando seu raio de observador privilegiado e participante.

Podemos imaginá-lo em busca do rigor científico, na concepção mais exata e apolínea que se pode dar a essa expressão. Não que Cascudo tenha fugido do científico nas suas produções, mas aqui prevaleceu um *cientificismo* de extração positivista, como se emergisse um lado século XIX do grande intelectual que ele foi, menos generoso na compreensão do homem, medida de todas as coisas, destinação mesma de toda a reflexão que se empreenda.

Cascudo confundiu rigor com aridez. O texto de *A Carnaúba*, resguardada sua importância, parece mais uma daquelas teses apresentadas por alunos exemplares de ciências naturais aos liceus – o que na verdade era –, ou um artigo para os *sodalícios* (no caso, o Instituto Brasileiro de Geografia e Estatística) que ocuparam papel de relativa importância na cena acadêmica brasileira, até meados do século XX.

O artigo, plaqueta ou livro – e não vale a pena essa discussão estéril – cresce quando Cascudo abandona o esquematismo cientificista e envereda pela etnografia, espaço privilegiado de onde ele, intérprete, intelectual e antena, antecipava-se ao que queríamos ou precisávamos saber, como um oráculo, e nos falava da terra, do homem e da luta nordestinos, para nos apropriarmos da estrutura proposta por Euclides da Cunha.

A Carnaúba cresce quando Cascudo volta a ser o velho e grande Cascudo, quando incursiona pelo sertão adentro, mostra o corte das palhas, a raspa da cera derretendo nos tachos (e somos levados a ouvir a onomatopaica fervura), as velas crepitando nas noites sertanejas, de vigílias, com histórias que se contavam e retomavam a tradição oral que ele nos ajudou a compreender tão bem. É quando nos faz sentir numa expedição de reconhecimento a um sertão que está dentro de nós, como no dizer de Guimarães Rosa. Um sertão que ele preferia "vermelho, bruto, bravo, seco, com o couro da terra furado pelos serrotes hirtos, altos, secos, híspidos", como cantou num poema.

É essa dimensão que nos emociona e nos apazigua e dá ao texto uma importância que ele teria ainda mais se Cascudo tivesse feito da carnaúba um pretexto para compreender o Nordeste, um álibi para levantar hipóteses sobre a fortaleza e a capacidade de superação que, longe de reforçar estereótipos ou de se impor como um discurso ideológico, constitui uma das possibilidades de leitura de uma condição.

Adversidade que foi ponto de partida para o romance social de Graciliano Ramos, Rachel de Queiroz ou José Lins do Rego; para a contribuição cinematográfica de Glauber Rocha e para a música de Luís Gonzaga, os quais reelaboraram, esteticamente, essas questões.

Uma carnaúba desafiando, impávida, o tempo e as intempéries e colocando-se como metáfora do chão ressequido ("a terra é cinza"), do lajedo, do sol ("de cobre") e das pessoas que modelam a argila para fazer a taipa, apropriam-se dos caibros e das palmas e fazem queimar a chama ("uma luz oleosa e mole") que Cascudo acendeu para nós.

A Carnaúba ajuda a compreender Cascudo e, de certo modo, sem maiores pretensões, contribuiu para que ele passasse a ser uma referência. [G. C.]

A CASA DE CUNHAÚ [10]. A leitura descuidada desse texto traz, imediatamente, uma confusão de nomes, datas e informações minuciosas, num espaço curto de palavras, mas extenso no tempo e na formação do Brasil. São cinco capítulos e seis notas, em 45 páginas exigentes de muita atenção e paciência. Lentamente, a pesquisa histórica do autor transforma-se em páginas vivas de uma parte emocionante e lendária da história do Brasil.

O centro da pesquisa e da narrativa é Cunhaú, pequeno canto do Nordeste brasileiro, onde vivem homens e mulheres e acontecem fatos que não podem ser ignorados por quem quer entender um pouco melhor o Brasil.

O primeiro capítulo descreve a figura de Jerônimo de Albuquerque Maranhão, o "Grande Pai" de Cunhaú. Em 1604, governando a capitania do Rio Grande do Norte, ele doou as terras de Cunhaú aos dois filhos, Matias e Antônio. O último tornou-se o proprietário do engenho Cunhaú e o outro lutou contra os invasores holandeses, que temiam suas tropas.

Durante o domínio flamengo, Cunhaú foi vendido a senhores holandeses para a exploração de cana-de-açúcar. Em 1645, ano da revolta portuguesa contra o invasor, os holandeses tentaram manter a capitania do Rio Grande do Norte, importante produtora de gado, sob seu domínio, instalando um regime de terror. Jacob Rabbi, um judeu, foi o encarregado de executar a "política do medo". Cunhaú foi determinado a ser o primeiro palco das matanças e dos incêndios. Surgiu a cena do domingo de 16 de julho de 1645: o velho padre André de Soveral ergueu a hóstia consagrada, os colonos de Cunhaú adoravam o Cristo sacramentado, quando os índios de Jacob Rabbi entraram na capela e mataram todos os participantes da missa.

Há várias tentativas de vingança do massacre. Depois da reconquista, Matias de Albuquerque Maranhão retorna a Cunhaú, refaz o engenho, a capelinha e ali falece em 1685.

Cunhaú continuou nas mãos dos Albuquerque Maranhão. A família cresceu na riqueza e no poder. Casamentos foram realizados entre os primos. Os velhos nomes dos patriarcas e das matriarcas foram repetidos nos filhos e filhas.

Câmara Cascudo destaca nesse mesmo capítulo a figura de André de Albuquerque Maranhão, casado com Dona Antônia Josefa do Espírito Santo Ribeiro. Descreve detalhadamente o luxo e a grandiosidade de Cunhaú dessa época. Prossegue contando sobre os interesses pelos cavalos, pela forma de transporte das mulheres, pelo lugar da mulher na sociedade de Cunhaú.

O capítulo seguinte relata a história do último descendente varonil direto de Jerônimo de Albuquerque Maranhão, único filho macho de André e Antônia. Há discordância sobre o ano de seu nascimento, 1775 ou 1780. No dia 22 de agosto de 1787, a rainha Dona Maria I lhe concedeu o foro de Fidalgo Cavaleiro. "Viveu sempre em Cunhaú, vigiando as safras, ouvindo missa, perdoando aos escravos, opulento, tranqüilo, vagamente preguiçoso, lento e bom." Era o homem mais rico do Rio Grande do Norte e o mais respeitado. Era hospitaleiro. Em 1817, tornou-se o líder da Revolução Republicana na capitania. Foi preso e morto. O autor procura a causa da conversão do Fidalgo Cavaleiro em mártir republicano mas parece não se convencer...

No terceiro capítulo, são destacadas duas personalidades para entendermos a continuação da história da Casa de Cunhaú. A primeira é Dona Luzia Antônia, irmã do mártir republicano. Ela foi esposa do tenente-coronel José Inácio de Albuquerque Maranhão. Os homens da família estavam presos por causa da revolução; coube a Dona Luzia enfrentar os repressores do movimento republicano e administrar Cunhaú. Ela pariu sete filhos. O mais notável foi o segundo, André de Albuquerque Maranhão Arco Verde, o Dendé, um homem poderoso. Ele tinha sua própria moral e sua própria lei. Foi acusado de mais de duzentas mortes, dentre elas, a de sua mulher e do irmão mais velho, José Inácio de Albuquerque Maranhão Filho. Foi um tirano e o texto se encarrega de contar vários atos de sua tirania. Viveu rodeado de concubinas e filhos bastardos. Foi encontrado morto em seu quarto de dormir, na manhã de 26 de julho de 1857. É provável que tenha se suicidado.

O capítulo quatro discorre principalmente sobre a família de Dona Antônia Josefa, segunda irmã de André de Cunhaú, o mártir, casada com um primo também chamado André de Albuquerque Maranhão, conhecido por "André de Estivas", que participou do movimento republicano e, mais tarde, foi perdoado pelo rei; seus filhos foram poderosos na Paraíba e no Rio Grande do Norte. Cascudo narra ainda a lenda da "Ressuscitada de Cunhaú" e, de certa forma, a desmente.

No último capítulo, o autor dá notícia da importância política da família de Dona Josefa Antônia, a irmã mais nova de André, o revolucionário de 1817, casada com João de Albuquerque Maranhão. Finaliza mostrando como a Casa de Cunhaú foi parar nas mãos de Otávio de Araújo Lima, em 1925. Após considerar a demolição quase que completa da velha e resistente Cunhaú, data 28 de março de 1934, término de seu trabalho.

Alguns fatos e personalidades de Cunhaú nos ajudam a compreender melhor o Brasil atual. Cunhaú é uma concessão do pai donatário aos dois filhos. O rei considera que é muita terra e manda dividir. A alguns meses do século XXI, políticos brasileiros continuam favorecendo com naturalidade os filhos e outros parentes. Os casamentos eram feitos entre os primos para concentrar as riquezas e o poder. Parece que ainda temos uma elite dominante possuidora avarenta da grande fatia dos recursos do país.

O massacre dos beatos mártires na capela de Cunhaú, em 16 de julho de 1645, provoca-nos sentimentos de repúdio aos protestantes holandeses e ao judeu Jacob Rabbi; mas é necessário esfriar tais sentimentos, olhando a história holandesa da época. Até 1609, a Holanda fazia parte do Império Espanhol. Com a Reforma Protestante, ela se tornou calvinista. Em 1556, Filipe II subiu ao trono espanhol e promoveu grande perseguição aos protestantes e judeus do Império. Quando proclamamos os nossos mártires católicos, não podemos esquecer os mártires protestantes (também cristãos) e os mártires judeus (também adoradores de Javé). Morrer pela fé católica é relativamente fácil, viver a fé cristã é mais difícil e me parece um melhor martírio (testemunho).

A Igreja Católica Romana, na Constituição Dogmática *Lumen Gentium*, promulgada pelo Papa Paulo VI, em 21 de novembro de 1964, afirma:

> Por muitos títulos a Igreja sabe-se ligada aos batizados que são ornados com o nome cristão, mas não professam na íntegra a fé ou não guardam a unidade da comunhão sob o Sucessor de Pedro. Muitos deles honram a Sagrada Escritura como norma de fé e de vida. Mostram sincero zelo religioso. Crêem com amor em Deus Pai Onipotente e em Cristo Filho de Deus Salvador. São assinalados pelo batismo no qual se unem a Cristo. [...] Os que ainda não receberam o Evangelho se ordenam por diversos modos ao Povo de Deus. Em primeiro lugar aquele povo a quem foram dados os testamentos e as promessas e do qual nasceu Cristo segundo a carne. Por causa dos patriarcas é um povo caríssimo segundo a eleição: pois os dons e a vocação de Deus são irreversíveis.

Testemunhar Jesus, no século XXI, é respeitar as diferenças, unir as semelhanças e construir a PAZ.

André de Cunhaú, mártir republicano, e Dendé Arco Verde são dois Brasis ainda existentes. André de Cunhaú é o Brasil que sonha com a igualdade, a fraternidade, a liberdade. É o Brasil que tenta construir a cidadania. Dendé Arco Verde é o Brasil autoritário, insensível, impune, egoísta... bastante real.

Qual dos Andrés será o verdadeiro BRASIL? [M. R.]

CINCO LIVROS DO POVO [11]. O subtítulo do livro é *Introdução ao Estudo da Novelística no Brasil*. A página de rosto é ainda mais completa. Abaixo do subtítulo, ela sumariza: *Pesquisas e Notas – Textos das Cinco Tradicionais Novelas Populares: Donzela Teodora, Roberto do Diabo, Princesa Magalona, Imperatriz Porcina, João de Calais – Informação sobre a História do Imperador Carlos Magno e dos Doze Pares de França.*

A obra de Luís da Câmara Cascudo, anunciada no próprio livro, está dividida em: *Folclore e Ensaios*. Entre os de folclore, pelo menos os seguintes são estudos de um teor igual ou próximo ao de *Cinco Livros do Povo*: *Vaqueiros e Cantadores* [82] (1939), *Os Melhores Contos Populares de Portugal* [53] (1945), *Lendas Brasileiras* [45] (1945), *Contos Tradicionais do Brasil* [15] (1946), *Geografia dos Mitos Brasileiros* [28] (1947) e *Literatura Oral no Brasil* [46].

Entre os da categoria ensaio, vale ressaltar: *O Folclore nos Autos Camoneanos* [24] (1950) e *Com Dom Quixote no Folclore Brasileiro* (1952)².

A "Introdução" a *Cinco Livros do Povo* deve ser lida com atenção. Mais do que uma simples apresentação de um livro sobre cinco livros, ela é uma bem-traçada classificação de modalidades populares e/ou tradicionais de literatura e, a seguir, uma inteligente pesquisa a respeito do que liam, para si mesmos ou também para outras pessoas, os que sabiam ler no Brasil Colônia.

De acordo com Câmara Cascudo, o que pode ser compreendido como literatura do povo deve ser classificado da seguinte maneira: literatura oral, literatura popular e literatura tradicional. Cabem na primeira os contos, lendas, provérbios, anedotas, adivinhas, casos e autos, desafios e outros, cuja principal característica é a memória não-letrada e a transmissão oral. A literatura popular é, antes, essencialmente impressa e o cordel deve ser o seu melhor exemplo.

Literatura tradicional é a que recebemos impressa há séculos, mantida pelas reimpressões brasileiras depois de 1840. São pequeninas novelas, *Donzela Teodora, Imperatriz Porcina, Roberto do Diabo, Princesa Magalona, João de Calais*, a grossa *História do Imperador Carlos Magno e dos Doze Pares de França*, com as aventuras do invencível Bernardo del Carpio. Tiveram origem erudita, estudada na novelística francesa, espanhola, italiana e portuguesa. Vieram dos séculos XV ao XVIII, com formação diversa, fazendo as delícias do povo e o encanto dos pesquisadores que farejam rasto no rumo da Índia ou da Pérsia, apontando o que desapareceu e discutindo o imponderável.

Continuam reeditadas no Rio de Janeiro e em São Paulo como eram em francês, português e castelhano em Madrid, Sevilha, Saragosa, Segóvia, Lisboa, Porto, Montpellier, Paris, Antuérpia... (p. 13).

É sobretudo com base em documentos do Santo Ofício que o autor faz um intrigante levantamento a respeito do que provavelmente seria lido entre os poucos letrados do Brasil Colônia. Porque, ademais dos livros que podiam e deviam ser lidos pelas pessoas de bem e pelas boas famílias, os autos declaram os livros proibidos, isto é, todos os outros. Quais seriam os livros permitidos? Basicamente, os dos assuntos piedosos da fé católica: breviários, livros de orações, vidas de santos, compêndios de sermões, livros de exemplos. Dentre os outros, profanos ou tidos por tal, estariam os da novelística tradicional, trazidos de Portugal. Assim, "O padre Baltazar de Miranda, denuncia na Bahia, a 17 de agosto de 1591, a dona Paula de Siqueira, casada com o contador Antônio de Faria, no Rio de Janeiro, por ler e folgar com a DIANA DO MONTE MAIOR e que fazia o músico per nome Manuel, cantar as cantigas da dita DIANA" (p. 14).

Seriam, no entanto, tão eficazes as proibições das autoridades do Santo Ofício? Provavelmente, nem tanto. E Câmara Cascudo transcreve uma deliciosa passagem de uma longa poesia versada em décimas, em que ao glosar o mote *tudo são honras da*

---

2. "Com Dom Quixote no Folclore Brasileiro", em Miguel de Cervantes y Saavedra, *Don Quixote de la Mancha*, trad. Almir de Andrade e Milton Amado, 3ª ed., Rio de Janeiro, José Olympio, 1958 (1ª ed., 1952).

casa, o poeta popular Nicandro Nunes lembra as três espécies de livros existentes nas residências do sertão: a novela recreativa, a Bíblia e a cartilha de instrução.

> Grelha, espeto, frigideira,
> Tesoura, agulha, dedal,
> Mesa, muro, horta, quintal,
> Bule, prato, chocolateira,
> Caldeirão, tacho, sopeira;
> Meu estro em rima se apraza,
> Não deixo nem uma vasa
> Para entrares na espadilha;
> NOVELA, BÍBLIA, CARTILHA
> Tudo são honras da casa!
> (p. 23, maiúsculas de Câmara Cascudo).

Há uma questão central que Câmara Cascudo busca esclarecer, pelo menos em parte, antes de entrar na apresentação e na transcrição do texto de cada uma das cinco novelas anunciadas. Ela pode ser formulada assim: quais as razões pelas quais "o povo lê essas novelas"? Por quais motivos, séculos após a criação delas e mesmo após sua difusão pelos sertões, sobretudo no Nordeste do Brasil, novelas tradicionais como *Roberto do Diabo* ainda são uma leitura e uma memória tão freqüentes?

Há uma curiosa constatação inicial. Tanto na Europa quanto, mais ainda, no Novo Mundo, desapareceram das estantes e das lembranças populares as *novelas pastorais*, com os seus "idílios das Arcádias". Mas não aconteceu o mesmo pelo menos com as novelas reunidas no livro. Um dos motivos poderia ser a carência de um maravilhoso fantástico genuíno nas novelas de amor pastoril. Ao contrário do que encontra o "menino que há no povo" nas aventuras inapagáveis dos cavaleiros de Carlos Magno. Mudados os cenários, passados os anos, os séculos, algo de perene torna atuais e desejáveis, ontem como hoje, os romances das novelas como a *Donzela Teodora*.

O desejo esquece o que parece mais próximo e menos capaz de despertar no homem que lê o menino que sonha.

Nenhum fenômeno cultural mereceria tanto o exame da técnica psicológica como a existência dessas novelas humildes, enroladas em capas de policromia popularesca, trazendo assuntos inatuais e pretéritos, datando de Portugal sob Borgonha, da Espanha dividida e Boabdil reinando em Granada, Cristóvão Colombo ignorado e Pedro Álvares Cabral desconhecido (p. 27).

Cada uma das novelas tradicionais, tão carinhosamente preservadas nas "camadas populares", exerce um poder bastante marcado de "identidade emocional" com o leitor, em geral um adulto, não raro um velho. Assim, a *Donzela Teodora* é a imagem da valorização da inteligência feminina, do mesmo modo como *Roberto do Diabo* é o protótipo, sempre tão contraditório, tão temido e tão desejado, do absoluto poder humano dado ao serviço do mal, mas depois convertido à ordem e tornado um exemplo de hombridade santificada. A *Princesa Magalona* é o modelo perfeito da fidelidade que deveria seguir um juramento de amor e que as mulheres sabem cumprir bem mais do que os homens. A *Imperatriz Porcina* traz essa fidelidade exemplar para o terreno da mulher casada, cuja honra intocada de fiel esposa enfrenta todos os perigos e vence todas as injustiças. Finalmente, *João de Calais* associa a aventura macha ao mistério. Pois aqui se trata do tema do morto devedor que mantém como os vivos a continuidade de intercâmbios até quando os seus direitos à sepultura e à salvação sejam garantidos.

Embora Câmara Cascudo não chame a atenção sobre este assunto, não deverá espantar o termos entre os personagens principais das novelas, tomadas em seu conjunto, três mulheres seguras de si, dignas e exemplares, cada uma em seu plano e, de outro lado, dois homens ambivalentes, cada um passando pelo seu "lado de mal" antes de se tornar, como as mulheres, um alguém de novo associado ao bem e à ordem.

Cada uma das novelas constitui um capítulo com um longo sumário próprio. Em cada caso, Câmara Cascudo apresenta dados e observações – notáveis, no mais da vezes – a respeito das origens e das primeiras edições na Europa. Trabalha a seguir uma análise de dados dos atores da novela. Quando é o caso, como logo na primeira novela, *A Donzela Teodora*, tece comentários preciosos a respeito de temas e questões entranhadas no texto. Assim, nessa primeira novela há partes dedicadas ao estudo de *enigmas e adivinhações*, assim como de *astrologia judiciária e médica*.

Ademais das observações e das análises de história literária e de questões derivadas, as novelas são apresentadas na sua íntegra, com comentários pertinentes a respeito da versão transcrita. No caso de *A Donzela Teodora*, é reproduzida na íntegra uma versão em poesia popular brasileira, além da versão tradicional em prosa. Quanto a *João de Calais*, Câmara Cascudo transcreve a íntegra de uma versão em francês, atribuída a Madame de Gómez. [C. R. B.]

CIVILIZAÇÃO E CULTURA [12]. As reflexões de Câmara Cascudo acerca da cultura permeiam o conjunto da sua obra, mas foi nesse livro, concluído em 1962 e só publicado em 1973, que ele reuniu resultados de pesquisa sistematizados acerca das "constantes etnográficas", discutidos enquanto professor de etnografia geral da Faculdade de Filosofia da UFRN, onde ensinou de agosto de 1955 a junho de 1963.

Nesse livro, ele compendiou os "registros culturais de toda uma existência de professor", tendo levado seis anos para fazê-lo. Concluído em 1962, fora encaminhado para publicação pela Imprensa Estadual de Pernambuco, embora houvesse convite de Assis Chateaubriand para fazê-lo na Sociedade de Estudos Brasileiros Dom Pedro II, na qual haviam sido lançados *Jangada* [41] (1957) e *Rede de Dormir* [72] (1959).

Em 1964, o reitor Zeferino Vaz, da Universidade de Brasília, solicitara do autor um trabalho para uma coleção brasileira de divulgação científica. Preocupado com a demora da edição do livro, Câmara Cascudo telegrafou reclamando os originais e constatou que tinham desaparecido, não havendo cópias. Sabe-se que no seu processo criativo, ele não fazia borrões de texto nem revisão de redação, escrevia de uma só vez, após longos períodos de meditação na sua rede de dormir. Quando havia uma perda de originais, Cascudo reclamava aos amigos em conversas ou cartas. Nesse caso, além disso, houve divulgação da ocorrência, em jornais e uma publicação em separata intitulada "História de um Livro Perdido"³, divulgando, inclusive, o índice geral e a listagem em ordem alfabética do índice dos assuntos, pois, do livro, só haviam sido publicados antes três capítulos: "Assim nasceu o Instinto Médico", *Jornal de História da Medicina*, Recife, 17, set. 1959; "Etnografia e Direito", Natal, Imprensa Oficial de Pernambuco, 1961; "Da Cultura Popular", *Revista Brasileira de Folclore*, Rio de Janeiro, I, set.-dez. 1961.

O exemplar do "Livro Perdido" que está sendo referenciado foi endereçado ao Instituto Nacional do Livro (INL) e a D. Maria Alice Barroso, diretora do INL, por Zila Mamede, poetisa e diretora da Biblioteca Central da UFRN, por vários anos, que recomendou: "Quero que a senhora tome a seu cargo este enobrecedor encargo: publicar o livro perdido. PS – Escreva ao Prof. Câmara Cascudo. É um velho admirável". Tal expressão de solidariedade era comum entre os amigos quando seus originais eram desviados, sendo, o caso de *Civilização e Cultura*, o mais grave que se conhece.

Em 1968, os originais reapareceram, sendo reenviados, afirma Cascudo em nota intitulada "Nove Anos Depois", datada de 1971 e incluída na apresentação do livro. Nela, enfatiza que os originais estavam "amarrotados como papel de embrulho, sujos, riscados, alguns capítulos incompletos [...]". Entretanto, o conteúdo do índice divulgado na "História de um Livro Perdido" era o mesmo daquele editado no livro *Civilização e Cultura*.

Na ocasião, a Livraria José Olympio, editora de muitos dos seus livros, pretendeu editar o trabalho, mas Cascudo havia desistido de tal pleito. Em 1971, o então reitor da UFRN, professor Onofre Lopes pretendeu fazer o mesmo pela Editora Universitária, mas não obteve sucesso. Todavia, na transmissão do seu cargo ao professor Genário Alves da Fonseca, apelou para o então Ministro da Educação e Cultura, Jarbas Passarinho, presente à solenidade, quem, de fato, convenceu Câmara Cascudo a retomar os acertos para publicação do livro. O mesmo teve sua primeira edição em 1973, pela José Olympio e a segunda em 1983, pela Editora Itatiaia.

As informações sobre etnografia geral reunidas nesse livro tanto são resultantes da sua experiência de professor e pesquisador – etnógrafo, como gostava de dizer, pois coletava documentação –, como também da sua performance de leitor de obras clássicas como a Bíblia, o Alcorão e uma plêiade de teóricos clássicos da área de conhecimento em questão. Enquanto docente, recomendava essas obras aos alunos da Faculdade de Filosofia e aplicava os conhecimentos da antropologia às questões jurídicas, especialmente, ao direito penal, quando ensinava direito internacional na Faculdade de Direito da UFRN, na qual aposentou-se em 1966.

Tais inclinações para o estudo da etnografia, desenvolvidos mais rigorosamente a partir da experiência docente do ensino superior, tiveram seus primórdios nos

---

3. Luís da Câmara Cascudo, "História de um Livro Perdido", Natal, UFRN/Instituto de Antropologia "Câmara Cascudo", 1966. (Separata dos *Arquivos do I. A.*, 2 [1/2], 1966).

estudos do folclore, os quais deram início às investigações do autor no campo das raízes tradicionais do Brasil.

Mesmo envolvido com as manifestações culturais dessa área, não simpatizava com a concepção reducionista que, em geral, era dada à palavra folclore, pelo seu sentido limitado aos contos e histórias populares. Por isso, preferia ser entendido como um estudioso da cultura popular e pensava que a "cultura popular é o complexo, representa a totalidade das atividades normais do povo, do artesanato ao mito, da alimentação ao gesto"^{4}, como afirma numa entrevista, ou "o saldo da sabedoria oral na memória coletiva", como expõe no capítulo que já havia sido divulgado sobre cultura popular e compõe o *Civilização e Cultura* (p. 679), mas ressaltava também aí que a cultura popular "não pode e não deve ser explicada pela enumeração dos seus elementos formadores. É um caso em que o todo não corresponde à soma das *partes*" e, para suprir as fragmentações dadas ao folclore, estudava o assunto inserido nos demais fenômenos da sociedade, não o reduzindo à valorização do pitoresco e do particular, mas como uma manifestação da cultura universal. Com este pensamento, elaborou o seu majestoso *Dicionário do Folclore Brasileiro* [18].

É necessário registrar, ainda, que os estudos folclóricos, em suas raízes, propunham-se a apreender o conhecimento peculiar do povo e dos elementos que constituíam sua cultura, mas o conceito de cultura estava vinculado ao patrimônio histórico das classes mais elevadas e seria caracteristicamente uma cultura transmitida por meios escritos, compreendendo todos os conhecimentos científicos, as artes em geral e a religião oficial.

Câmara Cascudo, na sua compreensão do folclore, do conceito de cultura popular e do que representava para ele a categoria "povo" na sociedade, contrapôs-se ao determinismo do mundo da produção das idéias e de forma insubmissa, aproveitou-se das áreas do domínio da elite cultural e intelectual, pondo ênfase nos aspectos dinâmicos do folclore, sem deixar de reconhecer que a função deste consistia na preservação das manifestações ou elementos da cultura popular.

Considerava a cultura erudita e a popular como complementares. Assim, embora tivesse uma visão dual do conceito de cultura, não parecia partilhar do pensamento positivista no que se refere ao domínio cultural das camadas eruditas da sociedade. Pensava, portanto, que estas assimilavam as crenças tradicionais a partir de referentes contaminados por diversificados valores, como assegurou no prefácio dos *Cantos e Contos Populares do Brasil*, de Sílvio Romero. Conseqüentemente, a legitimidade das crenças tradicionais estava no povo, que expressava esse saber autenticamente, mas, para ele, em qualquer povo haveria uma "cultura sagrada, oficial, reservada para a iniciação e a cultura popular, aberta apenas à transmissão oral"^{5}.

Compreendia os fatos apresentados e caracterizados como folclóricos numa correlação com os fatos culturais, os quais podiam ser estudados como aspectos particu-

4. Ledo Ivo, "Luís da Câmara Cascudo: Ele Sabe o que Sabe o Povo", *Manchete*, Rio de Janeiro, Bloch, 8 fev. 1960.
5. [18], p. 11.

lares da sociologia cultural e da antropologia. Assim, estudou o folclore como fenômeno sociocultural, configurando-o a partir das manifestações populares como expressão de historicidade.

Expressou as conexões entre fato social, folclore e fato cultural no livro *Civilização e Cultura*, admitindo que a etnografia geral não podia ser uma subdivisão da antropologia cultural, visto que estava convencido serem "todas as culturas nascidas do ethos, grupo de gente, e não do anthropos, unidade aproveitadora do labor comum" (p. 22).

Para ele, a etnografia era "realmente o estudo da origem, desenvolvimento e permanência social das culturas", mas não havia culturas superiores nem inferiores, e sim sempre "culturas, reuniões de técnicas suficientes para a vivência grupal" (p. 18). E para compreender o fenômeno total da civilização local, era preciso entender que o todo civilizador era maior que a soma das partes culturais. Assim pensando, entendia cultura como particularidade de civilização:

Compreendo civilização como o conjunto das culturas, dando-lhes caráter, coloração, a peculiaridade do nacional. Civilização é todo e cultura é parte; a parte sem o espírito-do-todo no tempo e no espaço. Cultura geral de um país é a sua civilização. É um órgão indispensável no corpo mas não é o corpo e menos o espírito unificador orgânico. Civilização não se exporta, arrenda, empresta, compra, imita. Essa é a característica das culturas. A cultura emigra e a civilização é sedentária, estática quanto à permanência no âmbito sociogeográfico.

Cultura é o conjunto de técnicas de produção, doutrinas e atos, transmissível pela convivência e ensino, de geração em geração. Compreende-se que exista processo lento ou rápido de modificações, supressões, mutilações parciais no terreno material ou espiritual do coletivo sem que determine uma transformação anuladora das permanências características (p. 17).

No discurso "Universidade e Civilização", argumentou, entretanto, que a "cultura tomou o lugar e o trono da civilização que caiu da moda", embora fossem livro e discurso escritos na mesma época^6. Mas reafirmou e ampliou sua concepção de cultura, mostrando mais enfaticamente que entendia ainda a cultura como patrimônio tradicional de normas, doutrinas, hábitos, acúmulo do material herdado e acrescido pelas aportações inventivas de cada geração. E cada geração reunia elementos de outras culturas circunjacentes ou longínquas, julgadas capazes de auxílio e avanço na terra natal, perpetuando a tradição, que seria o "patrimônio de observações que se tornaram normas. Normas fixadas no costume, interpretando a mentalidade popular", circunscrevendo-se na memória social, que era, para Cascudo, a "imaginação no povo, mantida e comunicável pela tradição, movimentando as culturas convergidas para o uso, através do tempo"^{7}.

Câmara Cascudo pensava que nesse complexo mestiço e plástico de mentalidades e normas, fixava-se a ação coletiva, cuja vida e cuja perpetuação se davam através de "sangue, herança moral e a educação doméstica".

O poderoso *folk-lore*, as crenças, as tradições religiosas e o clima social tinham, pois, a função de um cimento fundamental e antropológico, a partir do qual emergiam

6. Câmara Cascudo, *Universidade e Civilização*, Natal, Imprensa Universitária, 1988.
7. [79], p. 9.

os padrões mais alargados da história e da cultura de um povo. Foi isso que ele quis mostrar no livro *Civilização e Cultura*. [V. G.]

OS COMPADRES CORCUNDAS E OUTROS CONTOS BRASILEIROS [13].

Este é o título de uma coletânea publicada pela Ediouro (Rio de Janeiro, 1997), dentro da coleção Leituras Fora de Série que parece, pelo tamanho e pelo indefectível roteiro supostamente didático, destinado a um público infanto-juvenil, mais precisamente a alunos em idade de conhecer a importância e desfrutar os prazeres da literatura popular.

Dada a precariedade da edição, entretanto, os editores perdem duas excelentes oportunidades: a primeira de lidar de maneira mais ética, e estética, com trabalhos do porte dos realizados pelo erudito e rigoroso pesquisador Luís da Câmara Cascudo; a segunda, de oferecer ao público-alvo não uma seqüência de narrativas descontextualizadas, mas as informações necessárias para que o processo de leitura pudesse acontecer associando prazer e conhecimento. Isso se daria com alguns cuidados mínimos que permitiriam aproximar essas "histórias da carochinha" de descobertas sobre o que há de universal e imortal em enredos ao mesmo tempo tão longínquos e tão próximos no que diz respeito ao conhecimento do imaginário, dos mitos e das formas de ver a vida inventadas pelo homem. O que foi cuidadosamente feito por Luís da Câmara Cascudo.

O que se tem em mãos são 123 páginas em tamanho 10 x15,5 centímetros, reunindo 26 narrativas que, pelo nome destacado na capa e na folha de rosto, sugerem autoria de Câmara Cascudo. Sem qualquer nota introdutória, o leitor desconhece os critérios e os objetivos dessa edição, o responsável pela seleção dos contos, as fontes utilizadas, o critério de reunião ou mesmo a importância desses contos no panorama da cultura brasileira. Diante da indigência editorial, o que se pode fazer, rastro atrás, é descobrir de onde vêm essas narrativas, como e por quem foram coletadas e que classificação receberam de seu organizador. Evidentemente que esse é um trabalho que deveria ter sido feito pelos organizadores, dando aos leitores condições de conhecer esses dados a partir desse primeiro contato.

Na verdade, as 26 narrativas têm como fonte *Contos Tradicionais do Brasil* [15], obra em que Luís da Câmara Cascudo coletou e reuniu exatamente cem histórias, criteriosamente classificadas, acompanhadas do nome do narrador, da localidade em que foram ouvidas e de uma nota que esclarece as fontes registradas e as variantes localizadas em diversos países. Além de todo esse rigor, o volume conta com um prefácio em que o autor dá conta de sua visão a respeito do "folclore – espaço de pesquisa e de aproximação humana"; do conto popular, enquanto significativa "produção anônima e coletiva, documento vivo denunciando costumes, idéias, mentalidades, decisões e julgamentos"; das classificações existentes e reconhecidas, indicando autores e obras, da sua justificada classificação e, ainda, da linguagem e dos temas característicos das narrativas tradicionais, coletadas no Brasil.

Os contos estão organizados em doze seções e, acompanhando-as, é possível localizar as fontes da coletânea que motiva esse verbete, conhecendo o tipo de narrativa, informação que está na apresentação e que pode ser complementada com a leitura da obra *Literatura Oral no Brasil* [46], do mesmo autor, especialmente o capítulo VIII.

A maior parte das narrativas foram agrupadas como "Contos de Encantamentos", denominação explicada no prefácio como correspondente ao *tales of magic, tales of supernatural, cuentos, conti, racconti, fair play, marchem, miso-soso* dos negros de Angola e o *skarki* dos russos. A essa classificação pertencem os contos "Os Compadres Corcundas", "A Princesa Bambuluá", "Maria Gomes", "O Marido da Mãe d'Água", O Filho da Burra", "Couro de Piolho" e "A Moura Torta". Segundo Câmara Cascudo (1984:263), a maioria veio de Portugal, constituindo "convergência de outras histórias que ainda mais se diferenciaram no Brasil", e o que as caracteriza é "o elemento sobrenatural, o encantamento, dons, amuletos, varinha de condão, virtudes acima da medida humana e natural". Os personagens são príncipes, princesas, o velho ou a velha, materializando extremos espirituais, o bruxo, a feiticeira e mesmo Nossa Senhora.

Do segundo grupo, intitulado "Contos de Exemplo", foram selecionados quatro: "Quirino, Vaqueiro do Rei", "O Bem se Paga com o Bem", "Mata-sete" e "Seis Aventuras de Pedro Malazarte". Essas narrativas, como a própria designação sugere, "ensinam a Moral sensível e popular, facilmente perceptível no enredo, de fácil fabulação" (Cascudo, 1984: 273).

Aos "Contos de Animais" pertencem "O Sapo e o Coelho", "O Sapo com Medo d'Água", "A Preguiça", "A Onça e o Bode", "O Macaco e a Negrinha de Cera", que são narrativas curtas, identificadas com as "fábulas clássicas onde os animais vivem o exemplo dos homens". Nas notas que o autor acopla aos contos, há uma curiosa observação sobre as adaptações culturais de alguns aspectos. A propósito do conto "O Sapo com Medo d'Água", cujo estabelecimento foi feito a partir de Ana da Câmara Cascudo, sertaneja e mãe do pesquisador, ele comenta: "Minha mãe, sendo sertaneja, não conhece histórias figurando o Jabuti. Os heróis são a Raposa, o Macaco, espertíssimos. Ouvi versões em que o Sapo é substituído pelo Jabuti" (Cascudo, 1986: 191).

À quarta seção, dedicada às "Facécias", pertencem os contos "O Caboclo, o Padre e o Estudante", "O Conselho do Doutor Doido", "A Mulher do Piolho" e "Adivinha, Adivinhão". Esse tipo de narrativa, que pode ser cômica ou não, mas que se expressa muitas vezes como sátira, pintura dos costumes, tem como característica

[...] não apenas o humorismo mas as situações imprevistas, materiais e morais. A constante psicológica será a imprevisibilidade, o imprevisto do desfecho, da palavra ou da atitude da personagem [...] a anedota é essencialmente destinada a comprovar um sentimento moral, de aprovação, crítica, repulsa ou apenas fixação de caracteres morais (Cascudo, 1984: 301-302).

"Felicidade e Sorte" é o único selecionado da seção "Contos Religiosos", embora em *Contos Tradicionais do Brasil* apareçam oito e na "Pequena Antologia do Conto Popular Brasileiro", que faz parte do capítulo VIII de *Literatura Oral no Brasil*, existam dois outros. Esse tipo de narrativa, conforme esclarece o pesquisador, embora possa ser confundida com lendas "não fixa tempo nem indica zona de influência memorial [...] Até certo ponto são contos de encantamento, mas com o sobrenatural cristão" (Cascudo, 1984: 309-310).

À categoria "contos etiológicos" pertencem "A Festa no Céu" e "Por que o Cachorro é Inimigo do Gato... e o Gato do Rato". Para explicar esse tipo de conto, o pesquisador recorre a João Ribeiro:

> [...] a expressão conto etiológico é técnica entre os folcloristas; quer dizer que o conto foi sugerido e inventado para explicar a razão de ser de um aspecto, propriedade, caráter de qualquer ente natural. Assim há contos para explicar o pescoço longo da girafa, o porquê da cauda dos macacos etc. [e complementa] Rara será a espécie animal, ou vegetal, tendo alguma peculiaridade que não possua sua *story* popular, uma justificação lógica, imprevista e curiosa, satisfazendo o espírito coletivo da região (Cascudo, 1984: 313-314).

"A Menina Enterrada Viva" traz os inesquecíveis versos que povoaram a imaginação e os medos das infinitas crianças que já os ouviram: "Capineiro de meu pai!/ Não me cortes os cabelos.../Minha mãe me penteou,/Minha madrasta me enterrou,/ Pelo figo da figueira/Que o passarinho picou.../Chô! Passarinho!" Ele representa um tipo classificado como "natureza denunciante", ou seja, em que um ato criminoso é denunciado por um elemento da natureza. No caso, a menina é assassinada pela madrasta e o capim funciona como o elemento denunciante. Poderiam ser pedras, frutas, aves etc. Na obra *A Literatura Oral no Brasil* aparece uma outra versão intitulada "A Madrasta".

Os "contos acumulativos", "pequenos contos de palavras ou períodos encadeados, ações ou gestos que se articulam, numa seriação ininterrupta" (Cascudo, 1984: 329), têm seu representante em "O Macaco Perdeu a Banana".

E para finalizar, "As Perguntas de Dom Lobo" é uma narrativa selecionada para exemplificar a categoria "demônio logrado". Câmara Cascudo explica que:

> Nos contos populares brasileiros, portugueses, espanhóis, africanos, árabes, rara ou impossível é uma vitória do Demônio. Aceitando desafio, topando aposta ou firmando contrato, o Diabo é um logrado inevitável. [...] Enganado pelas crianças e mulheres, pelos homens e velhos, constrói na Europa pontes e castelos, fossos e valos, abre rios e desvia correntes, erguendo mesmo igrejas, sem saber que as faz, como lhe aconteceu na Bahia (1984: 319).

Apesar da falta de rigor da edição, os contos estão transcritos com fidelidade à fonte e podem proporcionar uma visão do "abrasileiramento" que, sem descartar a universalidade dos temas e das formas, pode ser notado sob vários aspectos. É o caso, por exemplo, de princesas flagradas em paisagens nacionais, ainda que fictícias, de vocabulário arcaico ou regional, dosado de forma a não perturbar a compreensão, de ditados populares e adivinhas bem conhecidas. [B. B.]

CONDE D'EU [14]. A fisionomia de Luís Felipe Maria Fernando Gastão d'Orleans acompanha o leitor das páginas iniciais às derradeiras da biografia que Luís da Câmara Cascudo publicou, em princípios da década de 1930. Criança, ainda, o Conde d'Eu, que nascera em 1842, aparece retratado, inicialmente, por Winterhalter, indumentária e postura de pequeno adulto refletindo o olhar do pintor e da época sobre a infância e, no caso, sobre a infância aristocrática. Emoldurado pelo luxo da tapeçaria e pelo toque refinado das rendas, o retrato fixou na tela, a imagem do pequeno aristocrata, cujas origens parecem exercer verdadeiro fascínio sobre o autor. É assim que Câmara Cascudo envereda pela reconstituição da genealogia da quarta Casa de Orleans. Nessa reconstituição, promove mais um encontro do leitor com a arte, na menção que faz à tela de Ingres que teria retratado os ancestrais do Conde d'Eu, o Rei Luís Felipe e seus oito filhos, entre eles, o Duque de Nemours, pai de Gastão d'Orleans. Encontro com a arte, encontro mais uma vez com o fascínio da nobreza e, mais do que isso, com o fascínio dos referenciais europeus, franceses sobretudo. Para o autor, o quadro de Ingres havia denotado que Paris jamais "possuíra ao mesmo tempo uma galeria tão expressiva de sua graça e da enfeitiçante espiritualidade raciais" (p. 22). Ao aproximar o leitor das origens do conde, Câmara Cascudo busca, na verdade, aproximá-lo de traços de personalidade e de caráter que, permeados por um refinamento de gestual e de posturas, complementam-se na beleza física e se reproduzem como herança.

Assim, o duque de Nemours, pai de Gastão, teria sido, para o autor, "lindo e forte homem airoso, leve, grande ar de fidalguia que o denunciava de longe, gentil e senhorial, polido como um diamante e impassível como um bronze", em que pese ter sido "o mais impopular dos filhos do rei Luís Felipe", impopularidade que Cascudo refuta e conclui inexplicável, fruto da "fácil adaptação das lendas imaginárias no espírito do povo" (pp. 49-51).

A impopularidade do Duque de Nemours anuncia, para o leitor, a também inexplicável – segundo o autor – impopularidade com a qual o Conde d'Eu ver-se-ia às voltas já em plagas brasileiras. Mas a imagem do Conde d'Eu impopular surge, da pena de Cascudo, subjugada por imagens outras, articuladas à trajetória de Gastão d'Orleans, que Cascudo busca conduzir indefinidamente através de caminhos que apontam para integridade e dignidade concebidas, no caso, como traços indissociáveis do caráter de seu biografado, senão da própria nobreza: o *Príncipe-consorte*, o *Príncipe-soldado*, o envolvimento com as questões que mobilizavam o Império e abalavam os alicerces do trono de Pedro II, Abolição e República.

Como *Príncipe-consorte*, as imagens do conde justapõem-se às de Isabel, que pontuam a obra com o semblante sereno da princesa já idosa. A *Redentora*, a "Fada que se condói dos escravos", como quer a estrofe dos versos que Cascudo vai buscar no *Correio Imperial*, pequeno jornal "aberta e largamente abolicionista" (pp. 104-107), de propriedade dos filhos do conde, também aparece à luz das posturas do marido, afastando qualquer possibilidade de Isabel ter cedido à tentação de ser auto-determinada. A própria abolição dos escravos no Paraguai é apontada como resultado de sugestão do conde, enquanto Cascudo o insinua, no texto, como mentor da libertação dos mesmos no Brasil: "Não é crível que o conde d'Eu se mantivesse alheiado à posição de sua mulher em face dum problema que ele confessava existir como um legado de séculos despóticos e bárbaros" (p. 110). Na síntese desse pensamento, o conde teria, então, aproveitado a ausência de Pedro II e a "posição de sua mulher" como Regente para fazer valer a afirmação de Osório Duque Estrada, que Cascudo apropriadamente transcreve: "O conde d'Eu [...] era o único membro da família imperial declaradamente abolicionista" (p. 104).

Como Príncipe-soldado, a figura do conde destaca-se no cenário da Guerra do Paraguai, movida por "obstinação patriótica e por amor pela terra que o abrigava" (p. 67), alimentando as sessões ministeriais com as discussões em torno de seu desejo de ir para a frente de batalha. Destaca-se como aquele a quem coube "terminar a guerra" (p. 76), que "deixou, para sempre, o testemunho duma coragem serena, tranqüila, que de sossegada e polida parecia não conhecer exatamente a distância das balas nem julgar do ímpeto bravio dos derradeiros 'aca-carayá' lopesguaios" (pp. 87-88). Em suma, homem de *excepcionais* "qualidades táticas e estratégicas" (p. 96), merecedor do "velho nome de 'strategós' com que os gregos galardoavam seus melhores chefes de tropa em campanha" (p. 103). Coragem ou "prodígios de coragem, de audácia fria", como quer o autor, revelados antes de viajar para o Brasil – o conde viria para o país em agosto de 1864 – no "bater-se com os mouros indomáveis em honra da 'vieja España' " e que haviam resultado na medalha da Ordem Militar de São Fernando e nos "galões de capitão" (p. 53). A esses atributos, somam-se outras características ou *virtudes* – para ser inteiramente fiel a Cascudo –, complementando o perfil do Príncipe-soldado: ser polido para com os oficiais e praças, piedoso para com os doentes, os prisioneiros e as multidões famintas (p. 78).

Anos depois, diante da República, "golpe brusco, inesperado que derruba o gigante", o conde havia, acentua Cascudo, mantido a serenidade e reconhecido "claramente a vitória do novo regime". Apesar das perdas que o afetavam – "cargos, sua posição, seu futuro de rei" –, havia demonstrado tranqüilidade e cortesia diante dos enviados republicanos: "Os depoimentos fazem justiça, unanimemente, à serena atitude do Conde d'Eu. Ele [reforça o autor] não perdeu sua polidez de maneiras nem se lhe turvou o timbre másculo da voz". Afinal, fora ele, na versão do biógrafo, "o primeiro e possivelmente o único dos membros da família imperial a esperar a República" (pp. 130-133).

Aliás, Cascudo não se furta, ao longo do texto, de reforçar o fato de que a escolha que recaíra em Gastão d'Orleans para marido de Isabel fora acertada, em suas palavras, "uma proclamada homenagem a suas tradições de inteligência e caráter dadas as sabidas exigências do Imperador". E assim, referindo-se ao casamento, realizado a 15 de outubro de 1864, Cascudo, ao praticamente esquecer Isabel – a não ser para lembrar as discussões em torno do valor do dote da princesa –, inevitavelmente faz com que esta leitora a imagine de coração descompassado diante desse verdadeiro personagem de conto de fadas, imagem irretocável do Príncipe Encantado:

A figura era esplêndida. Do pai tivera os melhores dons físicos. Alto, sólido, maciço, d'ombros largos, mãos finas à Van Dyck, elegante, apto às grandes caminhadas a pé, ágil em todos os desportos, ótimo cavaleiro, voz clara, timbre grave, articulando lentamente as palavras que o sotaque francês acidulava nos r r, gesto amplo, rosto que o cavaignac em ponta lembrava d'Aumale, Gastão d'Orleans agradava à primeira vista (pp. 54-55).

Descompassado ou arredio diante de um dos dignos "modelos de Ingres" (p. 55), o coração de Isabel não vem ao caso, senão como pontuação decorrente do senso de humor, talvez ironia, dos quais esta autora não conseguiu se furtar. Importa lembrar que o biografado é Gastão d'Orleans e que, como tal, parece ser estratégia de Cascudo – que vai se revelando monarquista e desde que busca na pintura fundamentação para suas impressões – imprimir cores fortes às qualidades do conde, uma vez que não poderá deixar de falar da impopularidade que o acompanhou ao longo da vida: das "apreensões e desconfianças" que, "vindo fixar-se no Brasil, tendo posto de comando no Exército, abria pela primeira vez no espírito político da época" (p. 58) à "pecha de avarento" (p. 111). Enfim, da preocupação com a "influência decisiva" que poderia vir a ter "n'alma de sua mulher, futura imperatriz" (p. 59) ao conde que "passava por ter 'Cortiços' e explorá-los como meio de renda" (p. 111).

Mas a impopularidade é, conforme o autor, decorrência de *lendas* – por sinal, inúmeras em sua avaliação –, resultado da deformação da história. Lendas "lançadas para efeitos políticos", que não resistem ao "momento da prova" (pp. 110-111), inconsistentes, portanto. Lendas alimentadas pela inveja, pela intriga e pelo fato de ser o conde "uma antítese das virtudes que a multidão gosta de ver nos príncipes", voltadas para o "fausto e a prodigalidade" (pp. 115-116). Para Cascudo, essas lendas multiplicavam-se pelo Brasil no interior da "imaginação partidária", sendo que o conde, que "não jurara bandeiras" nem a "luzias", nem a "saquaremas", era responsabilizado por "uns e outros" tanto pela "chuva", quanto pelo "bom tempo" (p. 127).

Dessa forma, Câmara Cascudo envereda pelas questões que teriam suscitado a impopularidade do conde, lançando-se claramente em busca de fundamentos que lhe permitam contra-argumentar. A *inveja* fora, para ele, despertada pelo posto de *general-em-chefe* conferido a Gastão d'Orleans por ocasião da Guerra do Paraguai, pois, aos 27 anos, "idade de tenente", iria "dirigir generais encanecidos em campanhas terríveis", assim como "guiar soldados que acompanhavam a bandeira do Brasil sobre três capitais sul-americanas" (p. 72). A presença de Gastão d'Orleans na fase derradeira da guerra faz com que Cascudo traga à tona a polêmica em torno da afirmação de Caxias de que a guerra chegara ao seu termo, ao perceber, "ferido em seus melindres, que lhe era dado um sucessor na pessoa do príncipe [...], e que este ia colher as glórias que julgava pertencer-lhe". O autor ressalta, então, que "nenhum oficial-general, soldado, jornalista, conservador ou liberal, estridentemente parcial pôde afirmar a participação do Conde d'Eu n'alguma manobra que antecedesse e explicasse sua escolha". O que não impediu que a última fase da guerra se tornasse a "pequena guerra" – expressão, de resto, cunhada por Caxias em documento que Cascudo transcreve – "o fim, o acabar, o esperado e fácil 'colher de louros' sem o perigo de semeá-los", para o autor, "frase injusta, inverídica e cruel", que continuava, por ocasião da publicação da obra, a espreitar "nos escaninhos de livros sisudos" (pp. 84-87).

O caso dos cortiços – que os "bicos metálicos das arapongas" permitia repercutir a distância –, Câmara Cascudo desfaz explicando que o conde havia arrendado alguns terrenos e que a construção de "uma série de casinhas para os cavouqueiros" fora escolha – entre tantas outras possíveis – do arrendatário. Reforça, no caso –

sem dúvida preocupado com o fato de que esse tipo de habitação sempre fora referência para miséria e imoralidade –, que não se tratava de "um casarão", nos quais, como é sobejamente conhecido, famílias inteiras dividiam os vários cômodos e a experiência de serem pobres em diversas cidades brasileiras no final do século XIX e no limiar do século seguinte, e que não havia *promiscuidade*. Além do mais, complementa, os jornais não haviam conseguido "identificar esses 'Cortiços', localizar seu ponto ou rastejar um dos espoliados moradores" (pp. 111-112).

Outra das acusações que o autor busca refutar diz respeito à referência de que o conde ganhava como marechal efetivo e comandante geral de artilharia. Cascudo afirma que, de fato, o Conde tinha o soldo e a gratificação relativa a este último posto – no qual "era obrigado a expediente de serviço diário, informações, partes, relatórios, todo mecanismo dum chefe de departamento do Exército" – e que, em relação ao posto de Marechal, ganhara, de março de 1896 a abril de 1870, tendo requerido passar para o quadro de reserva assim que retornara do Paraguai. Nesse sentido, Cascudo faz questão de frisar que, entre as acusações "não apareceu uma que o dissesse inculto na carreira que abraçara" (pp. 112-114). Acena, assim, de forma clara e inequívoca, com o fato de que o conde fazia jus, estava à altura – talvez mesmo além – dos proventos que auferia.

Passo a passo, na contra-argumentação de Câmara Cascudo, restaura-se a integridade do Príncipe-consorte que nunca se apropriou de "um só níquel" da dotação anual recebida pela princesa, enquanto o Príncipe-soldado destaca-se pela sua dedicação ao Exército, instituição à qual teria destinado "parte maior de sua energia e inteligência" (p. 114). Mas o rol de virtudes que Cascudo identifica em seu personagem vai além, refazendo inteiramente a imagem de Gastão d'Orleans: "Caseiro, familiar, agarrado aos filhos, sem vestir fardas espelhantes, pouco amigo de cavalgatas ruidosas, de paradas imponentes, de arcos e triunfo e de chuva de rosas" (p. 116). Nesse sentido, conduz o leitor a um dos bailes imperiais, no qual André Rebouças, que fora "recusado por várias senhoras [Era escuro, o mestre inesquecível e sábio]", acabou dançando com a Princesa, que o próprio Conde d'Eu, "numa curvatura admirável de graça e de distinção", lhe cedera, em resposta "aos que julgavam não dar o talento uma das mais sólidas comprovações da fidalguia" (p. 127).

Simultaneamente, a pecha de avarento – dizia-se que a princesa sequer podia dar festas – vai se diluindo na mesma medida, diante do homem que, embora "milionário", necessitava ser – e, segundo o autor, de fato o era – demasiadamente "econômico [...] para fazer frente às despesas[...] sérias que era obrigado a ter", diante do fato de que o patrimônio da princesa "era nenhum", das afirmações de que "a família imperial brasileira [...] possuía mais honras que ouros", de que Napoleão III havia confiscado o patrimônio dos Orleans – parte do qual restituída em 1872 –, de que Suas Altezas viviam modestamente e, citando Ernesto Mattoso, de que "o conde ao sair do Brasil devia uns trezentos contos ao Banco do Brasil" (p. 117).

Não sendo e não querendo ser maçom, como diz Cascudo, o conde teria alienado "muitíssimas simpatias e possíveis dedicações". Revelava, além do mais, segundo o autor, "ignorância da mentalidade política do Brasil" (pp. 60-61). Assim, o "ar distante' [...], traduzido como orgulho", somado à "imponência natural", herdada do pai, sugeriam – na versão do biógrafo – um "desejo de superioridade" (p. 61). Além disso, argumenta Cascudo, "Recato, frugalidade, modéstia, simplicidade" tornam-se, num príncipe, "sinônimos de sordidez, avareza, sovinice", assim como "Vida doméstica, amor ao lar, às alegrias íntimas, viram orgulho, vaidade, desprezo pelo Povo, vontade de não querer 'misturar-se' " (p. 115). Mas Câmara Cascudo esmera-se ainda mais nessa tentativa de entender porque, "Apesar de todas as virtudes congênitas de atração e vida austera o Conde d'Eu não teve a auréola popular". Para ele, esse tipo de "prestígio nasce de uma igualdade espiritual" (p. 63) e, portanto, ao seu olhar, não poderia ter sido diferente no Brasil. Um Brasil, familiarizado com D. João VI – "gordo, obeso, pesado, sujo, lento, desconfiado, sem brilho, escondendo o clarão de sua inteligência como uma jóia aos ladrões" –, com D. Pedro I – "alto, forte, bonito, azougado, inculto, rude e bravo como um velho 'reitre', vivendo a vida que os sentidos lhe traziam a um cérebro crepitante de atividade desordenada" – e com D. Pedro II – "modelo de empregado-público, um exemplar burocrata, professor aposentado, sisudo, metódico, pautado, grave, falando fino, vestindo preto, sem alarde, sem pompa, sem arrebatamento, sem decoração" (pp. 61-62). Câmara Cascudo parece identificar em D. João VI e em seus herdeiros o contraponto da nobreza francesa, ao pontuar detalhes que vão da figura grotesca desse soberano ao timbre de voz – segundo ele, nada másculo – de D. Pedro II, passando pelo doidivanas Pedro I.

O conde estava, em suma, acima do meio com o qual convivia, do brasileiro que "só se diverte na rua, da etiqueta brasileira [...] demasiado exigente até causar comicidade ou tolerante a parecer inexistente" (p. 62), acostumado, enfim, com os Bragança, distante dos refinados costumes franceses. É redundante dizer que Cascudo não se furta à admiração pelos franceses, o que torna os Orleans, a seus olhos, além de mais belos, mais nobres do que os Bragança, com os quais a nobreza não teria sido, enfim, tão pródiga em seu legado.

Resta ressaltar, dessa biografia, o fato de que as qualidades do conde também poderão ser percebidas nos filhos que gera com Isabel. Falar dos filhos de Gastão d'Orleans e de Isabel é uma dentre as formas que Cascudo elege para mostrar que os laços afetivos que prendiam o conde ao Brasil – consolidados pelo casamento com a princesa – haviam se solidificado com o nascimento de Pedro, Luís e Antônio. Mas, mais do que isso, falar dos filhos de Gastão d'Orleans é percurso natural, para o autor, no sentido de mostrar a imagem do pai extremoso e do chefe de família exemplar (p. 139). Nos filhos, como acontecera com o próprio Conde d'Eu em relação a seu pai, a herança da nobreza havia perpetuado seus méritos. Eles encarnam, para Cascudo, a verdadeira "Síntese de educação viril, de fortaleza mental, de coragem física" (p. 148), sem falar dos "olhos azuis" de Dom Luís, o segundo dos filhos, "moço" que a todos fascinava, "Príncipe perfeito, impecável de graça, de elegância, de polidez, no qual se reuniam virtudes altíssimas de coração, de cultura e de caráter" (pp. 143-144).

A trajetória do Conde d'Eu, posteriormente apreendida no exílio, encerra-se em alto mar, quando, em 28 de agosto de 1922, morre retornando ao Brasil. O corpo chegaria ao Rio de Janeiro três dias depois e, exposto na Igreja da Santa Cruz dos Militares, seria, segundo Cascudo, contemplado por uma "população emocionada" (p. 155). Nesse verdadeiro culto à personalidade, o autor busca restaurar na memória um momento capaz, a seus olhos – a despeito da fugacidade que lhe é própria –, de imprimir concretude à imagem que constrói do conde. E assim se, sobre "a nobre figura do Conde d'Eu haviam desabado todas as tempestades do ódio, da acusação e da mentira", o tempo havia se incumbido de "desfazer tantas névoas densas acumuladas sobre fatos ilustres e feitos valorosos" (p. 155).

Envelhecida, a fisionomia do conde despede-se do leitor em fotografia que guarda a mesma austeridade com que Winterhalter o retratara na infância, agora, na simplicidade do leito de morte, a bordo do navio "Massilia", próximo de Cristo e distante dos requintes da nobreza. Requintes que ressurgem com o retrato de D. Pedro D'Orleans-Bragança e família, datado de 1927, imagem derradeira, na obra, a ilustrar a trajetória do conde e sua descendência.

O texto de Câmara Cascudo gera muitas inquietações, sobretudo porque ao refutar as lendas, parece criar uma outra lenda, talvez muito menos verossímil. O mergulho que faz na vida do Conde d'Eu é um mergulho em águas rasas. Talvez por isso, Mário de Andrade tenha perguntado insistentemente a "Cascudinho", em carta de 9 de junho de 1937, o que o teria movido a fazer a biografia de um "conde vazio". Talvez por isso, tenha cobrado ao "querido e velho amigo" fundamentação e profundidade em suas colocações e insistido para que, abandonando o "ânimo aristocrático", voltasse o olhar e a pena para a "riqueza folclórica" de seu próprio Estado e do Nordeste, riqueza "passando na rua a qualquer hora"⁸. [E. B. B. M.]

CONTOS TRADICIONAIS DO BRASIL [15]. A obra de Câmara Cascudo, como a de qualquer outro intelectual ou artista, tem um valor intrínseco, absoluto, e outro comparativo, relativo. Do primeiro ponto de vista, o livro em questão representa uma importante recolha de narrativas populares que fornece material essencial para estudos folclóricos, literários, lingüísticos, históricos, antropológicos e sociológicos. De fato, na centena de contos selecionados e desigualmente divididos em doze partes, de acordo com seus conteúdos básicos, todo cientista social pode encontrar elementos úteis a uma infinidade de objetos de estudo. Como, na verdade, em qualquer obra de espírito semelhante.

Mas do segundo ponto de vista, a apreciação de *Contos Tradicionais do Brasil* torna-se bastante mais complexa. De um lado, é óbvio que ela representou um avanço em relação a recolhas semelhantes feitas no Brasil anteriormente. Mais do que aproveitar versões que já tinham sido publicadas (apenas 23% do total), Câmara Cascudo coleta relatos orais e procura contextualizar cientificamente esses contos em pequenas porém ricas notas que seguem cada transcrição. Nelas, indica a presença da narrativa

8. Mário de Andrade, *Cartas de Mário de Andrade a Luís da Câmara Cascudo*, *op. cit.*, pp. 146-150.

em outras culturas, apesar de, estranhamente, nem sempre as classificar segundo a tipologia de contos folclóricos de Aarne e Thompson, como seria de se esperar.

De outro lado, contudo, percebemos hoje que o livro (e talvez mesmo o conjunto da obra do autor) ressente-se de seu pioneirismo e das precárias condições materiais de elaboração, o que ressalta seu valor, mas não oculta suas limitações. Todos seus trabalhos foram de certa forma realizações solitárias, se considerarmos que teve apenas um contemporâneo intelectualmente de peso com interesses próximos, Mário de Andrade. No entanto, o paulista, três anos mais velho, faleceu 41 anos antes do potiguar e, sobretudo, atuou em muitas outras áreas além do folclore. As dificuldades do plano material decorreram do fato de ter passado a maior parte de sua vida em Natal, sem grandes bibliotecas públicas à disposição, e contando basicamente com sua própria coleção de livros, significativa para um particular mas forçosamente limitada (cerca de oito mil títulos, reunidos, porém, ao longo de várias décadas).

Essas duas características fizeram de Câmara Cascudo a inegável figura de vanguarda no folclorismo brasileiro, mas, colocado no contexto internacional da época, talvez possa ser considerado um intelectual mais do século XIX do que do XX. Uma comparação que logo vem à mente é com o inglês James George Frazer (1854-1941). Ambos produziram uma ampla obra, o inglês, dentre outras, o célebre *The Golden Bough: A Study of Magic and Religion*^{9}, em doze alentados volumes, o brasileiro, perto de 140 títulos de extensão variada. Ambos recolheram, sistematizaram e interpretaram materiais etnográficos de forma geral já conhecidos em suas épocas, porém muito vastos e dispersos. Ambos foram donos de uma enorme erudição, mas predominantemente livresca, fato curioso para folcloristas: Frazer não saiu da Inglaterra, pesquisava nas ricas bibliotecas de Cambridge e Londres, Câmara Cascudo não deixou o Brasil, salvo uma única pesquisa de campo na África portuguesa, em 1963. Mesmo reconhecendo a grande erudição de Frazer, Georges Dumézil criticava o fato de ele ter sido um etnógrafo de gabinete e pouco aparelhado lingüisticamente (pelo menos para quem, como Dumézil, dominava trinta idiomas...). *Mutatis mutandis*, algo parecido poderia ser dito de Câmara Cascudo.

Considerando mais especificamente *Contos Tradicionais do Brasil*, o livro merece hoje alguns reparos. Da centena de contos aí recolhida, 62 foram-no no Rio Grande do Norte e, possivelmente, muitos outros também. De fato, ele informa a cidade em que seu narrador viveu mais tempo, porém não diz onde a narrativa foi conhecida e registrada pelo folclorista, o que pode contaminar seu conteúdo. Como além de onze contos da Paraíba, ele transcreve apenas um de Alagoas, outro do Ceará, outro do Piauí e um vagamente identificado como "do Nordeste", tudo indica que deve tê-los ouvido em Natal, pois uma viagem de estudos àqueles estados certamente teria rendido muitas outras histórias. Ademais, dos contos provenientes do Rio Grande do

---

9. James George Frazer, *The Golden Bough: A Study of Magic and Religion*, Londres, Macmillan, 1907-1915.

Norte, Câmara Cascudo ouviu oito (quase 13% do total potiguar) de uma antiga empregada da família e quinze (24% desse total) de familiares.

Não se pode, portanto, considerar uma amostragem que permita solidamente afirmar, como faz no Prefácio, que "a proporção entre os elementos indígenas, africanos e brancos no folclore brasileiro é 1.3.5." (p. 19). Tampouco, pela mesma razão, é uma seleção de contos que possa ser intitulada sem ambigüidade "do Brasil". O problema não é estatístico, e sim de definição. Chama a atenção que se as características do "conto popular" são antigüidade, anonimato, divulgação e persistência, daí serem omissos quanto a nomes, datas e dados geográficos (p. 16) e não serem privativos de uma região (p. 17), o objeto do livro não são "contos tradicionais" *do* e sim *no* Brasil. Discutir a pertinência do conceito "tradicionais", usado no título do livro, seria uma imposição acadêmica atualmente, mas não surpreende que, em 1946, ele tenha parecido "lógico" ao autor (p. 18).

Em suma, no que diz respeito a questões metodológicas e conceituais, *Contos Tradicionais do Brasil* mostra ter consideravelmente envelhecido meio século depois, revelando as marcas do ambiente de sua elaboração, mas sem com isso perder importância, pois o material de que é constituído tem o frescor da eterna juventude. [H. F. Jr.]

A COZINHA AFRICANA NO BRASIL [16].

É sob o título "Dieta Africana no Brasil" que Luís da Câmara Cascudo examina, como seção II do primeiro volume da *História da Alimentação no Brasil*, os hábitos alimentares afro-brasileiros, constituídos desde a condição dos escravos. A contribuição africana é retomada no segundo volume do livro, na seção V, "Elementos Básicos". Esses temas foram antecipados no opúsculo *A Cozinha Africana no Brasil*.

"Dieta Africana" significa, pois, não só os elementos da culinária africana que os negros puderam preservar nas condições do trabalho escravo, como as adaptações criadas na preservação da "ementa favorita" e sua transferência às gerações atuais. Nesse sentido, o próprio texto de Câmara deixa manifesta a situação cambiante, a dinâmica sujeita a circunstâncias, que torna tão difícil explicar eventuais caminhos tomados por esta ou aquela tradição cultural alimentar.

O livro *História da Alimentação no Brasil*^{10} é um extraordinário monumento de erudição, próprio da estatura intelectual de Cascudo, a que se alia um profundo otimismo, a certeza de que é possível descobrir e explicar. A parte alta do trabalho é, contudo, aquela que trata da "ementa portuguesa", em que o autor consegue aprofundar-se, devido à sua mais ampla formação.

Sem dúvida, um dos melhores textos produzidos até hoje sobre o tema, *A Cozinha Africana no Brasil* ainda padece de simplificações bastante comuns há cerca de quarenta anos, mas atualmente superadas, com relação à contribuição das culturas africanas no contexto brasileiro. Cabe relacionar as críticas que tem sido mais fre-

10. Luís da Câmara Câmara Cascudo, *História da Alimentação no Brasil*. [30].

qüentes. A saber: *a)* um conhecimento pouco preciso das dietas africanas na África a que se refere o tratado; *b)* a ausência de uma tentativa de compreender os laços internos da culinária africana no Brasil e, conseqüentemente, de *c)* seu desenvolvimento no contexto brasileiro. Finalmente, é comum a crítica ao *d)* caráter "cozinheiro" do livro, em que uma etnografia fácil dispensaria um exame mais acurado dos textos componentes.

Todas estas críticas têm seu elemento de justeza. No entanto, as dificuldades enfrentadas pelo autor podem ser imaginadas pelo fato de seu texto ainda se encontrar, quarenta anos depois, entre os melhores do tema.

A perspectiva histórico-etnográfica com que se trabalhava à época é aquela adotada pelo autor para a reconstrução temática. Esse modo de ver prejudicava a abordagem, porque não era capaz de considerar os componentes independentes de cada etnocultura em presença, pelo viés simplificador da ideologia assimilacionista. Esta ótica colonizadora está hoje abandonada, devido ao avanço da nova geração de cientistas sociais.

Talvez a debilidade central de Câmara Cascudo na interpretação da cozinha africana origine-se de não perceber aquelas culturas como centenas de estruturas nacionais independentes, cada qual provida de uma estrutura familiar própria e um tanto diferente, portanto, da outra. Todas essas etnoculturas independentes preservavam e desenvolviam um papel da mulher em sua socioeconomia, o qual não pode ser reduzido, ao se compor no quadro brasileiro, à mera coadjuvação pelas regras da culinária portuguesa, em que a dona de casa lusitana se verifica como árbitro competente e inventora pedagógica.

Certamente, muitas dificuldades da visão do autor decorrem não de motivos ideológicos, mas da falta de formação arqueológica. A reconstituição arqueológica ensina a descobrir e considerar a dinâmica interna da cultura estudada. Não se poderia também dele exigir conhecimento universal, particularmente à luz das dificuldades do treinamento profissional do Brasil de então. Cabe, pois, classificar sua obra como a melhor possível, naquelas circunstâncias.

Embora Câmara Cascudo examine em detalhe os pratos da culinária baiana, chegando mesmo a mencionar receitas e práticas de venda desde o século XVIII, mantém-se a falha no que se refere à ligação entre o modo de processar os alimentos e as condições de sua produção ou obtenção.

Uma cultura que obtém caça e pesca em relativa abundância, em condições de comunidade de bens, só pode praticar uma agricultura de jardinagem (a "capinagem para a frente", no caso africano), pois a mesma agricultura tem um caráter complementar na panela comum. Por outro lado, a apropriação de terras, o avanço da escravização e do governo exterior etc., com a proibição do acesso ao mar e à caça de grande porte, tem necessariamente que levar ao aumento do papel do guisado e do esparregado, como se verifica a partir desta nova dinâmica (séculos XVII a XX, na África). Os motivos que levaram à transformação da culinária africana em África são os mesmos que a impeliram no Brasil, motivos que se fundam no comércio atlântico, bem mais que no aprendizado de outrem.

O autor não reconhece a existência, pois, de uma culinária negro-africana, fato caracterizado por ignorar a existência do guisado e do esparregado como elementos-chave de todas aquelas culturas. Atribui à influência muçulmana ou mediterrânica praticamente todas as grandes soluções alimentares da parte negro-africana daquele continente. Pode-se dizer que essa visão, similar à desqualificação atribuída aos indígenas, decorre em parte da visão eurocentrista do autor, compartilhada, aliás, com quase todos os cientistas sociais brasileiros dele contemporâneos.

A partir dessas limitações, não consegue compreender o caráter específico, totêmico, das comidas-de-santo e sua transformação revolucionária no contexto brasileiro, tornando possível a formação de um povo negro específico, de origem africana do lado de cá do Atlântico. [W. N. B.]

DANTE ALIGHIERI E A TRADIÇÃO POPULAR NO BRASIL [17] 1ª VERSÃO.

Escrito na Cidade do Natal, entre fevereiro de 1959 e novembro de 1961, *Dante Alighieri e a Tradição Popular no Brasil* foi publicado por Luís da Câmara Cascudo em 1963. De início, esse título pode provocar um ponto de interrogação ou de exclamação na mente do leitor, ou mesmo um sorriso irônico em seu rosto. No entanto, ágil com seus malabares, Cascudo consegue insinuar no espaço um desenho de longas linhas imaginárias e sinuosas. E cria esta conexão, aparentemente impossível, entre a temporalidade do *trecento* italiano e a intemporalidade de certos usos brasileiros.

Partindo do pressuposto de que Dante carrega em si o paradoxo de ser homem de seu tempo e também de todos os tempos, uma expressão privilegiada de um fundo cultural coletivo, da tradição popular, Cascudo tece uma rede de correlações e significados inusitados e surpreendentes. Tem, assim, a capacidade de estruturar uma história para a cultura brasileira utilizando-se do subterfúgio dramático da anulação dos particularismos do tempo. Faz *roman fleuve*. Navega nos meandros divagantes e reencontráveis da a-historicidade. Mas, igualmente, amplia o foco e ilumina superfícies e profundidades insuspeitadas nos enquadramentos das expressões do estar no mundo no Brasil. É um adepto fervoroso da longa duração ou, como diz mais poeticamente, da *continuidade terrestre*.

Teoricamente, Cascudo não se perde jamais na discussão, seminal aos intelectuais nos anos de 1960 e 1970, sobre a prioridade ou os níveis de contaminação do erudito pelo popular ou vice-versa. O popular tudo pervade. E é vitorioso sobre o ortodoxo, o dogmático, o doutamente estabelecido. No afã de salientar o poder do coletivo, acaba utilizando palavras de precisão duvidosa, até mesmo perigosas, como "povo" ("Acompanham-no a norma coletiva, a intenção psicológica, emocional, do seu povo", p. 14) ou 'espírito de época' ("Siger e o abade Joaquim de Fiore [...] Estavam ambos no *espírito da época*"), respirado pelo poeta florentino. Não nos livros aprovados mas na sensibilidade natural do povo. Dante não se separava desta, p. 30). E isso faz e reitera sem qualquer cerimônia ou parcimônia. Acredita na força e na ação do inconsciente coletivo. Acredita que gestos, intenções, palavras, enquanto manifestações grupais de *loci* dispersos, encerram sabedorias primevas. Incontestáveis. Mesmo pela cultura erudita. Na qual, vê falta de frescor e espontaneidade, mas que aqui utiliza como base. Admitamos que Dante possa ser tomado como um canalizador da cultura popular nos séculos XIII e XIV; ainda assim, seria difícil considerá-lo como exterior à cultura formal na contemporaneidade.

Na verdade, a arma de Câmara Cascudo é a erudição. E esse conhecer não é vácuo, gratuito ou fortuito. Sedimenta a leitura e os desdobramentos dos textos dantescos; aqui um tema puxa outro, puxa outro, puxa outro. Desvela minúcias, com transbordante argúcia, alheia a qualquer limitação do imaginário ou do enciclopédico. Cascudo lê atento e minucioso, e sobretudo tempera textos dificilmente palatáveis ao leitor atual. E rasga espaços que podem nascer no Purgatório, passar por Roma, pelo Pará, por Ravena, pelo Senhor Bom Jesus das Dores da Ribeira, em Natal, e terminar em Porto Alegre, ou no Paraíso.

O Paraíso de Dante, "geométrico, didático, astrológico" (p. 46), "hierárquico, feudal" (p. 52), imbrica-se com a idéia de céu dos brasileiros que entrevistou entre 1923 e 1945. Não é aquele do jardim do Éden, mas sim o da *intuição popular,* o do alto, situado acima das nuvens e das estrelas; imóvel. E o que se faz no céu? A resposta vem de sua avó materna, dona Maria Ursulina Soares Raposo da Câmara Fernandes Pimenta: "O que se faz no céu não é assunto de pecador!" (p. 48).

Cada capítulo de *Dante Alighieri e a Tradição Popular no Brasil* mimetiza de alguma forma uma floresta intelectual. Na maior parte das vezes Cascudo indica a entrada dessa floresta. Através de uma citação. O que virá depois é do domínio do desconhecido. A mais insólita das reflexões, o mais obscuro autor, o comportamento mais recôndito de algum grupo humano vivendo em longínquos espaços, podem materializar o fio de Ariadne de seus pensamentos. Mas tudo é labiríntico. Perdemo-nos e achamo-nos. Para nos perdermos de novo. E pouco a pouco nos iluminarmos. Cascudo vive uma tensão entre a consciência possível do comunicável e a ilimitação do inconsciente e da cultura em vários canais de apreensão.

Vejamos como exemplo a maneira como esse processo se explicita em *A Separação dos Sexos* (p. 140). Tudo começa com uma citação de *La Vita Nuova*¹. Em seguida, Cascudo observa que Dante encontrara poucas mulheres no Inferno, algumas no Purgatório e inúmeras no Paraíso. Explica isso pelo sentimento de amor cortês, que o faria devoto das mulheres. Esse amar platônico, de sofrer calado, de sacrificar-se pela Dama, Cascudo liga com o *clima* do poeta Gace Brulé do século XIII. E reencontra o mesmo comportamento numa trova portuguesa. A defesa da mulher feita por Dante seria, no entanto, decorrente da "mentalidade ambiente, determinando um processo de ambivalência" (p. 140). Esse processo seria psicológico, uma espécie de tributo de gratidão à espiritualidade de Beatriz e a todas as mulheres que lhe haviam servido de amparo nos momentos de dor. Por isso, seria tão indulgente com as mulheres.

A partir dessas considerações, Cascudo discute a ausência de sexualidade de Dante em relação às mulheres, uma invenção de seus críticos. Estes explicariam todas as figuras femininas das obras dantescas como alusões personificadas da Poe-

1. p. 140: "E com cio sai cosa che, secondo la usanza de la sopradetta cittade, donne con donne ed uomini com uomini s'adunino a cotade tristizia...", *La Vita Nuova*, XXII.

sia, das figuras do *Trivium* etc. Nesse sentido, Dante teria sempre amado entidades desprovidas de sexo. "Pois sim" (p. 141), replica Cascudo. Pelo que infere de suas leituras, Dante, na verdade, estaria apenas se defendendo do poder criador e aniquilador das mulheres; ao distancia-las, imagens de *uma Trimurti impassível*, estaria utilizando apenas uma tática de legítima defesa masculina.

O próximo pensamento desdobra a epígrafe do capítulo. Em Florença, homens com homens e mulheres com mulheres "se juntaram onde Beatriz chorava copiosamente" (p. 141). Com essa cena, Cascudo depreende um comportamento. E o universaliza. Em visita de condolências ou na exposição de um cadáver, homens e mulheres ficavam separados. Assim, em Florença. Assim, antes, em Roma. Assim, antes, mesmo na Grécia. E assim, presentemente. No Brasil.

A separação dos sexos visaria a evitar qualquer tipo de confusão. E aqui, Cascudo cita Milton. Esse preceito de divisão sexo-espacial teria sido observado em toda a estrutura da *Divina Comédia*. Mesmo no Inferno. Desfila, então, uma série de exemplos dessa prática. E costura com a tradição popular. Esta acredita que as almas conservam o sexo e que o Inferno seja uma balbúrdia. Dante, segundo Cascudo, por respeito à *courtoisie*, mantém a mesma etiqueta dos salões e das igrejas. Homens de um lado, mulheres de outro. Depois de citar o Gênesis, dá um salto para uma dança do madaleniano, pintada na caverna de Tuc d'Audoubert, onde só homens aparecem. A dança com homens e mulheres juntos seria algo recente, uma modificação da cultura, verificável na Catalúnia, por exemplo. As danças primitivas dos índios, os cortejos no Egito, na Assíria, entre gregos, na civilização mediterrânica, todos exibem uma rígida separação entre os gêneros. Dando mais um salto, Cascudo chega ao Brasil para notar que até os inícios do século XX, nenhum homem assistia à missa junto com a família. Assim como na Europa, tanto em basílicas como em sinagogas, os homens ficavam no altar-mor, nas arcadas, nos corredores, na porta principal, enquanto as mulheres ocupavam as naves. O mesmo hábito nos bailes. As mulheres, enfileiradas, aguardariam o convite masculino, tanto no Brasil como na Ásia, na Oceania, em Samoa, na Melanésia. E volta para Roma e Grécia para reiterar a sua idéia. Retoma de novo a tradição brasileira. O esquinado, a dança votiva de São Gonçalo do Amarante: cada sexo, uma fileira. Em todas as festas populares, isso se perpetuaria. Bem como nas recepções dos reis de França ou Inglaterra. Em qualquer século.

Cascudo fecha esse capítulo observando que não entra na questão do "complexo cultural da harmonia e oposição dos sexos e nem ação subseqüente no trabalho, participação social, surda, premente e visível rivalidade pelo domínio e mando" (p. 143). Para ele, seja na época de Dante, seja em qualquer tempo, as mulheres sempre governaram, fizeram e desfizeram. Receio e desejo provocaram o uso: *donne con donne ed uomini con uomini*.

Esses malabarismos intelectuais e de erudição estão presentes em todos os capítulos. Seus títulos já se apresentam como um desafio ao leitor: "Reginaldo degli Scrovegni Estira a Língua", "Olhar de Virgem", "Areia em Cérbero", "A Primeira Refeição dos Recém-Casados", "O Morto sem Túmulo", "Os Pés da Sereia", "Bater no Peito", "Anel no Dedo", "Caim na Lua", "O Porco de Santo Antônio", "O Banho Imundo", "A Sopa no Túmulo" etc.

Na imensa biblioteca formada por toda a sorte de apreciações, críticas, apologias, infamações e fantasias variadas sobre Dante, Câmara Cascudo, certamente, não produz qualquer tipo de clichê. Seu entendimento da matéria dantesca é extremamente original. E contemporâneo, Suas observações sobre o Purgatório como um produto do imaginá rio coletivo constituem-se, por exemplo, num excelente contraponto às pesquisas que Jacques Le Goff realizaria poucos anos depois^2.

A idéia de que Dante povoa o céu ou o inferno de acordo com a vontade e o sentimento populares em relação às personagens é reveladora de uma leitura profundamente arraigada na vivência do cotidiano. Cascudo não hesita em detectar pensamentos íntimos de Dante nas palavras dos brasileiros mais simplórios^3.

Um dos episódios mais polêmicos da *Divina Comédia* é o da condenação de Francesca da Rimini ao Inferno. Borges, em seus *Nueve Ensayos Dantescos*^{4}, aventa explicações de ordem técnico-literárias, junguianas ou dostoievskianas. Dante seria uma espécie de *verdugo piedoso;* ouve a história de Francesca com compaixão, compreende mas não perdoa, e a deixa no Inferno. Ou seja, para Borges, Dante é o juiz, o responsável pela condenação. Câmara Cascudo vê a mesma cena com outros olhos. E ouvidos. O episódio de Paolo e Francesca é filtrado pela *mentalidade coletiva.* Dante nada pode frente aos costumes contra o adultério. E o porquê de Francesca ir aos Infernos, finalmente, fica claro através da canção "Casa de Caboclo". O cantador Zé Gazela se depara com sua mulher Sá Rita no quarto com Manuel Sinhô. Dessa surpresa, vem a morte e o verso:

Tem duas cruz entrelaçada,
Bem, na estrada,
Escreveram por detrás;
Numa casa de cabôco
Um é pouco,
Dois é bão, três é demais... (pp. 316-317).

Assim teria pensado Gianciotto Malatesta, marido de Francesca. E assim o Brasil teria se encontrado com o *trecento* florentino. Dois microcosmos especulares da universalidade do macrocosmo de Câmara Cascudo. [T. A. P. Q.]

DANTE ALIGHIERI E A TRADIÇÃO POPULAR NO BRASIL [17]. 2ª VERSÃO. Nessa obra, Dante Alighieri e o autor parecem trocar opiniões, a tal ponto o engenho e a acuidade de Cascudo penetram o universo dantesco e a situação histórica, literária e dos costumes na Europa dos séculos XIII e XIV e, principalmente, a situação

2. Jacques Le Goff, *La naissance du purgatoire*, Paris, Gallimard, 1981.
3. p. 45: "De uma fiel zeladora da igreja do Senhor Bom Jesus das Dores da Ribeira, em Natal, ouvi o resumo exato dessa mentalidade popular: No céu manda Deus e na Igreja manda o Papa... Intimamente, era o pensamento de Dante".
4. Jorge Luis Borges, *Nueve Ensayos Dantescos*, Madrid, Espasa-Calpe, 1982.

italiana, com o intricado nó das lutas entre guelfos e gibelinos, os primeiros divididos em Bianchi, e Néri, dos Comuni transformando-se em Signorie, das repúblicas minúsculas com governos oligárquicos, dos tiranos sanguinários como Ezzelino III da Romano, das companhias de ventura e das batalhas, como a de Monteaperti, em 1260, "Che fece l'Arbia colorata in rosso", das inquietudes que fragmentariam a unidade greco-latina da linguagem, originando o Dolce Stil Nuovo.

Toda a obra cascudiana é dirigida ao homem em sua condição primeira e última: "serás o que foste".

Não se veja nisso a posição reacionária do etnógrafo, negando a possibilidade evolutiva do homem.

Cascudo a reafirma a cada palavra, enfatizando, porém, que a essência, mesmo à revelia do próprio homem, permanece logo abaixo da superfície do comportamento, estabelecida pela constante das transformações.

Se assim não fosse, Homero e Píndaro, Camões e Cervantes, Virgílio e Dante, perderiam sua permanência, seu significado.

Dante, escreve Cascudo, "[...] era homem exato do seu tempo. De todos os tempos humanos". Esse homem de todos os tempos, Cascudo revela em nossos hábitos, em nossos gestos, em nossas palavras.

Os aspectos de *Dante Alighieri e a Tradição Popular no Brasil* são múltiplos.

Obra única, pela proposição do autor, quanto ao estudo etnográfico (Cascudo: "A *Divina Commedia* tem sido percorrida pelos olhos dos teólogos, historiadores, psicólogos, poetas, políticos, filósofos, artistas, estetas, juristas, críticos. Nunca o foi por um etnógrafo"), é fundamental para a justa compreensão histórica e socio-cultural da Idade Média e início do Humanismo, absolutamente nova e indispensável como introdução à crítica psicológico-literária de Dante e sua obra.

Do ponto de vista etnográfico, a obra está cheia de surpresas.

Superstições, usos, comportamentos nossos, destes dias são encontrados na *Comédia*, em *Il Convívio*, em *La Vita Nuova*. Cascudo indaga, revela, explica, documenta, demonstra e, lendo-o, nós nos descobrimos antigos e presentes, gigantes e pigmeus na ostentação de nossa cultura racional e analítica que, se de um lado permite a obra de um Cascudo, de outro esquece a essencialidade do homem na dimensão do tempo.

Cabe aqui, um testemunho pessoal da incisividade cascudiana em sua observações.

No mês de abril de 1945, último mês da II Guerra Mundial, na Lombardia, perto de Milão, tive a ocasião de presenciar o ato de *propagginare*, o sepultamento vertical, os pés para cima, que os florentinos, dos séculos XIII e XIV, reservavam a certos tipos de criminosos, castigo eterno do Papa Nicolau III nas "Malebolge", do canto XIX, do Inferno dantesco.

Um grupo de guerrilheiros (*partigiani*), enterrava um assassino fascista, colaborador da Gestapo, e montava guarda ao "túmulo" fora do qual apareciam dois pés calçados de botas militares. Outro caso similar é relatado por Curzio Malaparte, no livro *La Pelle*, acontecido na Toscana, também durante os últimos meses da Segunda Grande Guerra. Não sei se o relato é de fato verídico, memória culta do autor, toscano de Prato, ou notícia recolhida e transformada em episódio de ficção.

Outro criminoso fascista foi enterrado de cabeça para baixo, com um só pé para fora da sepultura, havendo um "partigiano" de guarda, surdo às súplicas da mulher e da filha do morto, rogando para que tivesse aquele resto de corpo coberto de terra.

Isso, no século XX, na região da *Madonna* marmórea de Giovanni Pisano, dos afrescos de Agnolo Gaddi e Filippino Lippi, do campanário de Giotto e do tabernáculo de Orcagna.

Como não lembrar de Mussolini, Claretta Petacci e potentados fascistas pendurados de cabeça para baixo, pelo furor do povo, depois do fuzilamento, num posto de gasolina, na Piazza Loreto, em Milão, no dia 28 de abril de 1945?

Cascudo lembra que do *propagginare* ficou a superstição do "sapato emborcado – apelo mágico para a desgraça".

A memória, o arquétipo junguiano, o inconsciente coletivo, a tradição oral, o saber do povo, mantém o costume através de símbolos que são forças atuantes, no estado latente, da piedade e da crueldade humana.

Essa é a mensagem de Cascudo etnógrafo e os fatos lembrados confirmam que basta uma obra da história, um estremecimento sociopolítico ou um estado de angústia e opressão prolongado, para que os hábitos, ocultos em símbolos, voltem com a violência, a vitalidade que os originaram.

A visão de Cascudo em relação ao momento histórico e sociocultural da Idade Média, particularmente na Itália, é paradigma de serenidade culta e perspicaz.

Quem está familiarizado com os volumosos compêndios da *Storia dell'Itália Medioevale* em que tudo é treva, fora do lume solitário na cela do frade, curvo às suas "iluminuras", e do *Cântico delle Creature* de Frate Francesco d'Assisi, não pode deixar de respirar um ar revitalizante lendo daquele período em *Dante Alighieri e a Tradição Popular no Brasil*.

Nessas páginas, há o gênio atlântico e alísio de Luís da Câmara Cascudo levando a solaridade do Nordeste brasileiro a desfazer a névoa e a poeira das interpretações pedantes, indigestas e facciosas que escureceram a compreensão dos estudantes e dos estudiosos desde as *Rerum Italicorum* de Muratori, até a revisão crítica de Carducci e Fiorini, incluindo as notícias folclóricas de Heraeus. Cascudo não aceita situações consagradas pelo "historicismo". Mostra a exuberância cultural da Idade Média. Ao lado de lutas fratricidas há a integração literária e artística do popular, do anônimo com o erudito, o titulado.

Há a unidade de sentimento que se expressou na linguagem das catedrais góticas, nos cantares e nas lendas que pertenciam a nobres e plebeus.

Escreve Cascudo: "o século XIII consagrara o burguês e neste a mentalidade popular ao nível da potência econômica". A distinção por categoria não pertence, culturalmente, ao Medievo e sim à Renascença.

Ainda Cascudo: "E na Itália, dividida e convulsa dos guelfos papais e gibelinos do Imperador germânico, o governo das cidades, mesmo na mão da aristocracia, compreendia participação entusiástica popular, os Néri, os Bianchi, como não ocorria, no momento, na França, Alemanha, Inglaterra".

A sensibilidade aos fatos essenciais da história veda a Cascudo demorar-se em considerações secundárias quanto a tenebrosas "consorterie com torri e logge", recorrentes em todos os autores que tratam do século XIII e XIV na Itália.

O importante não é o antigo senhor feudal que, por herança da *fará* germânica, longobarda, transferindo-se para a cidade, já município (*comune*), erige suas torres-fortalezas congregando os *gentili*, parentes e afins, para, eventualmente, fomentar guerras civis ou delas defender-se: a *consorteria* é cauda do feudalismo.

Realmente importante é o que Cascudo descobre nos dois séculos que antecedem o Renascimento.

Os idiomas novos, nascidos do grego e do latim, criam condições de participação popular em todos os níveis. A religião, unitária, mas mitificada pela criatividade individual e de grupos gera lendas que enriquecem a cultura da época chegando, ainda hoje, a determinar certos comportamentos entre nós. Principalmente importante é que o povo dos séculos XIII e XIV participa, como um todo, dos movimentos políticos, sociais e culturais, existindo a unidade que, atualmente, procura-se, ainda sem êxito, alcançar.

A intimidade de Cascudo com Dante nasceu da sintonização daquilo que Goethe chamava "afinidades eletivas". Não bastam seis ou sete séculos, nem o Atlântico, para impedir a busca e o encontro de espíritos universais. Como Virgílio encontrou Dante, Dante encontrou Cascudo.

O encontro não aconteceu "na selva escura", mas em Natal, Rio Grande do Norte, Brasil, século XX. Encontro austral, frente a um Potengi manso e luminoso.

Os estudos sobre Dante e sua obra começaram antes que se passassem cinqüenta anos da sua morte. Algumas escolas e universidades comentaram publicamente a *Divina Comédia*, junto com os clássicos greco-romanos, e "dantista" era título de honra em fins do século XIV.

O Dante de Cascudo não aparece desbotado como nos comentários de Iacopo Alighieri, filho do poeta, limitado à dimensão místico-religiosa como em Bosone da Gubbio e frei Guido da Pisa. Esse de Cascudo é o Dante da grandeza e da miséria humana.

Giovanni Boccaccio e Iacopo della Lana, no século XIV, já mostravam um Dante atormentado, homem ferido, circunscrito, porém, ao estereótipo da moral católica vigente na época.

Nos séculos XVII e XVIII (visto que, nos séculos XV e XVI, Dante foi considerado apenas herança literária, ganhando dos "modernistas" a alcunha de "antigo" e a *Comédia* sendo classificada como "gótica"), os estudos tornam-se mais exatos, através de Leonardo Bruni d'Arezzo e de Giovanni Battista Vico que foi o primeiro a indicar os reais valores poéticos de Dante, porém interpretações e definições da *Comédia* e da figura do poeta continuam nebulosas, assim permanecendo nos comentários de Parini, Monti, Foscolo, Leopardi e Tommaseo, até o século XIX. Em fins de 1800 e início do século XX, começa o verdadeiro estudo crítico, em sentido moderno, de Dante e sua obra.

Os italianos Pistelli, Del Lungo, Rostagno, D'Ancona, Rajna e De Sanctis desenvolveram estudos críticos e analíticos que se ressentem ainda do conceito romântico de "Dante padre", Dante pai da italianidade, da língua *volgare*, do ser humano aspirando ao divino.

O inglês Barlow vê Dante, essencialmente, como inimitável arquiteto versificador e, a *Comédia*, como uma espécie de lago represando a sabedoria de seu tempo.

Os alemães Bassermann e Vossler anatomizam Dante e sua obra detalhadamente, anotando com diligência as várias interpretações e descrevendo fatos.

Todos esses estudos e estudiosos, incluindo as teorias didáticas do ensino universitário europeu e seus representantes, terminam por limitar as proporções da obra e da figura dantesca.

Cascudo propõe um Dante não simplesmente "homem de seu tempo", inquieto, atormentado, perseguido e gênio em busca do absoluto, mas o que "reflete o juízo popular nas suas decisões supremas", um Dante que além de beber na fonte do povo, é parte integrante dessa fonte.

Em *Dante Alighieri e a Tradição Popular no Brasil*, Dante é, radicalmente, voz e porta-voz do povo. Conteúdo e continente.

Cascudo vê na universalidade, na permanência de Dante aquilo que foi, por séculos, ignorado, esquecido, relegado. A obra do poeta não é exercício cerebral abstrato, mas participação na história e nas estórias, envolvimento total com o tempo e os homens.

Dante, antes de Cascudo, excetuando-se, em certo sentido, Giovanni Papini, sempre foi visto como manipulador de rimas, mestre de retórica, precursor da unificação italiana, filósofo e teólogo em sílabas e acentos, teórico da disputa lingüística entre "nobre latim" e italiano plebeu, *volgare*. Foi visto como construtor de uma grandiosa catedral gótica de pensamento escrito em versos. Só Cascudo lembrou que Dante a "construiu", por saber ler a "mensagem" das catedrais como qualquer homem da Idade Média.

Cascudo não faz concessões a nenhum conceito ou juízo óbvio sobre Dante, sua obra e, pela primeira vez, ao longo da literatura universal, descobre "a função ininterrupta", dos assuntos da *Divina Comédia*, na existência popular do Brasil.

Nesse livro, Cascudo é etnógrafo, historiador, crítico, mas acima de tudo, poeta, artista.

O perfil que traça de Dante Alighieri é tão sintético e definido quanto o mais belo dos poemas e a adjetivação, contida, lembra as crônicas dos séculos XIII e XIV de Dino Compagni e Giovanni Villani.

O Dante de Cascudo é "soberbo e desdenhoso, altivo e sentimental, apaixonando pelas soluções ditadas na própria mentalidade, na química do raciocínio individual. Vendo argueiros nos olhos alheios e despercebido dos pessoais".

Dante é parcial, implacável, independente, condenando e absolvendo, em um tribunal onde, além de juiz, é promotor, advogado de defesa, júri e testemunha, segundo suas paixões, suas frustrações, sua generosidade, sua mesquinhez. É presunçoso, áspero, contundente, idealista e corajoso, irreverente e vaidoso.

Cascudo esculpiu Dante em incorruptível verdade histórica e psicológica. Não há sombras na escultura. Só a luz e o "movimento" indicadores do gênio universal, do homem eterno, do poeta. [F. M. J.]

DICIONÁRIO DO FOLCLORE BRASILEIRO [18].

Considerado uma síntese do vasto trabalho de Câmara Cascudo, o *Dicionário do Folclore Brasileiro* é, provavelmente, sua obra mais divulgada e conhecida. O próprio autor considerava-o interminável e não escondia a tentação de torná-lo Enciclopédia^5.

Referência freqüente de estudiosos, artistas, festeiros e carnavalescos, recebeu seis edições (1954, 1959, 1972, 1979, 1983, 1988), sendo que as quatro primeiras ganharam novos verbetes e atualizações bibliográficas. Os verbetes, que fixavam "elementos da Cultura Popular", segundo Cascudo na "Nota à Quarta Edição", apresentam uma grande variedade de temas ligados a festas, músicas, lendas, mitos, superstições, usos, costumes, gestos, indumentária, bebidas, comidas, santos favoritos, principais folcloristas etc. Para se ter uma idéia da dimensão do trabalho realizado, é importante mencionarmos, pela edição de 1988, a existência de 811 páginas (em letra bem pequena e sem ilustrações), com um número incalculável de verbetes.

Após a publicação de *Vaqueiros e Cantadores*^{6}, em 1939, o Dicionário teria sido iniciado de uma forma despretensiosa, como relata o autor, "ao lentamente pôr em ordem um temário do folclore brasileiro, para simplificar as consultas pessoais". Em 1941, a idéia cresceu, quando Câmara Cascudo concebeu um plano de trabalho para dez anos. Em 24 de agosto de 1943, a obra ganhou "forma e vida teimosa", em suas palavras, com o convite de Augusto Meyer, então Diretor do Instituto do Livro, para que o Dicionário fizesse parte da Enciclopédia Brasileira, que pretendia organizar na ocasião. Em outubro de 1952, os originais foram entregues ao Instituto. Em 1954, saía publicado o *Dicionário do Folclore Brasileiro*^{7}.

Em temos da organização da obra, é o próprio autor que declara as suas intenções nas notas às edições de seu *Dicionário*. Em primeiro lugar registra o forte compromisso de "não permitir a imaginação suprir o documento"^{8}. Em cada nova edição preocupava-se em incluir novos verbetes, sempre acompanhados de vasta bibliografia e/ou consulta a diversos especialistas brasileiros. Em termos teóricos, proclamava-se ao lado da antropologia cultural, da etnografia e do folclore^9. Na primeira edição, de 1954, declara textualmente o método então utilizado: "as três fases do estudo folclórico – colheita, confronto e pesquisa de origem – reuni-as quase sempre como forma normativa dos verbetes".

---

5. Ver "Nota à Quarta Edição", de 1979. Todas as referências às declarações do autor encontram-se nas suas notas às sucessivas edições. Ver: *Dicionário do Folclore Brasileiro* [18], pp. XV a XXIV.
6. *Vaqueiros e Cantadores* [82].
7. *Dicionário do Folclore Brasileiro* [18], "Nota à Primeira Edição", de 1954.
8. *Idem*, "Nota da Quarta Edição", de 1979.
9. *Idem*, "Nota da Segunda Edição", de 1959.

Uma significativa listagem bibliográfica, com registros de especialistas, viajantes e notícias de jornal, para felicidade dos historiadores e estudiosos preocupados com as fontes de informação, acompanha cada verbete. Nas próprias palavras do autor, "procurou registrar a bibliografia e também assinalar a possível fonte criadora". A busca das origens, apesar de considerar o debate discutível, impunha-se para Câmara Cascudo como indispensável, "para que a fixação passasse além do pitoresco e do matutismo regional"^{10}.

Para diferentes regiões do Brasil, Câmara Cascudo recebeu auxílio de renomados folcloristas, sendo que alguns chegaram a ser responsáveis por alguns verbetes. Dentre os mais conhecidos destacam-se: Alceu Maynard Araújo, Édison Carneiro, Guerra Peixe, Luís Heitor Correia de Azevedo, Manuel Diégues Junior, Osvaldo Cabral, Renato Almeida, René Ribeiro, Téo Brandão, Villa-Lobos etc.

No grande esforço de síntese do *Dicionário*, Câmara Cascudo admite, embora timidamente, ter encontrado alguns problemas. Revela que a "parte etnográfica exigiu maior atenção e esforço", pois a bibliografia era bem menor. No vasto trabalho que se impôs, confessa a paixão pelo folclore musical e pela literatura oral, reconhecendo os limites das descrições sobre os usos, costumes, gestos, modismos e indumentária, pelo pequeno interesse que vinha despertando. Sobre a alimentação e as festas, apesar de possuírem um registro apreciável, considera que não alcançaram áreas suficientes para uma visão de conjunto e menos ainda para uma visão sistemática^{11}.

Depois dessas explicações gerais, quais seriam os significados de uma obra que mereceu tantas edições? Como foi possível iniciar um trabalho, com tal pretensão, no final da década de 1930?

Nas notas introdutórias que sucedem as edições do *Dicionário*, também pode-se perceber, apesar da economia de suas palavras, o que moveu o autor e o valor que atribuiu ao seu trabalho. Na nota da primeira edição, de 1954, Câmara Cascudo admitia "não ser possível fixar o Brasil inteiro no plano folclórico", mas complementava que, "nos limites do conhecimento provinciano", pretendia "registrar o essencial, o característico, dando um roteiro do material existente e mais facilmente consultado [...]". Na segunda edição, de 1959, afirmava que encontrou, "de mão ao peito [...], no povo do Brasil, o material deste dicionário e todas as coisas aqui registradas participavam indissoluvelmente da existência normal do homem brasileiro". Declarava fazer do "esforço, uma dádiva em prol do comum, do coletivo e do nacional, indistinto". Na nota da terceira edição, de 1972, declarava ser a "obra um documentário da cultura popular brasileira [...], marcando a existência do permanente na memória coletiva". Na quarta, de 1979, registrava que pretendia "fixar elementos da cultura popular", e sua importância para a "formação do povo brasileiro" e "da cultura nacional".

A partir dessas declarações, pode-se aproximar o *Dicionário* de Câmara Cascudo do que se conheceu como Movimento Folclórico Brasileiro, que, a partir do final da

10. *Idem*, "Nota da Primeira Edição", de 1954.
11. *Idem*, "Nota da Primeira Edição", de 1954.

década de 1940, reuniu muitos intelectuais para a defesa do folclore brasileiro. De acordo com o trabalho de Luís Rodolfo Vilhena sobre o assunto, os folcloristas ligados ao Movimento, por mais que tentassem flagrar algo que culturalmente se produzia nas camadas populares da sociedade, tinham algumas expectativas muito claras do que iriam encontrar^{12}. Uma das expectativas mais recorrentes, argumenta Vilhena, era a da cultura popular como símbolo do autêntico, justificando as eternas buscas das origens, e da identidade nacional, até mesmo muito antes de existir a pretensa nação, como, por exemplo, nas manifestações culturais do período colonial.

O próprio folclorista colocava-se com a missão de servir à nação. Um bom exemplo desta perspectiva dos folcloristas foi o tratamento especial dado à "cultura tradicional", principalmente às festas, músicas e danças, como o lugar do encontro de raças, mistura de classes e culturas diferentes, num ambiente de cordialidade e celebração, ideal para a construção da nação.

Apesar de Câmara Cascudo não ter participado efetivamente das organizações federais criadas pelo Movimento Folclórico Brasileiro, preferindo permanecer no Rio Grande do Norte, compartilhava várias de suas bandeiras. A organização e publicação do *Dicionário do Folclore Brasileiro* também coincidem com as décadas de maior mobilização em defesa do folclore brasileiro (décadas de 1940 e 1950). A despeito de todo o valor etnográfico do trabalho de Cascudo, o *Dicionário* não fugiria à regra.

Em muitos verbetes registram-se referências às expressões "nosso" costume, "nossa" música e dança de "brasileiros". No verbete maxixe, por exemplo, afirma que "foi por algum tempo expoente de *nossa* dança urbana, tendo cedido lugar ao samba". Sobre a modinha, afirma ser uma "canção brasileira". Com as novidades estrangeiras, teria passado para o "nosso acervo folclórico", tendo se transformado numa das mais autênticas tradições da "música popular brasileira".

Sobre o choro, considera-o "carioca". Como várias expressões do "nosso populário", "recebeu logo a expressão de chorinho". Para o autor, o choro "veio da cidade Nova por volta de meados do século passado, e, depois, tornou-se coisa muito nossa". São evidentes nesses verbetes expressões que atribuem alguma identidade, regional ou nacional, às manifestações culturais populares.

Às vezes, também, Cascudo não consegue livrar-se de algumas expressões preconceituosas. Em chula, por exemplo, registra que era "vulgar e comum". Sobre o batuque, cita, sem nenhuma crítica ou contextualização, a frase de Macedo Soares do final do século XIX: "quando é de negros é com tambor, quando é de *gente mais asseada*, é com violão".

---

12. Ver Luís Rodolfo Vilhena, *Projeto e Missão, 1947-1964 – O Movimento Folclórico Brasileiro*, Rio de Janeiro, Funarte/FGV, 1997. O termo Movimento Folclórico Brasileiro foi utilizado pelos próprios integrantes para definir a mobilização, principalmente nas décadas de 1940 e 1950, em torno dos estudos de folclore. Essa mobilização gerou a Comissão Nacional de Folclore (CNFL), uma instituição pára-estatal ligada ao Instituto Brasileiro de Educação, Ciência e Cultura (IBECC) e ao Ministério das Relações Exteriores. Em 1958, seria criada a Campanha de Defesa do Folclore, um agência governamental que coordenaria o esforço de pesquisa e preservação do folclore brasileiro. Ver: Luís Rodolfo Vilhena, *op. cit.*, pp. 102 e 103.

Se Câmara Cascudo está próximo dessa perspectiva de construir em termos culturais uma identidade nacional brasileira, o autor não abre mão, como alguns outros expoentes do movimento folclórico, de procurar imprimir credibilidade etnográfica ao seu trabalho. Sem dúvida, o *Dicionário do Folclore Brasileiro* não pode ser resumido ao que comumente se critica nos folcloristas: muito de ideologia e bem pouco de camadas populares.

Sem deixar de oscilar entre o entusiasmo pela nacionalidade – se bem que em tom bem pouco ufanista – e a pesquisa sobre a cultura popular, Câmara Cascudo realizou uma obra impressionante, de uma riqueza inesgotável para o trabalho de pesquisa e consulta daqueles interessados pela cultura produzida pelos setores populares. Como indicam as suas últimas palavras da nota da primeira edição, a alegria do trabalho realizado encontra-se "na sinceridade do esforço, na emoção da tarefa, na lealdade da intenção". [M. A.]

O DOUTOR BARATA – POLÍTICO, DEMOCRATA E JORNALISTA (BAHIA, 1762 – NATAL,1838) [19].

Essa biografia de Cipriano José Barata de Almeida, publicada no ano do centenário de sua morte, traz, por ser obra engajada, a poderosa marca de seu tempo. A narrativa é distribuída por seis capítulos ordenados cronologicamente, como é de bom uso nas biografias. O corpo da exposição assim organizada vem precedido por breve apresentação das motivações do autor na preservação da memória de seu personagem, o que é feito através de traços rápidos e incisivos. É aí que Câmara Cascudo define o contorno do *seu* Cipriano Barata, esboço depois retomado, mas jamais completado em retrato de corpo inteiro, malgrado o esquemático ensaio do sétimo capítulo, ao qual, pela arquitetura da composição, melhor teria sido nomear de conclusão ou, com maior rigor, epitáfio.

Ao final do livro, a curiosidade do leitor é contemplada por um elenco de notas seguidas pela relação das fontes às quais o autor recorreu para dar conta de seu projeto. Essas notas constam da transcrição de cinco documentos de interesse desigual, sobressaindo a relação estabelecida por Sacramento Blake, em1893, no seu *Diccionário Bibliographico Brazileiro*, dos escritos de Cipriano Barata. O que aí se encontra de efetivo interesse são as anotações adicionais de Câmara Cascudo, sempre breves, a alguns dos títulos repertoriados no *Dicionário*. As "fontes", por seu turno, são de variada natureza, compreendendo documentos inéditos guardados em arquivos, caso das "diversas pastas" da Secretaria Geral do Estado do Rio Grande do Norte, bem como da volumosa documentação publicada no *Diário das Cortes Gerais, Extraordinárias e Constituintes da Nação Portuguesa* e em *Anais* e outras publicações do Arquivo Nacional. O terceiro conjunto arrolado sob a rubrica genérica de "fontes" é de ordem bibliográfica, contando 21 títulos de qualidade, pertinência e extensão desiguais, incluindo breves notas biográficas publicadas na imprensa de Natal, um estudo à época inovador de Braz do Amaral, publicado no n. 54 (de 1927) da *Revista do Instituto Geográfico e Histórico da Bahia*, além de obras de Pedro Calmon, Max Fleiuss, Ulysses Brandão e Gustavo Barrozo, entre outros.

É esse arcabouço que sustenta a matéria pulsante da obra, campo dos seus significados, e para cujo desvendamento o leitor tem no autor seu maior aliado, dada a cristalina transparência dos enunciados. De saída, Câmara Cascudo esclarece que foi levado a dedicar um período da sua vida a reunir os traços da trajetória de seu personagem pelo motivo maior de pensar "justamente às avessas do doutor Cipriano José Barata de Almeida, tirando sua ação na Independência" (p. 3). Procurou conhecê-lo num esforço que resultou na constatação, com base na leitura de fragmentado material criteriosamente reunido, de que

tudo junto e visto de perto, tirando toda a flamejante retórica que enrolava o doutor Barata, fica muito pouco. Ele é, politicamente, uma figura secundária e, espiritualmente, um medíocre. Não tem idéias, não tem programa, não tem direção. [...] Sua eloquência, artificial como uma Câmara de Deputados, é uma repercussão demagógica da revolução francesa. [...] É um produto típico da ideologia anti-humana e anti-lógica que 1789 espalhou pelo mundo (p. 1).

Sem ambigüidades, Câmara Cascudo define a natureza conflituosa da sua relação com o personagem. Tem o Doutor Barata como "o homem-absurdo" (p. 53), um paradigma de apego a convicções e princípios superados e, como tal, um inimigo a ser combatido. Aniquilar a memória do ídolo popular que, um século antes, havia demonstrado a possibilidade de resistir à cooptação pelo poder assume, no livro, a dimensão de tarefa política. O autor, empenhado na defesa dos fundamentos do triunfante Estado Novo, percebe na intransigência de Cipriano, na defesa de princípios que colidem frontalmente com os seus, motivo para reduzir o biografado a

padrão de anormalidade [...] porque trazia o fermento dissolvente da Revolução Francesa [...] [da] superstição de povo, de povo abstração, massa, toda de doutrinas, de direitos e de deveres natos, esquecidos pelos tiranos. Nunca o doutor Barata examinou a inexistência do Povo, a mentira liberal dessa frase absurda. [...] Na doutrina de Barata era este nome o princípio e o fim de todas as coisas utópicas ou materiais, fonte do Direito, gênese do Poder. [...] Não se creara [sic] a Democracia, palavra-tabu, mas o doutor Barata foi o único democrata em seus tantíssimos anos de vida sofredora. Ele exemplifica admiravelmente a vacuidade dessa doutrina oposta à mais honesta e alta intenção pessoal de bondade (p. 54).

E para que, da imagem assim debuxada, nada sobrasse de valor, o nacionalismo que movia o tribuno baiano (atributo caro ao autor da biografia) é posto sob suspeição, fruto que teria sido "do ressentimento das vaias, insultos e desprezos sofridos, de dezembro de 1821 a outubro de 1822, em Lisboa" (p. 2), e não de maduras convicções dignas de respeito.

Eis a síntese do conflito que organiza a exposição. Ele não está na relação do biógrafo com biografado, mas naquela que antepõe o autor à sua própria realidade, a do Brasil do final da terceira década do século XX, sobre a qual projetava-se a sombra das intoleráveis verdades que foram tão caras a Cipriano Barata. Viviam-se tempos de entusiasmada adesão – ou penosa resistência – ao Estado Novo getulista no ano de 1938, e para um adepto da nova ordem, nada obstava a desqualificar quem fosse "apaixonado dos Direitos do Homem" e, no caso particular do tribuno baiano, aquele "legítimo Homem – cívico, cioso das prerrogativas de um liberalismo fremente de utopia e de nebulosidade" (p. 2), o lutador incapaz de perceber que "a restrição da liberdade, um sacrilégio para [quem, como ele, era incapaz de percebê-la] como função de equilíbrio necessário entre as forças confusas e divergentes" (p. 2).

A tarefa política cumpriu-se com competência até o limite da capacidade do autor em resistir ao encanto do personagem. Há passagens, no livro, em que se percebe que Câmara Cascudo deixou-se seduzir pelo *décor* do utopista apaixonado das coisas de sua terra, um dos traços do Doutor Barata que lhe tocou de perto. Mas ainda aqui, a afeição política, calibrando o ângulo da perspectiva, impediu a percepção de que, para além de *mise-en-scène* de situação periférica, estava diante do hábil uso de recursos discursivos aos quais Cipriano recorria para expressar, pela imagem, as grandes polaridades que organizavam os embates políticos de seu tempo. Sente-se no texto que as vestes de algodão grosseiro da terra, os sapatos de couro de bezerro, a bengala de madeira de lei e o chapéu de palha sabem perfeitamente ao gosto do biógrafo enquanto compõem o quadro do Doutor Barata enfrentando, em 1821-1822, os deputados portugueses em Lisboa, quando foi "verdadeiramente o Homem-sem-Medo" (p. 16), o tribuno da liquidação da subordinação colonial. Mas com o 7 de setembro, tudo muda. Os mesmos adereços que, após 1822, passaram a denunciar a submissão das elites brasileiras à hegemonia inglesa, urgindo a instalação de fábricas nacionais, ou, pecado dos pecados, expressavam a natureza da crescente tensão entre as elites encasteladas no controle do Estado e os setores populares dos quais Cipriano teimava em manter-se porta-voz, deixam de merecer a empatia de Câmara Cascudo, ridicularizados por ele como demonstrações de apego a arcaísmos, no limite, senis. Câmara Cascudo força as tintas ao retratar seu personagem como petrificado no tempo: "ele passa toda uma existência a ser a mesma causa. É a continuidade. [...] Nenhuma mudança. Nenhuma tolerância. Nenhuma modificação. Sua história é este elogio. O homem que não mudou" (p. 53).

E eis que a própria narrativa contraria os juízos do autor, revelando um Cipriano atento ao tempo e às circunstâncias, agindo sobre elas, interferindo no seu rumo. Lá está ele envolvido na sedição de 1798 na Bahia, numa escala que hoje se sabe ter sido muito diferente do que era dado a Câmara Cascudo saber em seu tempo. Depois, ei-lo enredado nos desdobramentos baianos do 1817 pernambucano e, a seguir, lá vai ele, eleito pela Bahia, representá-la como deputado nas Cortes Constituintes de Lisboa, dando conta com competência e dignidade da tarefa que lhe foi confiada. Com aguda percepção dos rumos do jogo do poder, recusa a deputação à Constituinte Brasileira por motivo de incompatibilidade com qualquer das alternativas que em seu interior se abriam, no que a história deu-lhe razão: a Assembléia foi dissolvida pelos que haviam-na convocado, com a Carta Outorgada expressando exclusivamente a vontade dos donos do poder. De resto, como esquecer que, em 1831, empenhou seu prestígio no controle dos furores populares que ameaçavam o pouco que restava de ordem na capital de Província da Bahia ou que, já no ocaso de sua vida, eleito suplente de deputado em Pernambuco, participou das sessões quando foi convocado? Em verdade, a leitura dos capítulos, naquilo que lhes é substantivo – os fatos despojados da adjetivação que lhes serve de argamassa –, revela um Doutor Barata atento às mudanças que marcaram o seu tempo, característica dos que foram, cada qual à sua maneira, artífices da construção do Estado nacional brasileiro. Algo, entretanto, diferenciava de fato o Doutor Barata da grande maioria de seus contemporâneos, característica sua peculiar a torná-lo inelegível para compor a galeria dos fundadores da nação, em conformidade com os valores dos que detinham o poder de definir os objetos de seu culto. Este seu traço peculiar era o persistente apego a princípios, ainda que ao preço de sacrifícios no geral tidos por intoleráveis, o seu desprezo à aspiração máxima dos que gravitam na órbita do Estado: a cooptação em suas diversas variantes.

Isso posto, percebe-se que essa biografia do Doutor Cipriano Barata é incomparável documento a revelar momentos da trajetória de um autor e de seu personagem. [I. J.]

ENSAIOS DE ETNOGRAFIA BRASILEIRA [20]. Se é verdade o dito popular de que "quem vê cara, não vê coração", a folha de rosto dessa obra de Câmara Cascudo desmente literalmente sua aplicação. Como diz o título, trata-se de uma coletânea de textos ensaísticos, versando sobre diversos aspectos da chamada cultura popular brasileira. São visitas variadas ao vasto universo percorrido por esse incansável pesquisador, brindes de uma literatura tão própria, um apontar de temas, sugestões de análises, intenções de conhecimentos.

A epígrafe evangélica da primeira página, além de informar sobre matizes de formação do autor, traduz o gesto editorial: "Recolhei os pedaços que sobejam, para que nada se perca" (João, 6,12). São 28 pequenos registros de lida etnográfica, não havendo uma seqüência visível de temáticas, registro de origem ou cronologia, alguns deles não tendo mais do que duas páginas de redação. Para essa edição, a obra totaliza 194 páginas. Na tradição desse autor, outras obras assim se assemelham, a exemplo das coletâneas *Anúbis e Outros Ensaios (Mitologia e Folclore)* e *Superstições e Costumes (Pesquisas e Notas de Etnografia)*^{1}.

Também "nem vem que não tem", se o que procura o leitor são textos teóricos, escolas antropológicas, posições filosóficas. Câmara Cascudo até o faz bem, mas em outro lugar – no livro *Civilização e Cultura*^{2}. Aqui, o conteúdo é o dar azo à "imaginação determinante" da cultura popular brasileira, dar mostras do mar-sem-fim de palavras e de atos e tradições que "a fortuna dos séculos" veio construir ao nosso derredor. Por outro lado, é claro que não poderiam faltar menções, aqui e acolá, a posições epistemológicas, citações eruditas, etimologias e fontes autorizadas, e até analogias mais rebuscadas. Em autores como este, em que as origens sociais e a formação acadêmica mais clássica contrastam e complementam-se no contato com a temática popular, eclode esse potencial confronto. Tal fato, além de apontar contradições reais e enriquecer o universo pesquisado, testemunha uma certa tradição acadêmica indo além das suas origens elitizadas, preocupando-se em eleger territórios de conhecimentos próximos de outros extratos sociais.

1. Luís da Câmara Cascudo, *Anúbis e Outros Ensaios*, ed. cit. *Superstições e Costumes* [77].
2. *Civilização e Cultura*, *op. cit.* [12].

Por outro lado, para quem se debruça sobre o tema com alguma verticalidade, sabe-se o quão contextualmente aquilo a que chamamos de cultura popular, e na contra face, o que se denomina cultura erudita tocam-se, amalgamam-se e complementam-se. É essa a base do que a antropologia cultural chama de Teoria Circular, proposta por pensadores como Mikhail Bakhtin e que, no mínimo, põe em referência a complexidade de uma formação cultural e a difícil tarefa de tentar recortar suas raízes e fronteiras.

Da formação erudita e eclética de Câmara Cascudo, testemunha o conjunto de fontes que pululam nos textos aqui analisados. Salta aos olhos uma polifonia multilíngüe com citações literais, neste caso, em francês, espanhol, inglês, italiano e latim. Pesquisas lingüísticas como fonte e como método agregam-se às referendas da literatura clássica e a bibliografias temáticas que abordam uma vasta gama de interesses. Percursos de cognição que alcançam tradições de vários mundos: Américas, Europa, África e Ásia. Labirintos de Mitologias, estruturalismos que parecem nos remeter para potenciais globalizações de culturas, ou, para ficarmos no esteio teórico do autor, doses de evolucionismos clássicos como à Frazer, traços de difusionismos, interpretações funcionalistas, sincretismos e uma forte presença do culturalismo americano aos moldes de Franz Boas, além de pitadas da Escola Francesa, explícitas na nomeação do trabalho de Marcel Mauss.

Da literatura clássica aparecem: Heródoto, Justino e Plutarco, Petrônio e Dante Alighieri. No percurso ibérico-brasileiro: Cervantes e Camões, Calderón de la Barca, Gil Vicente e pescados os mais sugestivos de cronistas e viajantes que, desde o século XVI, documentaram a formação de uma sociedade colonial de tão acalentadas matizes culturais: Cardim, Gabriel Soares de Souza, Thevet, Jean de Lery, Gandavo, Agassiz, Saint-Hilaire, Von Martius. Somam-se a mais quitutes de poesia, como da messe de Castro Alves, e a boa prosa literária de Machado de Assis (sendo de sabor especialíssimo a referência ao conto "Três Capítulos Inéditos do Gênesis", jóia da invenção machadiana na qual descreve o conflituoso debate entre os filhos de Noé disputando posse de terras após o dilúvio). Mas o balaio cognitivo que nos oferece Câmara Cascudo tem sobretudo as fontes mais diretas da cultura popular: as histórias das *Mil e Uma Noites*, La Fontaine e as fábulas dos Irmãos Grimm, as "Histórias de Trancoso", versos, chistes e modinhas e bastante literatura de cordel.

Um capítulo à parte são os informantes. A pesquisa oral, as entrevistas e observações realizadas diretamente pelo pesquisador, com gente da mais variada proveniência, vão sendo apresentadas a cada texto, dando-nos o "gostinho" de privar até das suas próprias intimidades. É na primeira pessoa que Cascudo nos fala dos pais, tios e tias, de personagens quase fantásticos como Luiza Freire Bibi, velha ama de seu genitor, ou do aprendizado infantil com sua ama de criação, Benvenuta de Araújo, ou de sua "mãe-de-leite", Joana de Modesto, que teria morrido com mais de cem anos: "As duas valiam um curso universitário de Etnografia Geral no plano das explicações a todas as coisas mortas e vivas" (p. 191). Tamanho reconhecimento dá o grau de valorização ao aprendizado junto a esses agentes da cultura, trabalhadores anônimos, pessoas dos circos mambembes do interior, velhos freqüentadores e artistas desses picadeiros, médicos, advogados, políticos das "cidadezinhas" dos sertões, todos "ressoando nas memórias brasileiras".

O primeiro ensaio da coletânea, de pronto o mais longo e mais aprofundado, trata "Da Poesia Popular Narrativa no Brasil", passeia sobre as origens múltiplas desse gênero literário, apontando-lhe colorações portuguesas, indígenas e africanas, identificando suas expressões nas formas orais, tradicionais e populares, cobrindo manifestações do cancioneiro e focando sobretudo a produção dos folhetos de cordel. Elege assim representações de uma arte abrangente e utilitária, próxima ao cotidiano díspar de todo espaço humano, e que, como afirma, manifesta-se entre "guerra e amor". Destarte, identificando temáticas, Cascudo vem sugerir uma dicotomia, pondo de um lado tal trabalho de cunho popular, híbrido de "poesia épica" e "jornalismo heróico" e, de outra parte, apondo o registro erudito da história e da crônica, estes caracterizados como menos democráticos e situados entre uma atitude "sisuda e majestosa". A bipolaridade não deixa de ter um sabor maniqueísta. Seguindo os conselhos do autor, a literatura de cordel pode e vem sendo utilizada para estudos extremamente interessantes enquanto valor informativo de cunho jornalístico e histórico, livros e teses encontrando ali respaldo para analisar representações populares sobre fatos, movimentos nacionais e internacionais, quando não, do teor de propaganda política, ideologias, mentalidades e imaginários.

Outros ensaios aparecem, outros estudos, apelos à produção de pesquisas. Temas inusitados, recorrências, pérolas, um ou outro deslize, tudo são mostras da seara de Câmara Cascudo. Citamos o "Complexo Sociológico do Vizinho", um estudo sobre o bairro, consuetudinarismos, conflitos e solidariedades, tradições de hebreus e godos, contrastes entre o rural e o urbano. Notas sobre "Os Velhos Entremezes Circenses", lições advindas das farsas e pantomimas dos modestos picadeiros do interior, lembrando correspondentes a aspectos da história da Roma antiga. Comparece o personagem picaresco de Pedro Malas-Artes e suas correlações com as circunstâncias sádicas das apostas com o corpo. Conjecturas em torno de astúcias, manhas e simulações para "enganar" a morte.

Um curioso conjunto de textos aborda a ictiofauna brasileira. Mais de uma vez, vem o pesquisador potiguar questionar: Por que não há, ou há tão pouco peixes no folclore nacional? Nesse ínterim, afirma que o conhecido ciclo do boto é europeu, tendo o peixe-boi maior destaque no ideário popular africano e do Oriente Médio. Ainda nessa conjuntura, lembra mesmo a "Iara", personagem tida como tão amazônica, identificada como a "Mãe d'água", teria suas origens autóctones questionáveis, não aparecendo antes da segunda metade do século XIX, talvez de origens africanas, e a sua denominação não tendo identidade no idioma Tupi, como se supunha.

Sugere assim correlacionar tal entidade com a da sereia, tão própria do panteão transportado pelo colonizador europeu. Dessa sorte, ficam as interrogações, parecendo haver, para o caso, uma lacuna considerável no se que refere ao conhecimento das mitologias indígenas ou, sem dúvida, uma boa hipótese de um projeto de pesquisa.

Em alguns ensaios, o autor se debruça sobre os tão presentes conectivos entre a cultura popular e a temática sexual. Em "Dos Nomes Feios" e "Do Sexo Agressivo", realça sobretudo as diferentes colorações que atos e denominações tradicionalmente classificadas por obscenidades ou lascívia vêm a ter no uso cotidiano, lembrando as entrefaces dinâmicas desses fenômenos, objeto de estudo como no *Gargântua*, de François Rabelais, e nos "personagens humaníssimos" de Gil Vicente. Atenta, assim, para os momentos tão conhecidos em forma coloquial quando insultos viram elogios ("uma puta sorte", "um monstro"...), ou quando a gestuária tipicamente sexual é atenuada de seu universo sensual para caracterizar o simples desaforo, não detendo valor altamente positivo, como é exemplar o caso do conhecido gesto priápico da "figa".

Nessas circunstâncias, Cascudo faz recordar o espanto do escrivão de Cabral diante da nudez das índias brasileiras, segundo Caminha "sem qualquer vergonha" e, em outra circunstância, a discrição também abismada de Heródoto, descrevendo as procissões religiosas dos devotos de Isis que, ao navegarem pelo Nilo, sem pudores, levantavam suas roupas para as pessoas das povoações à margem do rio. Nessa seqüência, nos são apresentadas antigas personagens populares da cidade de Natal e do interior, "Chica Cardosa", "Sinhá Flor", "Simoa", mulheres que nos entremeios da insanidade, utilizavam a nudez ou sua ameaça para reagir aos contatos agressivos com quem as abordavam pejorativamente. Exemplos daquele mote que aconselha ser remédio para loucos nada menos do que um outro em sua própria porta.

Ainda no cunho da sexualidade, "A Exibição da Prova da Virgindade", vem aferir sobre antigos costumes da demonstração dos lençóis manchados de sangue após "a primeira noite" dos nubentes. Fala Cascudo que sua avó testemunhara essa hégira nos sertões nordestinos no final do século XIX. Desse episódio, recorre ao registro dessa tradição em literaturas tão distantes como nos contos das *Mil e Uma Noites* e costumes seculares da cultura cigana. Daí analisa a manifestação enquanto um representativo da tamanha hipocrisia desenvolvida em áreas da sexualidade ocidental. O autor, para tal conjuntura, cita o ideário de Sigmund Freud. É mister acrescer que Câmara Cascudo teve, em certo momento de sua formação acadêmica, uma aproximação com o curso de medicina e, no caso de suas incursões sobre conhecimentos da psicanálise ou da psicologia, além da citação de Freud, faz alusão à obra de Jung, com sua teoria de arquétipos.

E, finalmente, vale citar o último ensaio da publicação. O intrigante "A Banana no Paraíso", albergando ainda uma temática de conotação sensual, em que se apresentam informes obtidos na cultura popular e em certa literatura, advogando ter sido essa, e não a maçã, a fruta que no paraíso desencadeara a condenação ao exílio do primeiro casal. Possivelmente, a forma fálica da banana despertara em Eva o sentido erótico. O motivo, pois, de toda condenação à labuta humana traduz-se desta maneira na poesia popular (pp. 191-192):

...Deixou Eva passear
E a Cobra lhe avisar,
Ela diz: – Estou acostumada!
Viu bananas, e disse: – acode!
Pôs-se com salto de bode
Lá foi Adão para enxada!

Restam frisar alguns aspectos contraditórios que nosso autor deixa transparecer em suas linhas. Por primeiro, é preciso pensar Câmara Cascudo dentro de uma tradição mais próxima às posições oficiais do país, seja já pelo seu acentuado lusitanismo, no que é correligionário a seu contemporâneo Gilberto Freyre. Nesse sentido, em certo momento desse trabalho, chega a generalizar: "tudo quanto seja decisivo e nacional no plano da generalidade, tivemos essencialmente de técnica de Portugal" (p. 169). Por outro lado, é gritante o seu olhar preconceituoso para fenômenos de teor político e social, como ao nomear o cangaceiro Lampião, dando-lhe epítetos carregados de rejeição: "repugnante bandoleiro" (p. 9), "facínora" (p. 13), adjetivos que, vindo de um estudioso no calibre de Cascudo, demonstram claros limites de suas posições ideológicas. Dessa forma, é bom lembrar ter sido ele um homem comprometido com visões políticas mais conservadoras – o que é reforçado nesse caso pela própria edição do livro em apreço, em 1971, pelo Ministério da Educação e Cultura, denunciando conivências com o período mais perturbador da ditadura militar no Brasil. Afora isso, não deixa o autor de testemunhar criticamente sobre algumas tradições políticas brasileiras, analisando relações típicas do eleitorado, como o tão encontradiço "toma lá, dá cá", ou quando aponta para o desconhecimento dos governantes para com a própria realidade do país, trazendo à memória o quanto tão pouco viajaram pelo Brasil os dois imperadores e os presidentes da república, pelo menos nomeando aqueles até 1930.

E para suscitar polêmica, especialmente com a comunidade afro-brasileira do candomblé e do litoral, fica aqui a provocação do folclorista, discorrendo sobre sua manifesta perplexidade de encontrar tão pequeno elencado de traços marítimos (e não só sobre peixes) presentes no folclore nacional, segundo ele, "pobre e parco no que sobrevive pelas regiões atlânticas do Nordeste, mesmo da Bahia ao Maranhão", e cutuca: "A popularíssima Iemanjá é branca, loura, de olhos azuis, o tipo da ondina germânica do Reno". Deite-se em paz, então, com essa "Rainha do Mar" alemã!

Restam agora sobretudo elogios ao trabalho ímpar desse pesquisador, que soube observar as manifestações mais genuínas incrustadas sobretudo na cotidianidade e transformar traços da cultura popular, não em sociologia, ou em mais um academicismo , mas através de sua arte literária, dar a esse universo um agradável gosto de poesia, sagacidade e, sobretudo, um sopro de vida. Vida perene à sua obra! [E. B. F.]

ESTATUTOS DA SOCIEDADE BRASILEIRA DE FOLK-LORE [21]. Sociedade Brasileira de Folk-Lore (SBFL), com sede e foro na cidade de Natal, foi fundada a 30 de abril de 1941, na residência do escritor Luís da Câmara Cascudo. Tornou-se de utilidade pública pela Lei estadual n. 41, de 20 de outubro de 1948, e teve os seus estatutos reformulados, em Assembléia Geral realizada em 7 de abril de 1949, no Instituto Histórico e Geográfico do Rio Grande do Norte, sob a presidência de Câmara Cascudo.

Pelos estatutos, a SBFL "destina-se à pesquisa, estudo, sistematização e defesa do Folk Lore em todas as suas manifestações" (Art. 1º, versão de 1949). Compunha-se de 35 membros efetivos, de titulares, em número ilimitado, que poderiam ser brasileiros, residentes noutros estados do Brasil, e cidadãos estrangeiros. Integravam a Diretoria o Presidente, dois Vice-Presidentes, Secretário Geral, dois Secretários e um Conselho Cultural de 29 membros, naquele total de 35.

As eleições para a direção da entidade ocorreriam a cada qüinqüênio, conforme previsão de seus estatutos. Já os membros titulares poderiam ser eleitos pelo Conselho Cultural ou nomeados pelo Presidente da SBFL.

Suas reuniões dar-se-iam a partir de convocação do Presidente, de requerimento da Diretoria ou, ainda, por solicitação da maioria do Conselho. As deliberações de sua Diretoria poderiam ocorrer com a presença de cinco membros, incluindo o Presidente.

O alcance dessas mudanças em seus estatutos, ocorridas em 7 de abril de 1949, não pode ser aferido, pois, para isso, teríamos que cotejá-las com os estatutos de 1941^3, que não foram localizados nas instituições públicas consultadas: Memorial Câmara Cascudo, Biblioteca Câmara Cascudo e Museu Câmara Cascudo, em Natal, RN; Biblioteca Municipal Mário de Andrade, Museu de Folclore da PMSP e Sistema Dedalus/USP, São Paulo, SP; Biblioteca Nacional e Gabinete Português de Leitura, Rio de Janeiro, RJ. A leitura do texto em questão permite que se identifique apenas uma das alterações aprovadas, que é a indicação, por unanimidade dos presentes, de Câmara Cascudo "como Presidente Perpétuo e Orientador dos estudos na especialidade", justificada pelos proponentes como uma decorrência dos "relevantes serviços prestados ao Folk Lore brasileiro". Na ocasião, foi eleita uma nova Diretoria para o período de 1949-1954, com a seguinte composição:

Dr. Luís da Câmara Cascudo. Presidente Fundador em 30-4-1941. Presidente Perpétuo por deliberação unânime da assembléia geral em 7-4-1949.
Desembargador Luis Tavares de Lyra. Vice-Presidente.
Dr. Juvenal Lamartine de Faria. Vice-Presidente.
Manoel Rodrigues de Melo. Secretário Geral.
Dr. Veríssimo de Melo. Secretário.
Helio Galvão. Secretário.
Dr. Paulo Pinheiro de Viveiros. Presidente do Conselho Cultural.

Além da Diretoria, foram arrolados o nome dos "Sócios efetivos", residentes na cidade de Natal (num total de 27), os "Titulares Brasileiros" (37) e, ainda, os "Titulares Estrangeiros" (65). Entre os "sócios efetivos", estão os membros da Diretoria e personalidades da elite potiguar, composta de advogados, desembargadores, maestro, professores, empresários, jornalistas e, ainda, políticos como os deputados Aluízio Alves (depois, Governador do Estado e Ministro do Interior), Dioclecio Dantas Duarte (residente no Rio de Janeiro), Jerônimo Rosado, o senador Dr. Eloy de Souza e o governador Sílvio Pedroza.

3. *Sociedade Brasileira de Folk-Lore* [21]. A referência foi extraída de Zila Mamede, *Luís da Câmara Cascudo: 50 Anos de Vida Intelectual 1918-1968*, *op. cit.*

Os "sócios efetivos" eram homens de projeção da elite letrada potiguar, que tinham formações e interesses diversificados, como é possível verificar nas especificações resumidas de seus currículos: Aderbal França – jornalista; Aldo Fernandes Raposo de Melo – advogado, banqueiro e professor da Faculdade de Direito; Aloizio Alves – deputado federal, depois Governador e Ministro do Interior (Governo Sarney); Américo O. Costa – advogado e professor universitário, escreveu uma biografia de Câmara Cascudo; Antonio Gomes da Rocha Fagundes – professor e membro da Academia de Letras; Antonio Soares de Araújo – desembargador, historiador e poeta; Clementino Câmara – professor; Dioclécio Dantas Duarte – deputado federal; Eloy de Sousa – senador e jornalista; Felipe Neri de Brito Guerra – desembargador e ensaísta; Hélio Galvão – advogado, professor do ensino superior, jornalista e historiador; Jerônimo Rosado – professor, historiador e deputado; Juvenal Lamartine de Faria – Governador, deputado federal e etnógrafo; Luis da Câmara Cascudo – advogado, professor universitário, etnógrafo e historiador; Luis Eugênio Ferreira Veiga – empresário e mecenas; Luis Tavares de Lyra – historiador e desembargador; Manoel Rodrigues de Melo – membro da Academia de Letras e etnógrafo; Nestor dos Santos Lima – historiador e advogado, membro do Instituto Histórico e Geográfico do Rio Grande do Norte; Oswaldo Lamartine – advogado e etnógrafo; Paulo Viveiros – advogado e professor da Faculdade de Direito; Raimundo Nonato da Silva – historiador e biógrafo; Sergio Severo de Albuquerque Maranhão – empresário e mecenas; Silvio Piza Pedroza – Governador; Veríssimo de Melo – antropólogo e professor universitário; e Waldemar de Almeida – maestro e professor.

Deslocando o olhar em direção aos "titulares brasileiros", percebemos, entre suas fileiras, nomes de personalidades de diferentes estados brasileiros, com destaque para a presença significativa de cariocas e pernambucanos. É, ainda, digna de nota a abrangência do seu quadro associativo, tanto no país quanto no exterior. Em âmbito interno, constam o Prof. Basílio de Magalhães, o Dr. Gustavo Barroso, o Maestro Heitor Villa-Lobos, o Dr. Renato Almeida e o Prof. Roger Bastide, entre outros. No final do texto, foram homenageados os titulares falecidos entre abril de 1941 e abril de 1949, estando entre eles Mário de Andrade^4.

No plano internacional, ganha realce a vinculação dos associados com as universidades. Nota-se que, dentre os 65 associados, 38 eram professores, alguns indicando a universidade a que estavam vinculados. Detectam-se, ainda, associados que eram integrantes de museus de Arqueologia (Peru), Etnografia (Suécia) e/ou Ciências Naturais (Argentina). Para se ter uma idéia mais balizada do assunto, os quadros abaixo demonstram o espectro da composição da Sociedade Brasileira de Folk-Lore, no Brasil e no exterior.

---

4. Mário de Andrade manteve intensa correspondência com Câmara Cascudo e foi considerado como uma figura que teria influenciado a sua formação, embora o último nem sempre tenha seguido as orientações daquele Mestre. É o que afirma Luís Rodolfo Vilhena, *op. cit.*

ASSOCIADOS BRASILEIROS

Residentes em Natal										27
Outros estados brasileiros										37
	RS	SP	RJ	MG	ES	BA	PE	AL	MA	PA	MT
	3	3	14	2	1	2	7	1	1	2	1

ASSOCIADOS ESTRANGEIROS – EUROPA E AMÉRICAS

Europa										39
	Ing	Fra	Por	Esp	Ita	Ale	Sui	Sue	Fin	Nor
	2	2	17	9	1	1	1	3	1	2
América do Norte										6
	EUA	Mex								
	5	1								
América Central										7
	R. Dom	Cub	Cos	Nic	El Sal	P. Rico				
	1	1	1	2	1	1				
América do Sul										13
	Ven	Col	Per	Chi	Bol	Arg	Uru			
	2	1	1	1	1	6	1			
TOTAL DE ASSOCIADOS:										129

A criação dessa entidade em 1941 inscreve-se no âmbito de iniciativas semelhantes ocorridas em outros estados da Federação, que tinham em mira o esforço de institucionalização dos estudos do folclore, considerando a experiência de Mário de Andrade, na década de 1930, no Departamento de Cultura da Prefeitura do Município de São Paulo, o exemplo mais abrangente, que sofreu, todavia, revés significativo com sua saída do órgão em 1937, após o afastamento do Prefeito Fábio Prado, em decorrência do golpe de estado daquele ano.

Essa busca de aglutinação permaneceu no decorrer dos anos de 1930 para, no início da década seguinte, ocorrer a criação, no Rio de Janeiro, da Sociedade Brasileira de Antropologia e Etnologia, fundada em 1941, por Artur Ramos, e do Instituto Brasileiro de Folclore, presidido desde 1942 por Basílio de Magalhães, ambos preocupados com pesquisas folclóricas relativas ao Distrito Federal.

Ainda em 1941, vem a público a Sociedade Brasileira de Folk-Lore, em Natal, sob a direção de Câmara Cascudo.

Na avaliação de Luís Rodolfo Vilhena, "todas elas acabaram por ter uma existência efêmera em função de sua dependência da figura de seus fundadores, mostrando a fragilidade de seus esforços de coordenar as pesquisas folclóricas brasileiras". No caso da SBFL, o autor esclarece em nota que o folclorista teve enormes dificuldades para presidir sua entidade e afirma:

os poucos dados que pudemos encontrar sobre sua existência mostram que o impacto da SBFL foi essencialmente local, particularmente no campo da proteção das tradições populares no estado [...]. Sua existência e suas realizações derivaram basicamente do prestígio de Cascudo e sobre ele e seus discípulos mais próximos recaíram os esforços por sua existência^5.

Se foi essa a trajetória da entidade, não cabe aqui tal discussão. O fato é que em 1948, ela foi considerada de utilidade pública pelo governo do Estado e apresentou em seus quadros figuras de renome e prestígio nacional e internacional. No caso do Brasil, entre os nomes já citados, consta o do musicólogo Renato Almeida, que, em 1947, foi nomeado dirigente da Comissão Nacional de Folclore (CNFL), organismo pára-estatal, criado em 7 de novembro daquele ano, vinculado ao Ibecc – Instituto Brasileiro de Ciência e Cultura –, órgão do Ministério das Relações Exteriores, que procuraria organizar os pesquisadores da área em cada Estado da Federação. Mas a sua existência não colocou em xeque as sociedades já consolidadas, tendo tal organismo dificuldades para implementar suas diretrizes naquelas localidades onde já existia um trabalho efetivo em andamento, como é o caso do Rio Grande do Norte, com o grupo que se aglutinava em torno de Câmara Cascudo e esposava concepções teóricas (e políticas) distintas daquelas que nortearam o trabalho da CNFL.

Mas qual era o interesse de tais elites pelas tradições populares? Esse tipo de preocupação não era novo e expressou-se num debate multifário sobre a identidade nacional, que se travou entre essas elites letradas desde o final do século XIX, na tentativa de delinear o perfil de brasilidade requerido para o País. No decorrer das décadas de 1920 e 1930, houve a intensificação dessas discussões e o movimento de "redescoberta" do Brasil recolocou no centro do debate a incorporação dos extratos populares na definição e modelagem de tal brasilidade. Os intelectuais polígrafos, interessados nas especificidades dessas contribuições, assumiram um papel significativo nesse processo de "celebração do morto"^{6}, seguindo, na interpretação de Vilhena, um caminho próprio que desloca o debate da literatura para a música popular e, posteriormente, para os folguedos, o que provoca fissuras com os intelectuais europeus^7.

Essa posição não foi unânime entre os pesquisadores brasileiros e isso explica o distanciamento, por divergências teóricas, de Câmara Cascudo, um dos mais prestigiados folcloristas brasileiros, do "movimento folclorista", articulado em torno da CNFL. Filiado à tradição européia clássica dos estudos do folclore, ele se aproxima-

5. Luís Rodolfo Vilhena, *op. cit.*, pp. 93 e 113.
6. Michel de Certeau, *A Cultura no Plural*, Campinas, Papirus, 1995.
7. Luís Rodolfo Vilhena, *op. cit.*

va, na avaliação de Vilhena, do difusionismo da Escola Histórico-Cultural, de Stith Thompson, privilegiando em suas pesquisas a literatura popular e os estudos comparativos que nem sempre tomavam o Brasil como referência.

Tal perspectiva de suas reflexões foi interpretada como traços de uma postura conservadora e elitista no trato do tema, idéia reforçada por suas posições políticas que se alinham ao Integralismo ou aos seus sucedâneos autoritários^8. [Z. L. S.]

8. Marcos A. da Silva, "Câmara Cascudo e a Erudição Popular", *Projeto História*, São Paulo, pós-graduação da PUC, 1998, pp. 317-334

FABULÁRIO DO BRASIL [22]. Esse livro faz justiça ao título geral da obra de que faz parte – *Grande Fabulário de Portugal e Brasil*. Elaborado para ser uma compilação das principais fábulas de Portugal e do Brasil, atinge plenamente seus objetivos. Dividida em dois volumes, a obra apresenta, no primeiro, os trabalhos recolhidos por Vieira de Almeida sobre Portugal e o Ultramar Português e, no segundo, que é o objeto desta resenha, os trabalhos reunidos e comentados por Câmara Cascudo.

A obra foi originalmente, confeccionada em tiragem especial e reduzida, dedicada a bibliófilos. Esse dado fez com que a publicação não atingisse o mercado, tornando-a uma das obras menos conhecidas de Câmara Cascudo. Presente no Brasil, *a priori*, apenas no acervo do Real Gabinete Português de Leitura, no Rio de Janeiro, merece uma reedição urgente, pois seu conteúdo é de fundamental valia para o conhecimento da tradição oral que as fábulas conservam.

No primeiro volume, compilado por Vieira de Carvalho, reuniram-se as fábulas portuguesas traduzidas de Esopo (grego) e Fedro (latim). Em relação a Esopo, têm-se 63 fábulas encontradas por J. Leite Vasconcelos na Biblioteca Palatina de Viena de Áustria. Acredita-se que esse texto seja a primeira tradução de Esopo para o português, datando do século XV. Sobre esse texto, as impressões de J. Leite Vasconcelos, reunidas por Vieira de Carvalho, foram editadas originalmente em 1906. Em relação ao texto latino de Fedro, é apresentada a versão de Manoel Mendes, composta por 92 fábulas e impressas em diversos momentos: 1603, 1611, 1643, 1673, 1705 e 1778.

No segundo volume do *Grande Fabulário de Portugal e Brasil*, têm-se os trabalhos compilados por Câmara Cascudo. Nas mãos de Cascudo, o *Grande Fabulário* torna-se "colossal" e transmite um conhecimento que não se resume à simples exposição das fábulas recolhidas. Esse volume, de 326 páginas, é subdividido em uma introdução e quatro partes (Fábulas Brasileiras de Origem Indígena, de Origem Africana, de Recreação Popular e de Redacção Literária), cujas análises são grandiosas e quase enciclopédicas.

Câmara Cascudo, ao não se limitar a uma simples compilação das fábulas, transforma os personagens (cutia, gambá, cupim etc.) em seres científicos (*Dasyprocta aguti*, *Didelphys marsupialis*, *Termitas*), propiciando, de forma original, uma interpretação para a fábula que refreia um possível descrédito acadêmico em relação à paisagem imaginária que habita as tradições orais.

Na introdução do volume, o caráter de aparecimento das fábulas como narrativas que transpõem o tempo e o espaço, adaptando-se aos momentos de forma oportuna, faz com que o autor filosofe a respeito: "Fábula é um rio que se desconhece a localização da fonte originária" (p. 10).

Observa-se no desencadeamento das idéias de Cascudo que a fábula sofre influências e se adapta conforme a interpretação que lhe é atribuída por diversos grupos culturais. O autor critica a "monomania técnica" (p. 13) de alguns novelistas tradicionais que desprezam a tradição oral desse gênero literário, enfocando, por exemplo, as pesquisas de Max Müller que, em 1870, discutiu a questão das migrações das fábulas. Nessa crítica, Cascudo, citando o trabalho de Joseph Bédir, defende "[...] a transmissão oral [das fábulas] como forma inequívoca e normal da vitalidade literária popular" (p. 14). Ainda, para Cascudo, "A Fábula (*fari*, falar) é a breve exposição verbal de um episódio com intenção orientadora no plano do comportamento. Comportamento que inclui a moral necessária à existência normal do grupo social. Um aviso premonitório para a conduta [...]" (p. 17).

Na primeira parte, intitulada "Fábulas Brasileiras de Origem Indígena", com narrativas recolhidas notadamente no século XIX por Couto Magalhães, entre outros, percebe-se a presença marcante da Companhia de Jesus. Nos séculos de catequese (XVI, XVII e XVIII), a cultura oral indígena foi corrompida e usada como mecanismo de aculturação, pois o objetivo jesuíta era "[...] fazer-se ouvir e não entender a confusa e assombrosa reminiscência do aborígene" (p. 30).

A fábula como "breve lição doutrinária" serviria à fixação dos conceitos da catequese. Câmara Cascudo fala das dificuldades de encontrar narrativas puras anteriores ao período e lamenta ser a fábula a menor parte do que se recolheu da tradição oral brasileira. Nessa parte, composta por vinte fábulas indígenas, "[...] ao contrário do fabuloso e do imaginário, caracteriza-se pela credibilidade, pela viabilidade para a compreensão ambiental" (p. 19). Os mitos mágicos da criação, os heróis-civilizadores e as origens das espécies animais indicam, segundo Cascudo, em virtude do processo de aculturação sofrido pelos ameríndios, pouco de sua cultura cotidiana e muito de sua "formação religiosa" (p. 31).

Ao final desse capítulo (p. 61), Câmara Cascudo acrescenta as notas críticas, buscando, nas semelhanças com outros estudos a respeito desse tema, a explicação da evolução e adaptação das fábulas apresentadas.

Na segunda parte da obra, "Fábulas Brasileiras de Origem Africana" (p. 68), composta por 22 narrativas, nota-se o pensamento africano tolhido pela herança da escravidão. Para Câmara Cascudo, "[...] estas fábulas serão africanas pelos seus transmissores e insistência dos registros locais mas não posso garantir que sejam de nascimento [...]" (p. 70).

A moral apresentada nessa pequena coletânea busca, em um primeiro momento, mostrar a esperteza dos seres mais fracos sobre os mais fortes. Assim, encontramos o coelho vencendo a onça ("O Coelho e a Onça", p. 74) ou mesmo a história do gato que não ensinou o principal truque de seus saltos à onça ("A Onça e o Gato", p. 77). No segundo momento, a herança da escravidão é identificada, por exemplo, na fábula "A Sedução do Beija-Flor" (p. 82), quando se torna necessária a intervenção violenta do senhor para livrar seus escravos e sua própria família dos encantos mágicos da deliciosa música do pássaro, restabelecendo, pelo uso do "manguá", a ordem patriarcal.

Como no capítulo anterior, Câmara Cascudo acrescenta suas notas críticas ao final dessa parte (p. 87), buscando as origens e semelhanças dos temas presentes nas fábulas coletadas, possibilitando, assim, recuperar os alicerces das narrativas.

Na terceira parte da obra, "Fábulas Brasileiras de Recriação Popular" (p. 95), são apresentadas narrativas nas quais a mescla do imaginário português, indígena e negro apresenta um saber matuto "[...] tipicamente de moralizante popular, uma moral simples, imediata, pouco exigente como a de La Fontaine ou dos velhos Cálila e Dimna" (p. 96). Nesse capítulo, composto por 140 fábulas, Câmara Cascudo compila as redações de Sílvio Romero, José Carvalho, Silva Campos e Veríssimo de Melo, responsáveis por 53 das fábulas apresentadas, além de redigir pessoalmente as demais. Nota-se em fábulas como "Luís – Caixeiro e o Sapo" (p. 97); "O Macaco e as Bananas" (p. 98); "O Sapo e o Boi" (p. 100); "Cascavel, Jararaca e Surucucu" (p. 104), entre outras, a presença da esperteza do matuto baseada na observação paciente de seu cotidiano. Talvez a mais conhecida dessa série seja a fábula do sapo que se esconde na viola do urubu e viaja até o céu para participar de uma festa ("O Sapo na Festa do Céu", p. 101).

Ao final do capítulo (p. 145), as notas críticas elucidam a autoria da redação de cada fábula e mostram que muitas das redigidas por Cascudo foram recolhidas no próprio ambiente familiar do autor, no qual o pai, o avô e as amas da casa são receptáculos da oralidade necessária à concretização de seu estudo. O aproveitamento de seu próprio cotidiano demonstra o alcance do trabalho de Cascudo, que parte da experiência individual para a vivência coletiva.

Na última parte do Grande Fabulário, são apresentadas as "Fábulas Brasileiras de Redacção Literária" (p. 163). É a parte mais extensa da obra, apresentando 188 fábulas sob a responsabilidade de 37 escritores, entre eles, Machado de Assis, Catulo da Paixão Cearense, Monteiro Lobato, João do Rio, Afrânio Peixoto, Olavo Bilac e o próprio Cascudo.

O autor elabora uma descrição pormenorizada das publicações existentes desde 1852, quando Justiniano José da Rocha publica, no Rio de Janeiro, a sua *Coleção de Fábulas*, "imitadas de Esopo e La Fontaine" (p. 159), até aproximadamente 1950. O critério de seleção estabelecido por Cascudo baseou-se nas "[...] traduções mais expressivas de Esopo, Fedro, La Fontaine, as imitações com algumas semelhanças e cenário diverso e as originais, inspiradas na ecologia e interacção brasileiras" (p. 172).

As fábulas reunidas nessa etapa da publicação apresentam a identificação de cada autor, muitas são escritas em versos e, em sua grande maioria, destacam a moralidade ao lado da redação da fábula. Entre todas, talvez a mais conhecida seja a de Machado de Assis, "Um Apólogo" (p. 225), na qual, um professor de melancolia também tinha servido "de agulha para muita linha ordinária". Ao final do capítulo

(p. 311), Câmara Cascudo, na redação das notas críticas, elabora uma pequena biografia de cada autor, em que são recuperadas algumas curiosidades das personalidades de cada um, inseridas no contexto de suas obras.

A elaboração desse volume do *Grande Fabulário de Portugal e Brasil* reforça a habilidade de Câmara Cascudo em transitar por diversos ramos do conhecimento literário sem perder a essência original de seus objetivos. Percebe-se, também, que em suas explicações sobre as fábulas encontram-se as soluções para grandes indagações feitas quando ainda éramos crianças e esperávamos, olhando para nosso pequeno cotidiano, que animais, plantas e objetos solucionassem, sabiamente, os problemas presentes no mundo dos adultos. [A. J. C.]

FLOR DE ROMANCES TRÁGICOS [23]

Criando Deus o Brasil
desde o Rio de Janeiro
fez logo presente dele
ao que fosse mais ligeiro:
o sul é pra o Exército
o norte é pra cangaceiro...

Câmara Cascudo, *Vaqueiros e Cantadores*, p. 161

Flor de Romances Trágicos é um objeto de minha paixão desde que o li pela primeira vez, há alguns anos. Nas sucessivas comemorações, tanto em 1998, por ocasião do centenário de nascimento de Câmara Cascudo, como durante o ano de 1999, quando das festas em homenagem aos quatrocentos anos da fundação da Cidade do Natal, insisti repetidas vezes pela sua reedição.

Esse livro inscreve-se na categoria dos escritos sem gênero definido, o que pode enquadrá-lo nas teorizações da pós-modernidade, na medida em que intercruzam-se, em cada capítulo, duas formas distintas de produção. Em primeiro lugar, o texto em prosa de Câmara Cascudo, resgatando a vida e a obra da personagem enfocada a partir de uma pesquisa no "documentário-fiel" e nos depoimentos prestados por testemunhas da mesma "paisagem grupal". A seguir, os versos elaborados pelo povo em torno dos episódios ali relatados.

Situa-se o volume entre os dois domínios da literatura – o popular e o erudito –, dando conta de uma demanda cascudiana, parte das mais significativas do seu projeto intelectual, que era reunir num único texto, de modo harmonioso, os dois braços da cultura. Esse enlace tão bem engendrado interessa particularmente à literatura, porque, de certo modo, resolve a contradição que é a distância existente entre as produções do povo e as da elite.

Dada a especificidade deste trabalho, não entrarei aqui nos debates que envolvem as teorizações sobre o termo *popular*, adotando como conceito básico aquele

1. Idelette Fonseca Muzart Santos, *Em Demanda da Poética Popular*, Campinas/São Paulo, Unicamp, 1999.

proposto por Idelette Muzart Santos¹: o termo *popular* é de complexa definição, porque está atrelado à palavra *povo*, podendo referir-se a "uma multidão de pessoas" ou à "parte mais pobre da nação". Designa, também, "aquilo que vem do povo, o que é feito para o povo e finalmente o que é amado pelo povo".

O título escolhido por Cascudo já indicia o olhar que lança o autor sobre essas trágicas florações nordestinas, que trazem um conteúdo novo ao gênero tradicional dos romances ibéricos. Segundo o intelectual potiguar, tais produções são consideradas pelos sertanejos "a expressão mais legítima e natural do que chamaríamos literatura"².

Atravessando o Atlântico com os marinheiros "de pés ligeiros"³, os romances aqui se adaptaram com perfeição, sendo cantados nas feiras, nas fazendas e nas festas populares e religiosas. Seus personagens são "as figuras clássicas do tradicionalismo medieval, cavaleiros andantes, paladinos cristãos, virgens fiéis, esposas heróicas a ensinarem perpétuas lições da palavra cumprida, a unção do testemunho, a valia da coragem, o desprezo pela morte, a santidade dos lares".

Acompanhados por sofridas melopéias, tão ao gosto popular, longos e minuciosos, alguns romances são a mais completa exibição da cultura tradicional do povo.

O ciclo do cangaço vai constituir a poética guerreira do Nordeste, porque, através dele, fala a voz do sertão defendendo uma moral toda sua, seus direitos ignorados e seu patrimônio destruído. Os poetas populares são os "psicografadores" dessa voz violada por arbitrariedades seculares das classes dominantes contra o povo brasileiro.

A veste de couro que reveste o corpo sofrido dos homens do cangaço metaforiza, a rigor, uma segunda pele que é necessário impor ao mundo, no sentido de romper a desumana ordem, tornar-se reconhecido como ser humano, instaurando um tempo mais justo.

Composto por dezessete capítulos independentes, o livro relata fatos históricos acontecidos entre os anos de 1710 e 1950 e protagonizados por figuras como Jesuíno Brilhante, Moita Brava, Jararaca, Antônio Silvino, entre outros. A única exceção ao predomínio da região nordestina nessas tristes histórias é o capítulo dedicado a Pedro Espanhol, que migrou da Galícia para o Rio de Janeiro, onde morreu.

Cada um dos episódios resgatado no livro é introduzido por um ensaio cascudiano sobre a vida e a morte (trágica, é claro!) dos personagens, seguido da produção poética gerada em torno dele.

As criações populares em versos enquadram-se na tipologia das canções de gesta, porque falam da vida aventurosa e marcada pela fatalidade desses anti-heróis que o povo consagrou, a partir de um critério de valor diferente daquele que estabelecia o Código Penal da época. São romances, vários ABC's, cantigas, quadras e até uma xácara em sextilhas que mantém a métrica setissilábica da antiga poesia peninsular, alguns anônimos e muitos inéditos.

As duas Anas, que ocupam os dois últimos episódios, denunciam, com suas tristíssimas histórias, as injustiças e os preconceitos da sociedade patriarcal brasileira e

2. *Vaqueiros e Cantadores* [82].
3. Paulo de Tarso Correia de Melo, *Romances de Alcaçus*, Natal, EDUFRN, 1998.

constituem interessantíssimo testemunho escrito da moral da época, porém esses dois capítulos fogem ao conjunto dos romances do cangaço. São outras histórias...

O solo comum a todos esses episódios são as terras do semi-árido nordestino dominado com fera mão pelo poder das oligarquias latifundiárias. Darcy Ribeiro chama a atenção para o fato de "que o cangaço surgiu no enquadramento social do sertão, fruto do próprio sistema do latifúndio pastoril, que incentivava o banditismo, pelo aliciamento de jagunços pelos coronéis..."^{4}.

O banditismo nordestino está associado também aos movimentos messiânicos e milenaristas, por serem ambos respostas das populações ameaçadas pelas injustiças socio-econômicas e políticas, como ensina Pierre Bourdieu^5.

No seu clássico estudo sobre os *Rebeldes Primitivos*, Hobsbawn teoriza sobre o bandido social, que "parte para o crime por causa de alguma contenda com o Estado ou com a classe dirigente"^{6}.

Chama atenção, também, para a falta de organização e de ideologia desses grupos, considerando o banditismo um movimento arcaico e pré-político. A falta de uma linguagem adequada, que traduzisse essas carências já tinha sido apontada por Antônio Gramsci, quando dos seus ensaios sobre as massas camponesas italianas, na década de 1920^7.

Rui Facó, analisando os inúmeros surtos de fanatismo e cangaceirismo no Brasil, aponta o monopólio da terra, estabelecido desde a colonização, como a principal causa interna desses movimentos sociais. Foi a divisão do Brasil em capitanias hereditárias e a concessão de extensas sesmarias que deram origem aos imensos latifúndios existentes até os nossos dias. A monocultura voltada para a exportação e o total desprezo pela subsistência mínima do braço servil – escravo – que a sustentava foram as duas outras causas^8. Com a transição "do centro de gravidade econômica para o Sul", a situação agravou-se ainda mais, tornando-se os nordestinos, no dizer do poeta norte-rio-grandense Jorge Fernandes, aves "em revôo, pro Norte das aratacas" ou para um "São Paulo não sei de onde"^{9}.

São essas, em ligeiras linhas, as causas fundamentais desse fenômeno que assolou o nordeste durante tantos anos e continua, sob novas vestes, agora plastificadas, assombrando as terras povoadas de homens fortes, como tão bem concluiu Euclides de Cunha^{10}.

Na nota final sobre o "cangaço", Câmara Cascudo explica que o termo significa um conjunto de objetos simples e misturados sem critério, cacarecos, trecos, troços,

4. Darcy Ribeiro, *O Povo Brasileiro*, São Paulo, Companhia das Letras, 1996, p. 355.
5. Pierre Bourdieu, "Gênese e Estrutura do Campo Religioso", *A Economia das Trocas Simbólicas*. Trad. Sérgio Miceli *et al.*, São Paulo, Perspectiva, 1974 (Estudos 20).
6. Eric Hobsbawm, *Rebeldes Primitivos*, trad. de Nice Rissone, Rio de Janeiro, Zahar, 1970.
7. *Idem*, *ibidem*.
8. Rui Facó, *Cangaceiros e Fanáticos*, 8ª ed., Rio de Janeiro, Bertrand, 1988.
9. Jorge Fernandes, *Livro de Poemas*, Natal, Fundação José Augusto, 1970.
10. Euclides da Cunha, *Os Sertões*, São Paulo, Círculo do Livro, 1975.

burundungas utilizadas no cotidiano das famílias pobres, lembrando, também, que "andar no cangaço, tomar o cangaço, viver no cangaço, debaixo do cangaço, são sinônimos de bandoleiro, assaltador profissional, ladrão de mão armada, bandido".

Considero o livro *Flor de Romances Trágicos* uma obra especialíssima no conjunto das publicações cascudianas por resgatar o universo arcaico sertanejo, suas profundas contradições e suas personagens quase mitológicas, que o povo soube fixar com arte nas suas construções simbólicas:

Há quatro coisas no mundo
Que alegra um cabra macho;
Dinheiro, e moça bonita
Cavalo estradeiro – baixo,
Clavinote e cartucheira
Pra quem anda no cangaço.

[D. C.]

FOLCLORE NOS AUTOS CAMONIANOS [24]. Trata-se da segunda edição, com nova redação, de texto publicado em 1950 (Natal, Departamento de Imprensa) comentando os autos de Luís Vaz de Camões, transcritos e anotados por Marques Braga e editados em Lisboa, em 1928, pela Imprensa Nacional. A obra analisada por Cascudo reúne, em transcrição diplomática, as seguintes peças: *Auto Chamado dos Enfatriões* (publicado em 1587), *Auto Chamado de Filodemo* (publicado em 1587) e *El Rey Seleno* (publicado em 1645).

O objetivo do ensaio, declarado pelo próprio autor, "é a constatação no Brasil, vulgar e letrado", de certas permanências, "no plano rifoneiro e etnográfico", daquilo que se encontra nos autos camonianos, uma vez que o poeta luso "repete o que vira e não o que lera" (p. 1). Assim, comentando diversas passagens dos autos, Cascudo localiza palavras, provérbios, costumes, objetos, danças, folguedos e gestos presentes na tradição popular, na cultura oral e no universo letrado do Brasil e da América portuguesa. O que não o impede de, em certos casos, registrar algumas ocorrências que se verificam apenas na Península Ibérica.

No que se refere aos costumes, o autor observa, por exemplo, ao comentar a linha 853 do *Auto Chamado dos Enfatriões* ("Com una bota de vino"), que essa "bota guardando vinho é a popular 'Borracha' no Brasil rural", de onde derivou "emborrachar-se, borracho, ébrio, no vocabulário português". Porém, a "pouca vulgaridade do vinho pelo interior brasileiro, fê-la conduzir água potável" (p. 4).

Quanto aos rifões, Cascudo realiza também uma espécie de arqueologia dos mesmos, freqüentemente buscando seus equivalentes hoje ou demonstrando sua evolução no tempo. É o caso das linhas 122 e 132 do *Auto Chamado de Filodemo*. Sobre a primeira ("Fazendo alardo / de castelinhos de vento"), lembra que "Alardo era parada, revista, desfile de soldados. Resta como sinônimo de exibição vaidosa: 'vive fazendo alardo da riqueza'. Castelinhos de vento, castelinhos no ar, ainda contemporâneos". Sobre a segunda ("Que por muito madrugar / nam amanhece mais azinha"), diz: "Por muito madrugar, o sol não sai mais cedo. Corolário do axioma: 'Mais vale a quem Deus ajuda do que a quem muito madruga', ambos populares e favoritos no século XVI" (p. 5).

O pequeno ensaio contém ainda notáveis observações de caráter etimológico, como no seguinte exemplo, referente à linha 1.695 ("Patrão vossa boa estrela") do *Auto Chamado dos Enfatriões*: "Os indígenas brasileiros não conheciam essa predestinação sideral, venerada na tradição judiciária da consulta aos astros, dando o 'considerar', considere, com as estrelas" (p. 4).

Para o leitor dos autos camonianos, portanto, trata-se de instrumento bastante útil, exceto pelas poucas passagens em que o autor insiste em ver nos textos de Camões o reflexo de sua psicologia ou biografia, como é o caso das alusões ao jogo de cartas (linha 364 do *Auto Chamado dos Enfatriões*: "Que outro meo ganha o jogo e eu triste pago os paos"), cuja fidelidade ao vocabulário Cascudo atribui ao fato de o poeta ter sido jogador (p. 3). [J. P. F.]

FOLCLORE DO BRASIL [25]. Lendo esse livro, é como se eu estivesse revivendo a infância no Recife, a adolescência no Rio de Janeiro e a vida adulta por todo o Brasil, parando no Embu, SP.

Vão passando na minha mente, enquanto leio:

A Lapinha na casa de minha avó, no Pina, Recife:

A nossa Lapinha
Já vai se queimar...
Com cravos e rosas
Vai perfumar.

Meu avô, Manoel Abílio, Velho de Pastoril, no tablado, no meio do Cordão Azul e do Cordão Encarnado, enquanto as pastorinhas cantavam:

Traz zás,
Traz zás,
Traz zás,
Quem é?
É o Velho
Que chegou agora
Com seu charuto
Na boca,
Com seu chapéu à
Hespanhola.

Continuo lendo e parece que, através do livro, estou fazendo uma fantástica viagem ao passado, quando ele fala do São João. Aí, eu me lembro das festas que meu pai, o poeta Solano Trindade, pernambucano, e minha mãe, Margarida da Trindade, paraibana, faziam no Rio, em Duque de Caxias, onde eu, adolescente, dançava o coco e o baião e cantávamos, como Câmara Cascudo conta, as quadrinhas de São João:

Capelinha de Melão
É de são João,
É de cravo, é de rosa,
É de manjericão.
São João foi tomar banho
Com 24 donzelas,
As donzelas caíram n'água,
São João caiu com elas.

Nós, de origem africana, adotamos e colocamos ao nosso modo os costumes e as danças dos europeus: o Pastoril, a Festa de São João, o Guerreiros, a Nau Catarineta. Minha mãe, Margarida, levantando da máquina de costura e dançando comigo, cantava:

Guerreiros, cheguei agora,
Nossa Senhora é nossa defesa.
A noite era tão turva
E não havia uma luz acesa.

No quintal, lavando roupa, minha avó materna, Damázia, me ensinava as músicas da Nau Catarineta:

Nós somos marujos,
Marinheiros somos.
Dessa Nau Catarineta,
Marinheiros somos. (bis)
Olá, da proa, oa,
Nesse dia, nesse dia,
Ó, Viva Jesus
E a Virgem Maria.

Vou viajando no *Folclore do Brasil* e volto à minha infância no Pina, Recife, de novo. Meu avô Manoel Abílio, que contava *histórias sem fim*, como a do homem que tinha uma infinidade de filhos e tinha caçado um *tamanduá*, e os filhos iam chegando e perguntando:

– Papai, que bicho é esse?
– É tamanduá.
– Com que matou?
– Com a espingarda.

Meu avô imitava a voz daquele monte de filhos, do maior ao menor, e nós todos (eu e meus primos) ficávamos, todos os dias, esperando ele chegar para contar o final da *história sem fim*.

O mais importante para mim é que Câmara Cascudo me salva da teimosia de "mestres de capoeira modernos e universitários", alguns até de origem negra, principalmente aqui de São Paulo, que teimam comigo que a capoeira *não nasceu em Angola*, de um jogo chamado N'golo ou Bassula, como meu avô me contava, e sim que é de origem indígena ou que começou no Brasil.

Pois bem: Câmara Cascudo "mata a cobra e mostra o pau", como diz o matuto, quando escreve nesse *Folclore do Brasil*:

– Existe em Angola a nossa capoeira nas raízes formadoras – e é como supunha uma decorrência de cerimonial de iniciação, aspecto que perdeu no Brasil.

– Inicia-se pelo embate de mão aberta, a liveta, as nossas negaças, com destreza no ataque e prontidão defensiva.

Segue-se uma dança, a chamkula que não veio para o Brasil. Depois a luta verdadeira, bassula em Luanda ao som do urucungo, o berimbau, humgu ou m'bolumumba, espalhadíssimo pela África do Atlântico e do Índico. Bássula é a denominação do n'golo em Luanda.

– É divertimento e luta real entre pescadores e marinheiros, como ocorreu no Brasil...

Neves de Souza de Luanda, poeta, pintor, etnógrafo, quando escreveu para Cascudo, falou sobre e desenhou uma dança da selva chamada N'golo, na qual o rapaz vencedor tem o direito de escolher esposa sem pagar dote. Diz Neves de Souza: "O N'golo é uma dança típica de povos do sul de Angola. Vi no Mulondo e no Mucope. Creio que além desses povos, os Muxilengue e os Muhumbé também a praticam".

Câmara Cascudo escreve:

Ora, pois a coisa está posta em linhas gerais, Teoria de Neves e Souza a respeito do N'golo no Brasil: "Os escravos das tribos do Sul que foram para aí através do entreposto de Benguela levaram a tradição da luta de pés. Com o tempo, o que era em princípio uma tradição tribal foi-se transformando n'uma arma de ataque e defesa que os ajudou a subsistir e a impor-se num meio hostil." [...] Capoeira no Brasil é a vegetação franzina, rareada, nascida subseqüentemente à primitiva que fora destruída.

Eu acrescento: uma vez que os negros escravizados lutavam contra o "capitão do mato" nesse espaço, tomaram o nome indígena de *capoeiras*. Mudou só o nome.

Como se vê, até nas minhas polêmicas, Câmara Cascudo está presente.

E com ele, para terminar, eu digo: "...estudei na Universidade do tempo, li pelos livros da experiência e me graduei com os anos". [R. T.]

GENTE VIVA [26]. "Quem morre, não morreu: partiu primeiro". Na rápida apresentação que fazia do seu *Gente Viva*, Cascudo retomava o mote camoniano para celebrar os companheiros de caminhada, já idos. Havia entendido a importância fundante da circulação dos bens culturais que aqueles nomes – alguns *munes* – representavam. Parecendo crer que enquanto mantivermos viva a memória, fazendo circular o olhar por entre essas referências, não só eles vão estar mais vivos – mas nós, porquanto somos uma história, uma memória.

Câmara Cascudo foi o leitor atento e talentoso das coisas circulantes. Interessava menos a ele a superstição da origem: queria registrar a circulação, a transformação do imaginário cultural. Seu procedimento era o de um rigor de outra ordem: não o das coisas assentadas em supostas certezas, baseado na exaustão de uma circunstância, mas o rigor de uma busca em aberto, incessante.

Peados pelo paradigma de uma incerta cientificidade, muitos críticos de Cascudo, de imediato, não viram valor na recusa de sistematização de seu saber. Sua enorme curiosidade o poupou da superstição positivista. Padeceu num limbo referencial, em tempos de rudeza ideológica.

Ora suscitando suspeitas, ora convocando elogios, Câmara Cascudo empenhou-se, com persistência pouco comum, em perseguir as formas protéicas que assume a cultura – num trabalho que conjuga imaginação, sensibilidade e rigor de perquirição.

Seu intuito vem dito quando compartia preocupações com Ronald de Carvalho sobre a necessidade dos estudos brasileiros. Lá dizia e já se dizia: "Investigar as raízes, as permanências vitais do Coletivo brasileiro, no nível da formação, desenvolvimento, constância, e não as frontes ornamentais da paisagem, podada e ajeitada ao sabor das tesouras alienígenas" (p. 157).

Em dado momento de muita acuidade crítica, Marcel Proust diz ser o estilo, não questão de técnica, mas de visão. Seguramente, Cascudo desdenhou ser um teórico da antropologia acadêmica: pôs seus préstimos à escuta apaixonada das várias vozes que compõem a sinfonia da cultura de um povo. Teve a honestidade de nunca elevar a leis as analogias e as coincidências que detectava em alguns elementos comuns que transitavam no comércio das culturas.

Inteiro homem de seu tempo, cumpre bem seu destino. É a um tempo, testemunho e temperatura moral de uma dada literatura empenhada (e não seria menos exato dizer: *engajada*) na pesquisa laboriosa dos traços que delineiam a cultura brasileira. Seu interesse era a sociedade concreta, a viva circulação das coisas – com suas contradições fundas.

Preferiu, às explicações, as descrições. Há pouco, seu trabalho sofria ainda eco da estreiteza crítica de parte da intelectualidade daquele momento que, ensurdecida pela sandice radical, não podia ouvir Câmara Cascudo. Sua pesquisa aprofundava-se em outro rigor – intransigente, sem contudo resolver-se em qualquer discurso de inflexibilidade acadêmica.

Cascudo sente a sutileza de sua ciência. Daí, o cuidado com que vai à circulação das coisas culturais que a memória entesoura. Percebe que os fenômenos culturais, mesmo os de aparência sistêmica simples, são susceptíveis de uma dinâmica complexa. Um aboio era, para Cascudo, o sinal de uma presença ancestral; na história da Moura Torta, Cascudo vai buscar as variantes de Toledo e Cuenca, aponta anotação de Soropita, amigo de Luís de Camões, tanto quanto as de Gregório de Matos, falando das filhas de Vasco de Souza de Paredes.

Para saber o que fazer, primeiro é preciso inquirir sobre o que somos, é lição de Câmara Cascudo. Ele parece definir bem a dimensão de seu trabalho quando, entre jocoso e sério, diz acertadamente que isso que registra é *conversa de vigia.* Cascudo retoma os vestígios das *conversas* – com que o historiador atual pode recompor o sentido daquele momento. Importante: estar de vigia – impedir que o empenho humano daquele presente se perca, por incúria, em insignificância.

Hoje, mudados os tempos e os critérios críticos, a exigência é a de que se alargue a leitura cultural até pôr a atenção em elementos miúdos que, muitas vezes, são decisivos para a inteligência das coisas. São migalhas de história, mas as migalhas devem ser recolhidas, como diz o Machado que Câmara gosta de reivindicar – certamente, já a favor do moderno historiador da cultura, cuja prática agora busca restituir a conexão perdida dos saberes dispersos nas ciências particulares.

Cascudo trazia estudos pioneiros no mapeamento do imaginário social, ocupado que estava com ver a instituição social a partir do suporte representativo: a circularidade dos elementos que emprestam à cultura seu dinamismo peculiar. É notável em Cascudo a persistência de um rigor interno que cura a fantasia. Em *Gente Viva,* que Cascudo deu à Editora da Universidade Federal de Pernambuco, em 1970, sua preocupação já é a de impedir que morram os mortos: por isso, Cascudo traz à circulação, ao movimento da vida, muitos de seus companheiros de geração. Quer fazê-los falar, dar o testemunho de suas experiências, suas contribuições no delineamento de um tempo cultural, essa é a utopia de Cascudo. Essa utopia não cede, no entanto, à falácia do futuro: as vozes convocadas devem ajudar a melhor ver e avaliar o tempo presente.

A partir de alguns perfis, o leitor vai vendo desenhar-se o quadro cultural ao longo do século, especialmente sob os quadrantes nordestinos: quando evoca João Vasconcelos, vem com ele a revista *Fronteiras,* que reunia em torno de si Joaquim Cardozo e Gilberto Freyre. "Um grupo de moços de inteligência original em contato com as idéias mais vivas do momento consciente de sua pena e do seu talento", como diria, mais tarde, Tristão de Athayde.

Câmara Cascudo põe em relevo a importância desses pioneiros com os quais faz par, nessa fraternidade singular em que as afinidades e convergências agrupam, em torno de um tempo comum, interlocutores no diálogo vivo do espaço cultural. A essas afinidades, ele, antes, tratando de Guimarães Rosa, havia chamado "concordâncias consolidadoras". Seguramente, alguma coisa de primeira ordem perde-se, se perdermos memória da prática desses homens.

Quando, em 1952, Câmara Cascudo encontra Guimarães Rosa, na livraria José Olympio, na rua do Ouvidor, registra a impressão, "cabeça em mamão macho, olhos de mangação cortês por atrás de óculos redondos". No entanto, não escapa a Cascudo, junto ao superficial do aspecto, o essencial do escritor: "Nunca me falou de Hamburgo, Bogotá, Paris, mas da região onde vivera e possuía, integral e palpitante, na memória criadora".

Tal concepção era cara e comum a Cascudo. Ele a reconhece, rápido, em João Vasconcelos: mesmo muito conhecedor da literatura de língua inglesa, trazia essa elegância interior a que alude Cascudo: "nunca expôs estas credenciais para sua projeção".

Jordão Emerenciano, falando de João Vasconcelos, diz bem o traço definidor que bem cabe tanto a um João Ribeiro quanto ao próprio Cascudo: pouco escrevem de modo apressado ou improvisado. "Suas opiniões, seus ensaios, suas crônicas eram resultado de uma elaboração lenta, cuidadosa, amadurecida." Essas figuras fulguram na memória de Câmara Cascudo e ele as repassa em *Gente Viva*. São marcos norteadores para o entendimento do que o Brasil produziu como inteligências em constante ebulição criativa.

O testemunho que dá de Guimarães Rosa confirma os críticos posteriores: "seus personagens, enredos, dinâmica, linguagem, apoiavam-se na reminiscência infindável, não fonte solitária mas enseada onde caíam as águas dos subseqüentes afluentes da Sugestão".

Em 1966, Cascudo ministrava um curso sobre cultura popular, na Universidade Federal do Rio Grande do Norte. Era a oportunidade de dividir sua pesquisa entre o espaço acadêmico e o público. E, ainda uma vez, falando de um outro, diz de si: "Houve sempre a batalha para a exatidão vocabular, que lhe era um ato de honestidade, fazendo-o pesquisar a técnica especializada do pormenor indiscutido, com ouvidos e olhos".

Importante: é já parte considerável de seu testamento o testemunho amigo. Alguém fica pelo que nos deixa; ou, antes: no que nos deixa, não parte inteiramente. Interessante também a notável maneira de Cascudo ver os que se vão: com a intimidade dolorosa e natural menos de uma perda que de uma partida. Apenas. Falando desses idos, refere-se a eles com a gasta e precisa metáfora da viagem. "Digamos que essas páginas sejam conversa de vigia, impressões de viagem". De João Ribeiro, diz ele que *desembarcou* em abril.

As coisas da cultura pedem movência. Vida é movimento, mudança, viagem. Poética da circulação: urge fazer circular as memórias de nossos *maiores*, como diz o respeito espanhol pelos predecessores. Estático, o monumento ameaça o morto com a rotina que nos desgasta a retina. Como anonimizamos as ruas prestando uma homenagem que quase sempre deságua em desmemória. Daí, o cuidado de Cascudo em preservar "a insubstituível história íntima, movimentada, pitoresca".

E, porque a memória cultural não é um capital que se deva pôr em reserva, mas uma força que se deve pôr em ação, é preciso fazer circular as memórias, o modo peculiar de ver e viver, de habitar o seu tempo – nesse movimento da memória, o revide da vida. Daí, a feliz ousadia de Cascudo na plasmação semântica que aponta um sentido certeiro: *Gente Viva*.

Digna de consideração é a consciência da responsabilidade do intelectual em guardar vigil o espírito. Cascudo, inteligência lúcida e luminosa, vê que os escritores criam engenhosos modelos de mundo para explicar o real – que o texto reflete e refrata. Por isso, Cascudo promove a literatura a uma presença ativa na história.

É tarefa nossa fazer circular o legado desses homens que viveram uma cultura e um momento que podem servir de lume e alento quando o nosso nos arrasta, pela dispersão – quando os credos caducam –, para o esfacelamento interior. [L. H.]

GEOGRAFIA DO BRASIL HOLANDÊS [27]

Em 1907, o historiador pernambucano Alfredo de Carvalho explicava que, se alguém estivesse andando pelo sertão nordestino e encontrasse, de repente, uma antiga ruína, abraçada de trepadeiras e coberta de líquens, e resolvesse perguntar aos moradores próximos qual a sua origem, ou quem eram seus primitivos construtores, teria certamente por resposta: "É obra do tempo dos *framengos*". Tudo que houvesse de misterioso e inexplicável nos vestígios de um passado intangível, era remetido pela imaginação popular para o período da dominação holandesa. Tempo tido como de opulência e maior adiantamento artístico, de um passado mais forte e substancial do que o presente de agruras e misérias. Passados quarenta anos, Gilberto Freyre notava, no prefácio que escreveu para o livro de estréia de José Antônio Gonsalves de Mello^1, que a lenda persistia. Para ele, "o *tempo dos framengos* continua igual na imaginação de nosso povo ao tempo dos mouros na imaginação dos portugueses". O livro de Gonsalves de Mello surpreendeu pelo trato cuidadoso e inovador de um assunto já tão mastigado e visitado pela historiografia: analisou aspectos do cotidiano da vida urbana e rural do Brasil holandês (1630-1654), assim como as atitudes dos holandeses para com os negros, os índios, os portugueses e os judeus.

O livro de Luís da Câmara Cascudo, *Geografia do Brasil Holandês*, não pode ser entendido fora desse contexto. Escrito em 1945 (como o denuncia a frase de abertura), esse trabalho havia sido publicado nos *Anais do IV Congresso de História Nacional*^{2},

1. José Antônio Gonsalves de Mello, *Tempo dos Flamengos*, Rio de Janeiro, José Olympio, 1947.
2. *Anais do IV Congresso de História Nacional*, Rio de Janeiro, 1950, vol. 4, pp. 243-450.

encontro organizado pelo Instituto Histórico e Geográfico Brasileiro no Rio de Janeiro, no ano de 1949 (por ocasião do IV centenário da fundação de Salvador). Seis anos depois, aparecia na coleção Documentos Brasileiros da editora José Olympio, quando já era dirigida por Octávio Tarquinio de Sousa (seu primeiro diretor, como se sabe, foi Gilberto Freyre). Tal como Gonsalves de Mello (a quem o livro é dedicado), Câmara Cascudo busca desvendar esses mistérios do tempo dos flamengos. Contudo, procura entendê-los na forma de sua circunstância viva na memória. Certa volta, quando se definia como um "provinciano incurável"^{3}, Câmara Cascudo não confessara que jamais abandonou "o caminho que leva ao encantamento do passado"? Como salienta na primeira parte de *Geografia*, os holandeses não são para ele apenas um assunto de pesquisa, mas uma presença. Em suas palavras, o holandês

[...] conquistou e dirigiu a região brasileira em que nasci e vivo, a mais amada e conhecida. Não o encontro apenas nos livros, mapas, nótulas e relatórios da Goectroyerd Westindische Companie, mas na recordação inconsciente de sua visita de vinte e quatro anos, inapagável na memória nordestina. São familiares aos meus olhos e ouvidos lugares e nomes citados em Barléu, Marcgrave, Moreau, Nieuhof e nos frades cronistas da reconquista.

Nesse sentido, o período de domínio flamengo era antes, "uma fase quase doméstica nas lembranças coletivas. Uma espécie de hégira, dividindo um tempo distante e nevoento" (p. 13).

O professor de história do Ateneu já havia publicado outros pequenos estudos sobre a presença holandesa no Nordeste, seja nas plaquetes *O Brasão Holandês do Rio Grande do Norte*, *Tricentenário de Guararapes* e *Os Holandeses no Rio Grande do Norte*, como nos capítulos correspondentes do seu livro sobre a *História do Rio Grande do Norte*^{4}. Nestes trabalhos, como no livro em questão, o historiador aliou a erudição, ao apego à minúcia e ao anedótico com o esforço interpretativo. *Geografia* está dividido em duas partes. Na primeira, Cascudo estuda a "presença holandesa no Nordeste do Brasil", abordando-a em diversos aspectos, como o clima, a alimentação, os caminhos e estradas, a arquitetura, o folclore, o vocabulário, o tratamento dado aos escravos e índios etc. A segunda parte é composta de oito estudos monográficos (alguns deles com adendos) relativos à geografia do Brasil holandês, nos quais são estudados aspectos dos "nomes e lugares" das capitanias conquistadas pela Companhia das Índias Ocidentais, a saber: Bahia, Sergipe, Alagoas, Pernambuco, Paraíba, Rio Grande (do Norte), Ceará e Maranhão. A toponímia alia-se, então, à análise dos caminhos de penetração e comunicação e às formas de ocupação e sua descrição.

A documentação utilizada por Câmara Cascudo é essencialmente a cartografia impressa na crônica de Barleus (o conjunto de mapas desenhados por Margrave e

---

3. Américo de Oliveira Costa, *Viagem ao Universo de Câmara Cascudo: Tentativa de Ensaio Biobibliográfico*, *op. cit.*; Zila Mamede, *Luís da Câmara Cascudo: 50 Anos de Vida Intelectual, 1918-1968*, *op. cit.*
4. Luís da Câmara Cascudo, *O Brasão Holandês do Rio Grande do Norte: Uma Tentativa de Interpretação*. *Tricentenário de Guararapes*, Recife, 1949; *Os Holandeses no Rio Grande do Norte* [38]. *História do Rio Grande do Norte* [36].

ilustrados com desenhos de Post) e os relatórios, crônicas e outras descrições que haviam sido impressos, na época ou em edições críticas posteriores. Nada muito original. O historiador aproveitava-se da enorme quantidade de traduções e reimpressões desses papéis do século XVII, assim como da fecunda tradição historiográfica que tinha se debruçado com minúcia sobre o episódio do domínio holandês.

A análise dos mapas e da geografia ao tempo dos flamengos é entremeada, com clara influência de Gilberto Freyre, por episódios – às vezes extemporâneos – e por considerações de natureza sociológica sobre personagens e homens. Contudo, o tom dominante é o do folclorista e do antiquário. Para se ter uma idéia, nos adendos à monografia sobre Pernambuco, Câmara Cascudo dedica umas páginas ao episódio do boi voador, quando Nassau conseguiu engabelar a população do Recife na inauguração da ponte que ligava o bairro de Boa Vista à cidade. Anunciando que um boi voaria de um lado para outro da rua, manejou a coisa até que fez lançarem um couro recheado de palha, o que enganou os mais crédulos. O movimento foi tanto de um lado para o outro da ponte que, naquele primeiro dia, o pedágio já rendeu uma boa nota para o governo. O caso é exemplar. Por meio de uma mistificação, os holandeses conseguem obter algum lucro. A lógica mercantil aproveita-se da credulidade da população, inclinada ao maravilhoso, imersa em uma visão de mundo dominada pelo fantástico. É a lira popular, evocada pelo folclorista Câmara Cascudo, que sentencia: "Afora essas desgraças que não lembra/O povo que as mirou,/Conserva o mais que viu bem na memória/O boi que lá voou!".

O estudioso dos mapas e da geografia do Brasil holandês tem nesse bonito livro – que merece e reclama uma segunda edição – sua referência obrigatória. Jaime Cortesão – que no tomo segundo de sua *História do Brasil nos Velhos Mapas* dedica dois capítulos à cartografia e às gravuras holandesas do Brasil – não deixa de lembrar "o alto interesse" do estudo de Câmara Cascudo^5. Com relação à geografia pernambucana, o trabalho se completa, vale lembrar, pelo escrito minucioso de Gonsalves de Mello sobre *A Cartografia Holandesa do Recife*, um estudo dos principais mapas da cidade no período de 1631-1648, e o mais recente *Atlas Histórico-Cartográfico do Recife*, organizado por José Luiz Mota Menezes^6. [P. P.]

GEOGRAFIA DOS MITOS BRASILEIROS [28].

Em qualquer inventário dos trabalhos mais significativos devotados ao estudo dos fatos folclóricos nacionais, *Geografia dos Mitos Brasileiros*, de Luís da Câmara Cascudo, ocuparia posição de expressivo destaque. Aliás, concedendo-lhe o "Prêmio João Ribeiro", a Academia Brasileira de Letras reconhecia, já em 1948, os evidentes méritos desse livro.

Câmara Cascudo, um dos mais notáveis folcloristas do país, é autor de complexa e vasta obra, uma produção intelectual ainda carente, todavia, do devido reconhe-

---

5. Jaime Cortesão, *História do Brasil nos Velhos Mapas*, Rio de Janeiro, Instituto Rio Branco, 1971.
6. José Antônio Gonsalves de Mello, *A Cartografia Holandesa do Recife*, Recife, IPHAN, 1976; José Luiz Mota Menezes (org.), *Atlas Histórico-Cartográfico do Recife*, Recife, Massangana, 1988.

cimento acadêmico em razão de certos julgamentos segundo os quais os temas folclóricos seriam desprovidos de maior relevância científica. Bastaria mencionar a riqueza das contribuições de Van Gennep, Vladimir Propp, Antonio Gramsci e Alan Dundes, no plano internacional, e as de Mário de Andrade e Florestan Fernandes, no cenário brasileiro, para desautorizar o primarismo dessa avaliação.

Sabedor dos preconceitos restritivos dos estudos sobre o folclore, Cascudo não se furtou a apontá-los no "Prefácio" que escreveu, em 1940, para *Geografia dos Mitos Brasileiros*: "Não termos no Brasil um instituto, uma associação, um clube, uma coisa que reúna os malucos que amam o folclore, é um elemento negativo e afastador de qualquer possibilidade de realização sistemática e geral", para concluir, mais adiante, que "A conseqüência é ouvirmos folclorista como palavra pejorativa e vagamente insultuosa. Um amigo meu, residente no Rio de Janeiro, homem de livros por fora e idéias por dentro, perdeu meia hora explicando as razões de não ser folclorista". Gustavo Barroso, Oswaldo Elias Xidieh e Alceu Maynard Araújo, entre muitos outros estudiosos das manifestações populares, fariam suas as opiniões de Cascudo.

Geografia dos Mitos Brasileiros exibe densa massa de informações pertinentes à "bicharia fantástica" reunida nesse livro. Cascudo aproveita aí os seus muitos saberes, recolhidos de fontes escritas e sondagens da memória oral dos brasileiros, ademais do material obtido por meio de correspondência enviada a "amigos e desconhecidos" em praticamente todos os estados do país. Ressalte-se que a técnica do inquérito por correspondência constitui um recurso de pesquisa consagrado em todas as disciplinas no campo das ciências humanas.

Convicto de que os fatos folclóricos viam-se ameaçados pelas influências do rádio e do cinema, Cascudo destacava a urgência de salvar o material, "o mais avultado, o mais longínquo", para depois estudá-lo. Evidenciam-se aí as marcas do pesquisador comprometido com os valores e saberes materiais e simbólicos da cultura popular brasileira – ou "cultura espontânea", nos termos propostos por Rossini Tavares de Lima –, que se vão desconfigurando com a expansão progressiva da *mídia* e dos valores importados de contextos em que a existência é vivida em bases muito diversas daquelas historicamente estabelecidas para a população brasileira. Nesse aspecto, Câmara Cascudo avizinha-se de ilustres figuras, como, por exemplo, o falecido Monteiro Lobato e o combativo Ariano Suassuna.

Reunidas as informações e descrições pormenorizadas, tornou-se imperioso, para Cascudo, ordená-las de algum modo: "a classificação que elegi, com modificações pessoais, é a mais velha e clássica, a mais simples, primitiva e lógica das classificações", esclarece o autor, que procede à divisão de seu "mundo espantoso" em dois quadros gerais: 1) mitos primitivos e 2) mitos secundários e locais. Os mitos primitivos subdividem-se em "mitos-gerais" indígenas (Jurupari, Curupira, Anhanga, Mboitatá, Tupã, Ipupiaras e outros) e europeus, "diversificados pelo elemento colonial brasileiro": Lobisomem, Mula-sem-Cabeça, Mães-d'Água etc.

Está dito no livro que não foram encontrados, à luz dos critérios de seu autor, mitos puros, ressalva esta pertinente tanto aos de procedência indígena quanto aos de origem européia. Em outras palavras, o "elemento colonial brasileiro" – amerabas, negros, mestiços – encarregou-se de introduzir modificações em todas essas representações mitológicas. Ainda segundo Cascudo, apenas o mito do Quibungo poderia ser integralmente atribuído ao elemento negro.

Nessa *Geografia dos Mitos Brasileiros*, Cascudo ocupa-se dos mitos "ainda vivos, correntes e crentes na imaginação popular", deixando para outro trabalho o estudo daqueles que, em sua percepção, articulam-se aos fenômenos meteorológicos, acidentes geográficos, aos fatos sociais ou religiosos. Poder-se-ia traçar aqui, a propósito, certas analogias entre a *Geografia dos Mitos Brasileiros* e o *Manual de Zoologia Fantástica*, de Jorge Luís Borges, a despeito deste último não se ter ocupado da contextualização espacial nem da atualidade dos mitos.

Os mitos brasileiros, acrescenta Cascudo, originam-se de três fontes essenciais – portuguesa, indígena e africana –, nessa ordem de influência, o que confere também o tom de sua distribuição, acompanhando a concentração e a dispersão dos diferentes contingentes etnodemográficos que se foram estabelecendo nas distintas porções do território.

Fluxos migratórios (deslocamento de nordestinos para a região amazônica), proximidade de fronteiras (influência peruana e boliviana na cultura acreana), concentração de africanos escravizados (na Bahia, por exemplo) e preponderância de contingentes indígenas autônomos ou miscigenados (como no Pará), todos esses fatores condicionaram a singularidade da dispersão dos mitos através do território brasileiro. Em outros termos: as representações míticas configuraram-se em razão de fatores etnodemográficos, resultantes, estes últimos, dos processos históricos associados à colonização, sobretudo os que se materializaram em ciclos econômicos, empreendimentos catequistas, embates armados etc.

"O melhor condutor dos mitos foi incontestavelmente o mestiço", esclarece Cascudo, ressaltando a plasticidade deste tipo "misturado", dotado de mobilidade espacial e espiritual, agente responsável pela articulação e miscigenação dos mitos "nos extremos do Brasil que ele conheceu e batalhou". Por isso,

Mais facilmente os colonos [estrangeiros] recebem, com as deformações decorrentes de cada mentalidade, os mitos existentes, do que, por sua presença, determinam a criação de um novo. Os gaúchos e catarinenses, filhos de alemães, vêem sempre o Boitatá e não a Irrlicht, o Saci e não o Kobole, a Iara e não as ondinas renanas.

Senhor de invejável erudição – foi estudante de Medicina, advogado, jornalista, professor e sobretudo pesquisador –, Cascudo não se contentou com a mera descrição dos mitos segundo as diferentes regiões brasileiras. Em sua *Geografia dos Mitos Brasileiros*, o empreendimento interpretativo enriquece e articula informações coerentemente sistematizadas, seja do ponto de vista histórico, seja da perspectiva, de feitio antropológico, iluminadora dos significados próprios à mitologia popular associada aos segmentos mais subalternos da população brasileira.

Nos termos da interpretação inaugurada por Gramsci e adotada por outros estudiosos – Lombardi Satriani, por exemplo –, o folclore adquire o estatuto de cultura das classes subalternas, uma cultura em larga medida antagônica à dominação material e ideológica exercida pelas camadas dominantes. Nessa medida, a obra de Câmara Cascudo constitui um rico registro das representações integrantes dessa cultura dos subalternos e de sua, muitas vezes irônica e crítica, visão-de-mundo.

No primoroso subcapítulo "A Relação Étnica nos Mitos Brasileiros", Cascudo exibe uma de suas principais características: a de estabelecer o que lhe parece verdadeiro sem se descuidar da dimensão estética, já prenunciada no próprio material mítico com que está trabalhando. Veja-se, por exemplo, a seguinte passagem:

> O português plantou as estacas da fazenda de criar, do sítio, do roçado. Fez a família, multiplicou os mestiços, amou as índias e negras e fundou, com seu imenso abraço amoroso, a raça arrebatada, emocional e sonora. Cada noite, metendo os pés na terra fria, olhando as estrelas claras, erguia a voz, contando estórias... Povoava a noite com seus assombros, os assombros que tinham vindo com ele nos galeões, com o Governador-Geral. Lobisomens, mulas-sem-cabeça, mouras-tortas, animais espantosos, cavalos-marinhos, zelações que furam a treva numa brusca chicotada de fogo, lumes errantes, gigantes, anões, mágicos, reis do mato, das águas e dos ares surgiam, evocados do mistério. E foi, insensivelmente, aformoseando, enfeitando, com o prestígio de tantos séculos de beleza milagrosa dos mitos. Assim o mboi-tatá disforme e matador virou o lume azulado dos Sant'Elmos, a boiúna esfomeada e repelente tornou-se senhora de palácios fluviais e o ipupiara informe e bruto, vestiu a cabeleira loira de Loreley, teve pele resplandecente e, do fundo dos rios onde vive para devorar cadáveres, ergueu a magia irresistível duma voz miraculosamente suave.

Já nos mitos do "ciclo da angústia infantil", observa Câmara Cascudo, prepondera a influência africana, com destaque para a figura ameaçadora do Quibungo, negro velho preador e assombrador de crianças. Entretanto, a contribuição do africano escravizado seria bem reduzida nos mitos adultos, ao contrário do que ocorre no universo de outras manifestações populares: danças, ritos religiosos etc. De outro lado, os mitos indígenas, os primeiros catalogados, foram logo confundidos (avivados, ajustados, completados) com os portugueses; estes últimos, por sua vez, acolheram os "duendes das florestas Tupis como seres normais e capazes" de façanhas idênticas às de suas próprias entidades fantásticas.

Com esse recenseamento dos mitos e sua localização geográfica, Câmara Cascudo produziu uma obra de inegável valor para a compreensão da cultura brasileira. Nela aparece, de início, estado por estado, uma minuciosa "geografia" da nossa mitologia. Cumprida esta tarefa, Cascudo vai esmiuçar os "mitos primitivos e gerais" (indígenas, europeus e africanos), sem se esquecer daqueles que integram o "ciclo da angústia infantil" e o "ciclo dos monstros". Fechando o livro, o autor trata dos "mitos secundários e locais", deixando para os "adendos" o material que não coube, satisfatoriamente, nas partes anteriores.

Não seria exagerado concluir que, ao lado de livros notáveis e essenciais à compreensão da cultura nacional, devesse figurar a *Geografia dos Mitos Brasileiros*, cuja importância tem sido subestimada nos meios acadêmicos em razão do rótulo "folclore", empregado de modo preconceituoso e desqualificante para designar a inestimável produção científica de Luís da Câmara Cascudo. [R. S. Q.]

GOVERNO DO RIO GRANDE DO NORTE [29]. Esse não é um livro de história política propriamente dita. Trata-se, antes de tudo, de uma espécie de dicionário biográfico sobre aqueles que governaram a terra potiguar, desde a expedição colonizadora liderada por Manoel Mascarenhas Homem, em 1597, até a interventoria de Rafael Fernandes Gurjão, em 1935.

O trabalho é dividido em duas partes. A primeira consiste de uma listagem, organizada em ordem cronológica, de todos os governantes do Rio Grande do Norte – Capitães-Mores, membros do Senado da Câmara de Natal, componentes da Junta Provisória Constitucional, Governo Temporário, Presidentes da Província, Governadores do Estado e Interventores federais do período Vargas. A segunda, mais rica, é composta de 195 verbetes biográficos sobre esses mesmos governantes.

No que se refere aos Capitães-Mores, os dados fornecidos são bastante abreviados, especialmente, no que diz respeito às suas atividades na colônia. O que não surpreende, se levarmos em conta o estado de abandono e atraso que caracterizava a capitania do Rio Grande do Norte durante boa parte do período colonial.

De modo geral, as informações encontradas nesses perfis consistem em dados genealógicos, breves referências aos serviços prestados na capitania – pacificação das tribos indígenas, resistência contra os invasores holandeses e a distribuição de sesmarias. Ao considerar esses verbetes em seu conjunto, é interessante observar que conflitos entre os Capitães-Mores e a Câmara do Senado de Natal constituíram um tema quase constante ao longo do período.

Surpreendentemente, as informações sobre os governantes do Rio Grande do Norte que administraram a capitania no período que abrange a chegada de Dom João VI ao Brasil até a Proclamação da Independência também são bastante abreviadas, de forma que o leitor não consegue captar a maneira pela qual o complexo enredo da ruptura entre colônia e metrópole ali se manifestou.

Esse padrão de ausência de contextualização dos dados biográficos permanece no setor dedicado aos Presidentes da Província que serviram no Rio Grande do Norte durante o reinado de Pedro I, a Regência e o Segundo Império. Talvez isso se deva à alta rotatividade daqueles que ocuparam tais cargos. Aliás, ao longo do período imperial, o Rio Grande do Norte foi governado por mais de quarenta presidentes. Raro era aquele que permanecia por mais de um ano. Ocasionalmente, porém, os verbetes incluem dados sobre o orçamento da província, o número de habitantes, a população escolar, obras públicas e a produção de algodão e açúcar.

Com relação ao Rio Grande do Norte da República Velha e dos anos após 1930, os dados sobre os Governadores e Interventores são igualmente diminutos, apesar do fato de Cascudo ser contemporâneo de vários deles. Nesse sentido, é interessante que na capa original do livro, está impressa a frase "Mandado publicar pelo Interventor Federal Dr. Rafael Fernandes Gurjão".

Apesar dessas ressalvas, trata-se de uma obra que não deve ser desprezada. Os dados pesquisados pelo autor sobre o nascimento, a procedência, a formação acadêmica, a profissão e os laços familiares dos biografados fornecem elementos básicos para biografias coletivas da elite política potiguar e brasileira.

Assim, o Governo do Rio Grande do Norte se constitui em valioso instrumento de pesquisa para aqueles que se interessam pela história política do Brasil, representando um importante legado ao pesquisador contemporâneo. [M. H.]

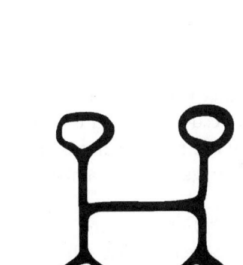

HISTÓRIA DA ALIMENTAÇÃO NO BRASIL [30]. Escrito inicialmente como encomenda para a Sociedade de Estudos Históricos Pedro II, esse livro foi publicado pela primeira vez em março de 1963. Numa tentativa de escrever uma sociologia da alimentação com base histórica e etnográfica, Cascudo recorreu à bibliografia de viajantes estrangeiros no Brasil do século XIX, bem como a notas, observações e inquéritos pessoais que já andava acumulando desde 1943.

Dividido em dois tomos, o primeiro conta com uma imensa pesquisa sobre o cardápio indígena, a dieta africana e a ementa portuguesa, fontes da cozinha brasileira, tema que será tratado detalhadamente em seu segundo volume. Assim, Cascudo pretende "mostrar a antigüidade de certos hábitos, explicáveis como uma norma de uso e um respeito de herança dos mantimentos de tradição" (p. 18).

Na parte destinada ao cardápio indígena, Cascudo começa por relembrar a Carta de Pero Vaz de Caminha a El Rey, em que cita o "primeiro" encontro dos nativos da terra com os europeus das embarcações. Como era de se esperar, comidas foram oferecidas, mas o paladar distinto impossibilitou ambos os lados de qualquer troca. Uma estranha raiz, confundida muitas vezes com o inhame, despertou a atenção dos cronistas: a mandioca. Aipy e maniot são alguns dos nomes pelos quais os viajantes a conheceram. Cultivada no Brasil de norte a sul, a mandioca impressiona os cronistas não só por seu formato diferente, como pela variedade com que pode ser preparada e comida. Sua transformação em farinha mereceu as mais completas descrições ao longo dos tempos.

Alimento principal da dieta indígena, a farinha de mandioca ganhou o mundo a partir das descrições dos cronistas. Sua transformação em farinha de pau, de guerra ou de puba é relatada com minúcia nos detalhes, visto que era importante descrever com maior precisão o "pão" dos indígenas. Assim, o processo começava com a lavagem da mandioca, seguia pela extração de seu caldo venenoso com o tipiti (ou tapiti), passava pelo fogo (quando na preparação da farinha de guerra, boa para ser armazenada) ou mesmo por longe dele (o apodrecimento da raiz, na preparação da puba), acabava nas bocas famintas dos indígenas e, mais tarde, dos colonos e viajantes que com eles se encontravam. Começou a fazer parte da alimentação destes e acabou por tornar-se indispensável. "Era a reserva, a provisão, o recurso" (p. 105).

Ainda nesse mesmo capítulo, Cascudo estuda todas as possibilidades que se tem para fazer com a farinha, desde o mingau e o pirão até os beijus e a tapioca, passando pelo milho, pelas frutas e pelos bichos de taquara. Para Cascudo, o indígena ensinou o português a comer e a cozinhar à maneira como se fazia nestas terras e assim foram se conhecendo.

A segunda parte, intitulada "Dieta Africana", trata de recompor a base da alimentação na África ocidental do século XVI, sabidamente, a região que exportou negros para serem escravos no Brasil. Com eles, vieram as pimentas, boas para serem comidas puras, esmagadas no caldo de carne ou peixe, o leite de coco, o cuscuz. Uma vez nas terras novas, esses negros tiveram que se adaptar a um novo paladar, em que imperava a farinha de mandioca, também transformada em angu, e o feijão preto. Bananas, laranjas e alguma eventual carne-seca acabavam por fechar o cardápio do negro escravo do Brasil.

Câmara Cascudo termina a parte destinada à alimentação dos negros do Brasil exemplificando as permutas alimentares afro-brasileiras, como inhames por mandioca ou mesmo vinho da palma de dendê por cachaça.

Na terceira parte daquele primeiro volume, Câmara Cascudo se pergunta: "o que se comia no Portugal quinhentista?" (p. 255), e parte para uma minuciosa pesquisa sobre a ementa portuguesa. Um de seus informantes é Gil Vicente, que, com fina ironia, descreve nas sátiras teatrais preciosa documentação do cotidiano de uma época. Mais ainda, Cascudo se vale de infindáveis documentos, conseguidos na viagem que fez a Portugal especialmente para essa pesquisa, para retratar o cardápio português de 1500, e como ele se modificou ao chegar ao Brasil. Desse modo, verificamos que o português trouxe a horta, o hábito do quintal, vacas, cabras, galinhas, patos e gansos. Trouxe também figos, limão e cidra e, porque não dizer, o costume de se usar os ovos das galinhas. Na verdade, é com a chegada da mulher portuguesa ao Brasil que os indígenas e os negros vão se encontrar com as práticas culinárias portuguesas. É ela quem adiciona açúcar às frutas, criando as compotas que, mais tarde, serão sinônimo de doçaria brasileira.

Outro informante é Domingos Rodrigues, autor de *Arte de Cozinha*, publicado pela primeira vez em Portugal em 1680. A partir dessa obra, Cascudo faz uma verdadeira viagem gastronômica por Portugal daquele tempo, recompondo todo o variado cardápio lusitano e reconstruindo o clima de "comilança" de então. Ainda, através de receitas de doces consagrados em Portugal, tenta uma explicação sobre o porquê da predileção dos portugueses pelo açúcar. Também, nesse capítulo, ele recria o ambiente das grandes viagens de descobrimento e sua "dieta embarcada" (p. 352), passando, no fim, a uma descrição do cerimonial da refeição de D. João VI.

O segundo volume começa com a proposta que Cascudo fez ao iniciar esse trabalho: a tentativa de construção de uma sociologia da alimentação, antes levantamento histórico do que propriamente sociologia. Cascudo se dedica, nesse capítulo, a uma longa trajetória do paladar humano, partindo do século XIV para chegar aos dias em que escrevia. Percorre a Idade Média, o Império Napoleônico, a França de Luís XIV, atrás de rastros deixados pelos cozinheiros, e chega às cidades de São Paulo,

Rio de Janeiro e Belo Horizonte, com seus *menus* hoteleiros e a comida internacional. Para não correr o risco de ser criticado posteriormente, termina esse capítulo citando Santa Teresa de Jesus: "es imposible ecertar en todo. El tiempo lo dirá" (p. 460).

Na parte seguinte, continuando o que já havia iniciado no volume anterior, Cascudo segue os cronistas que escreveram sobre o Brasil no século XVI, como Hans Staden, Jean de Lery e Gabriel Soares de Souza, procurando entender como a "despensa portuguesa começou a ser brasileira" (p. 461). Na verdade, trata-se de uma tentativa de recriação de uma época, quando os alimentos "nativos" começavam a ser incorporados na dieta dos "estrangeiros", até por uma questão de sobrevivência. Assim é que a farinha indígena vira pirão, acrescida de caldo português; a batata é substituída pela mandioca, o pão por tapioca e outras equivalências. As sementes, para melhor conservação, foram mergulhadas em água quente e secadas ao sol, garantindo maior durabilidade, comprometendo, no entanto, a qualidade do produto, que se tornava demasiado rijo. E vai aos elementos básicos da (hoje) chamada cozinha brasileira, como o feijão/farinha, o "suplementar arroz", as pimentas, os cheiros, os doces de frutas, passando pelas técnicas de cocção, preparo de alimentos e comidas de gravidez. Cascudo encerra esse volume com pequenos artigos sobre questões alimentares no Brasil ("Farnel de Trabalho e Viagem", "Superstições Alimentares", "Bebidas no Brasil", "Folclore da Alimentação" etc.).

Assim foi que, de experimentos surgidos da necessidade de intercâmbio, se fez a "primeira" cozinha brasileira. Unindo ingredientes, mesclando práticas culinárias e elementos de culturas distintas, a saber, dos indígenas, negros e europeus, a cozinha "tipicamente" brasileira desponta no cenário tropical. Luís da Câmara Cascudo, com sua *História da Alimentação no Brasil*, fornece, sem sombra de dúvidas, a mais completa pesquisa já realizada sobre esse assunto no país. [P. P. S.]

UMA HISTÓRIA DA ASSEMBLÉIA LEGISLATIVA DO RIO GRANDE DO NORTE [31].

Esse livro ocupa um lugar de certa forma marginal no conjunto da rica, diversificada e extensa obra de Luís da Câmara Cascudo. No entanto, é uma contribuição fundamental para a compreensão de parte da história política do Estado e, nesse sentido, mais do que um simples registro cronológico da Assembléia Legislativa. Ao escrevê-lo, Cascudo já era um historiador experiente e consagrado. Havia escrito várias obras historiográficas, utilizando, com muito rigor, fontes documentais, como são os casos de *López do Paraguay* [49], *Conde d'Eu* [14], *História da República do Rio Grande do Norte* [35], *O Governo do Rio Grande do Norte* [29] e *História da Cidade do Natal* [32]. Em 1948, foi agraciado pelo prefeito de Natal, Silvio Pedrosa, como "O Historiador da Cidade de Natal".

Resultado de um rigorosa pesquisa documental, o livro reconstitui a história da Assembléia Legislativa do Estado desde seus primórdios, ou seja do Ato Adicional de 12 de agosto de 1834, que criou a Assembléia Legislativa Provincial, até a 23ª Legislatura republicana, eleita em 1969. São 136 anos de história, sendo 27 legislaturas no Império e 23 durante a República, num total de cinqüenta eleições.

Elaborado inicialmente entre outubro de 1952 e junho de 1953, por solicitação da Assembléia Legislativa, reunindo a esparsa e desorganizada documentação nos arquivos da Assembléia Legislativa e dos jornais, não foi publicado à época. Em 1960, os originais foram devolvidos por um funcionário da Assembléia, que temia "seu inevitável desaparecimento". Cascudo guardou-o no arquivo do palácio do governo. Em 1967, tentou outra vez publicar em livro e não conseguiu. No dia 29 de setembro de 1971, o então presidente da Assembléia Legislativa, Deputado Moacir Duarte, formalizou, através de uma carta, o convite para que Cascudo escrevesse a história da Assembléia Legislativa do Rio Grande do Norte. Ele aceitou o convite e no dia 30 de novembro de 1971, última sessão legislativa do ano, entregou, em sessão solene, os originais, com dados atualizados até a 23ª Legislatura republicana (1971-1974).

Dividido em doze capítulos^1, o livro trata das distintas fases da Assembléia Legislativa desde sua origem no Estado. Em relação ao Império, Cascudo revela como foi formada a Assembléia Legislativa (instalada oficialmente no dia 2 de fevereiro de 1835), como foram as primeiras eleições na província^2, o primeiro projeto de lei aprovado, o primeiro projeto rejeitado, a criação de municípios, paróquias e ainda uma lista de todos os deputados eleitos.

Observada a relação destes, há uma característica marcante e que também se estende ao período republicano: o monopólio das elites locais no controle do Legislativo – no Executivo, o presidente da província era nomeado pelo Imperador e durante todo o Império, dos 48 que governaram o Rio Grande do Norte, apenas um, Tomás de Araújo Pereira, era natural da província, o que também ocorreu em relação aos seis senadores vitalícios – o Padre Francisco de Brito Guerra. No perfil de 65 "Personalidades do Império e da República" que Cascudo apresenta, isso fica evidente. Destes, 23 são bacharéis (formados basicamente na Faculdade de Direito do Recife, para onde iam os filhos das elites), vinte são padres – aliados dessas elites, quando não, integrantes delas (nas primeiras eleições realizadas em 1834 dos vinte eleitos, nove são padres), dez militares (Comandante do Corpo Policial da Província, Coronel da Guarda Nacional etc.) e os demais são médicos, engenheiros, proprietários de engenho e fazendeiros, no dizer de Cascudo a respeito de um deles, "expressão legítima da aristocracia rural". Essa é, aliás, a origem do próprio Cascudo, cujo pai era um Coronel da Guarda Nacional, tendo ele mesmo sido candidato e eleito deputado estadual nas eleições de 1930^3. Durante o Império, o controle era de tal ordem que não

1. Na realidade, os três primeiros capítulos são os mais importantes: "Assembléia e o Governo", "Antecedentes da Assembléia" e "O Legislativo no Rio Grande do Norte". Os demais são sobre criação de paróquias, os paços da Assembléia, as penas de pato, as compras da Assembléia e um breve perfil de "65 Personalidades do Império e da República."
2. As eleições eram realizadas de dois em dois anos. Com a República, passou a ser realizada a cada quatro anos. O número de deputados estaduais variou ao longo da história: de 1835 a 1858, era 22, de 1858 a 1888, passou para 23 e de 1888 a 1907, para 24. De 1907 a 1935 aumentou para 25. Em 1946, para 32, em 1948, para 34, em 1962, para quarenta e em 1970 diminuiu para dezoito deputados.

raro, os deputados se elegiam para seis, sete e até oito mandatos consecutivos. Caso, entre outros, de Jerônimo Cabral Raposa da Câmara, que se reelegeu por dez vezes.

Outra característica é a inexpressividade do número de votantes. Na primeira eleição geral ocorrida em 10 de novembro de 1834, havia na Província do Rio Grande do Norte apenas setenta eleitores, que elegeram vinte deputados (limite estabelecido pelo Ato Adicional de 1834). Em 1837, por exemplo, o colégio eleitoral de Natal, capital da província, era de 27 eleitores. No Brasil, para dar uma idéia da inexpressividade do número de votantes, em 1876, numa população de 10.927.276 habitantes, apenas 24.627 – ou seja, 0,2% – eram eleitores de segundo grau. Além do reduzido número de eleitores, as eleições eram indiretas^4 e fraudulentas^5 – sobre o assunto, em nenhum momento, Cascudo faz qualquer referência. Com o controle absoluto do processo eleitoral, incluindo o voto a descoberto e conhecidas práticas de fraudes eleitorais – que se estenderam durante toda a chamada Primeira República^6 –, não havia qualquer possibilidade de ser eleito alguém fora das classes dominantes locais.

O que fazia esse parlamentar? Segundo Cascudo, tinha "os compromissos das Irmandades, a criação de freguesia de comarcas e municípios" e, além disso, "cumpria seus deveres de cortesia com o Imperador", como é o caso da formação de uma Comissão para felicitar o Imperador pelo nascimento da Princesa Leopoldina (13 de julho de 1847). Durante todo o período imperial, era uma Assembléia obediente, a cumprir ordens dos governantes e "transformar em leis os pensamentos do administrador". Nunca se pronunciou contra a escravidão (incluindo os padres-deputados) e quando a Lei Áurea foi assinada e "ruidosamente festejada em Natal", não houve qualquer repercussão na Assembléia. Cascudo registra: "não deparei registro repercutindo as vozes simpáticas à lei que libertava todos os escravos do Império"^{7}.

Em 1889, foi proclamada a República. O que mudou?

---

3. Foi eleito pelo Partido Republicano, mas não tomou posse. Essa legislatura foi dissolvida pela Junta Militar em 6 de outubro de 1930.

4. Eram chamadas eleições em dois graus. Primeiro, os votantes se agrupavam em suas paróquias e elegiam os eleitores e, depois, os eleitores se reuniam e escolhiam os deputados (eleição em 2º grau). As eleições indiretas foram até 1881, quando a Lei Saraiva excluiu os analfabetos de votar e estabeleceu eleições diretas para o Legislativo. Embora instituído o voto direto, na prática, significou uma diminuição do número de eleitores, uma vez que excluía os analfabetos do processo eleitoral.

5. Sobre o sistema eleitoral no Império consultar: Maria Dalva Gil Kinzo, *Representação Política e Sistema Eleitoral no Brasil*, São Paulo, Símbolo, 1980; Jairo Marcone Nicolau, *Sistema Eleitoral e Reforma Política*, Rio de Janeiro, Flogio, 1993.

6. Consultar, entre outros: Rodolfo Telarolli, *Eleições e Fraudes Eleitorais na República Velha*, São Paulo, Brasiliense, 1982.

7. Não há dados precisos a respeito do número de escravos no Rio Grande do Norte. Tavares de Lira, na *História do Rio Grande do Norte*, ao se referir ao assunto, registra um dado de 1872, o qual revela que numa população de 233.979 habitantes, havia 13.020 escravos. Como o Rio Grande do Norte foi um dos estados pioneiros na libertação dos escravos (caso da cidade de Mossoró), é provável que o número de escravos, quando da assinatura da Lei Áurea em 13 de maio de 1888, fosse bem menor.

Do ponto de vista da composição da Assembléia Legislativa, nada. Eram os mesmos integrantes da elites locais. No início, o domínio inconteste da oligarquia de Pedro Velho e depois, numa sucessão de controle pelas oligarquias até à última da chamada República Velha, com Juvenal Lamartine (1928-1930).

Durante todo esse período, o controle do poder executivo estadual em relação à Assembléia Legislativa era total, considerando-se ainda a continuidade dos processos eleitorais fraudulentos que havia caracterizado o Império.

Como disse Cascudo, "O partido era o governador". E acrescentou: "depois de 1894 nenhum oposicionista chegou a deputado estadual". Com as eleições controladas (o voto a descoberto, fraudes etc.), o governador era soberano. Segundo Cascudo, o governante apresentava para as eleições estaduais uma chapa com vinte nomes e por aquilo que ele chamou de "uma ficção legal", reservava-se para a oposição a quinta parte do número de deputados para compor a minoria, ou seja, "mandava votar em mais cinco amigos na manobra vulgar e banal do rodízio". O controle se estendia à representação do Estado no Congresso nacional (senadores e deputados federais).

Essa unanimidade foi até 1930, com a derrocada das oligarquias no plano federal. No Rio Grande do Norte, iniciou-se um conturbado período de interventorias que foi até à posse, em agosto de 1933, de Mário Câmara^8. As oligarquias que detinham o poder no período anterior organizaram um partido (Partido Popular) e depois de uma conturbada eleição, elegeram catorze dos 25 deputados nas eleições em 1935, retomando o controle da Assembléia Legislativa, mas já não era unanimidade. Dos 25 deputados eleitos, onze eram da oposição (Aliança Social)^9.

Nessas eleições, pela primeira vez na história da Assembléia Legislativa, elegeu-se uma mulher (Maria do Céu Pereira). E até 1971, quando o livro foi publicado, apenas duas outras mulheres foram eleitas para a Assembléia Legislativa: Lindalva Torquato (1954-1958) e Monica Nóbrega Dantas, na legislatura 1967-1971.

O período que se estende de 1935 a 1971, curiosamente, fora o menos documentado. Há momentos cruciais não apenas na história do Brasil, do Estado, como as eleições pós-ditadura do Estado Novo em 1945; o conturbado início dos anos de 1960; a eleição de deputados alinhados às forças populares, como Luiz Maranhão Filho e José Rocha, pela Aliança Popular Nacionalista (PTN, PST e PSB), no pleito de 3 de outubro de 1958, e Floriano Bezerra de Araújo, eleito pelo PTB em 1962. E, é importante destacar, o golpe de 1964, sobre o qual também não há qualquer informação,

---

8. De 1930 a 1933, o Rio Grande teve oito interventores, indicados pelo Governo Federal. Eram tenentes que haviam participado da revolução de 1930, todos oriundos de outros estados, o que gerava diversos conflitos com as oligarquias locais. Entre os interventores, havia os que se compunham com as oligarquias (é o caso de Aluisio Moura) e os que procuravam governar com maior independência, postura de Hercolino Cascardo, depois, importante membro da Aliança Nacional Libertadora, criada em 1935.

9. Para uma análise detalhada desse período no Rio Grande do Norte, ver: José Antonio Spinelli, *Vargas e a Oligarquia Potiguar: 1930-1935*, Natal, EDUFRN, 1996; Homero de Oliveira Costa, *A Insurreição Comunista de 1935: Natal, o Primeiro Ato da Tragédia*, São Paulo/Natal, Ensaio/Cooperativa Cultural do Rio Grande do Norte, 1995.

nem, tampouco, o período da ditadura militar (de 1964 à publicação do livro), quando há cassações e violências de toda ordem.

Por fim, em que pesem todos os méritos do livro, como reconstituição histórica da Assembléia Legislativa e importante contribuição para a compreensão da história política do Estado, há também muitas lacunas, como as já aludidas, referentes ao processo eleitoral, e outras, como os partidos a que pertenciam os deputados (não há praticamente referências a partidos), o número de votos dos eleitos e, em se tratando de uma história da Assembléia Legislativa, sua participação em momentos cruciais da história política do Estado. [H. O. C.]

HISTÓRIA DA CIDADE DO NATAL [32]. Constitui-se a obra pioneira na bibliografia natalense e do Rio Grande do Norte. Reúne artigos publicados na imprensa local, a partir de pesquisa bibliográfica, documental, coleta de dados e informações do temário histórico-social e cultural, durante as décadas de 1930 e 1940. Compreende-se, então, porque não existe nos capítulos uma ordem metodológica, como também cronológica do seu temário no tempo e espaço.

A primeira edição data de 1947, publicada pela Prefeitura Municipal de Natal. A segunda, de 1998, uniu Editora Civilização Brasileira, MEC e UFRN. A terceira edição, ano 1999, foi lançada pelo Instituto Histórico e Geográfico do Rio Grande do Norte e pela Prefeitura da Cidade do Natal. O temário distribui-se em 43 capítulos, a partir do século XVI até às primeiras décadas do século XX. Deste século, especificamente, há dois capítulos.

Os dois primeiros, de conteúdo histórico, iniciam o temário. Relatam a expulsão dos franceses, a fundação e os nomes que recebeu a cidade. O autor, com isso, presta valiosa contribuição à história do Rio Grande do Norte e do Brasil. Primeiro, em relação à fundação da cidade, que sustenta ter sido por Manuel Mascarenhas Homem, Capitão-Mor de Pernambuco, como também a respeito do nome que, a despeito de outras denominações, guardou o mais coerente, bonito e fácil – Cidade do Natal, fundada a 25 de dezembro de 1599.

Seguem-se mais três capítulos, que discorrem sobre o momento anterior à invasão holandesa. Logo depois, em 1633, ano de invasão, ocupação e domínio na cidade, então denominada Nova Amsterdã. A invasão interrompeu o processo inicial do seu povoamento. Com a expulsão dos holandeses no ano de 1654, a Capela, que fora destruída, foi reconstruída, como também, aos poucos, a cidade, ainda pouco habitada.

O "Senado da Câmara", título do VI Capítulo, funcionou como importante órgão administrativo. Sua trajetória para Câmara Municipal foi criada pela Constituição do Império em 1824, depois da Proclamação da República substituída pelas Intendências Municipais, a exemplo da de Natal, hoje Prefeitura da Cidade do Natal.

Do temário histórico-social e cultural, constituem-se os capítulos: "Na Era de Setecentos", "A Sociedade e os Costumes" e "Marcha Demográfica". A cidade do

Natal, nas primeiras décadas do século XVIII, povoava-se lentamente. Existiam, no ano de 1757, 118 casas e mais os prédios das igrejas, o Erário Público, a Cadeia Pública e o símbolo de cidade, o Pelourinho.

A cidade se estendia para o norte: limitava-se, nesse ponto, com o cruzeiro da Rua da Cruz, atual Junqueira Aires; ao sul, com a Cruz do Rio da Bica ou Rio de Beber Água (atual Santa Cruz da Bica no Baldo); a leste, com a Rua da Conceição, seguida pela Rua Santo Antônio; e a oeste, com o Largo da Matriz (atual Praça André de Albuquerque).

No capítulo sobre "Igrejas e Vigários", o autor descreve a primeira capelinha, destruída pelos holandeses, reconstruída mais tarde. Foi demolida e edificada uma nova igreja, cuja obra, iniciada no ano de 1672, terminou em 1694, conforme também consta no frontão da igreja. A segunda igreja mais antiga é a de Nossa Senhora do Rosário dos Pretos. A terceira igreja é de Santo Antônio dos Militares, a quarta, a do Senhor Bom Jesus das Dores, na Ribeira. Esta foi a última igreja construída entre os séculos XVII e XVIII. A primeira igreja edificada no século XX foi a de São Pedro, no bairro do Alecrim.

O autor contempla no estudo os nomes de alguns sacerdotes que se distinguiram pela participação na história do Rio Grande do Norte, a partir do primeiro Vigário Gaspar Gonçalves (1601); do Padre Ambrósio Francisco Ferro, vítima do massacre de Uruassu (1645); dos Padres Leonardo Tavares de Melo, Feliciano José Dornelas, José Hermínio da Silva Borges, Padre João Maria (1881-1905), até o Monsenhor José Alves Landim (1925).

Os conteúdos dos capítulos que se seguem dão conta do início do século XIX, quando a população da cidade era estimada em cerca de setecentos habitantes. Ocorrem mudanças na Província, depois do ano de 1808, com a instalação da Corte Portuguesa no Brasil. A Ribeira progredia porém até o ano de 1880, a tradição ainda dominava o povo, identificada nos habitantes da Ribeira, chamados de Canguleiros, e nos Xarias, habitantes da Cidade Alta. Esses capítulos contêm uma história sociocultural sob os títulos: "A Terra e a Gente", "Festas Religiosas", "Festas Populares", "Como a Padroeira Chegou", "Cidade Alta e Ribeira", "Mercados da Cidade" e "Pena de Morte".

"Onde Morava o Governo" possui conteúdo histórico-social e político sobre as casas do governo. A primeira foi o Forte dos Reis Magos, onde moraram o Capitão-Mor Jerônimo de Albuquerque e outros. A segunda casa do governo, entre o final do século XVII e durante todo o século XVIII, situava-se no Largo da Matriz. Já no século XIX, a terceira casa do governo foi na Rua da Cruz, hoje Junqueira Aires, no ano de 1830. A quarta casa do governo, chamada de Palácio do Governo, foi instalada na Rua da Conceição, no ano de 1862. A quinta casa do governo foi na Ribeira, Rua Chile, a partir do ano de 1869. A sede administrativa do governo voltou para a Cidade Alta, na Rua da Conceição. O prédio passou por algumas reformas, porém sua grande remodelação foi iniciada no ano de 1865 e terminada em 1872.

Nos capítulos subseqüentes, o autor escreve sobre "Ensino", "Médicos e Saúde Pública", "Teatro", "Xarias e Canguleiros", "Comércio e Comerciantes", "Bairros Exteriores e Centrais", "Cemitério do Alecrim" e "Hospital".

O capítulo sobre "Revoluções" narra a participação do Rio Grande do Norte em movimentos dessa natureza durante todo o século XIX, até a década de 1930: a Revolução de 1817 e o papel de André de Albuquerque Maranhão, "herói ritual de nossa história", "Escaramuças", "A Confederação do Equador", a "Guerra dos Formigueiros", "A Conspiração de 1838", "A Deposição do Presidente Miguel Castro", "O Fogo de José da Penha" (1815-1914), "Movimento Comunista em 1935".

Os serviços como funções urbanas da Cidade do Natal são destacados pelo autor sob os títulos: "Luzes da Cidade", "Água", "Transportes Urbanos", "Divertimentos", "Imprensa Política", "Correio e Telégrafo", "Polícia", "Em Nome da Lei".

Com o título "Cidade Nova e Alecrim", o conteúdo do capítulo trata do primeiro plano urbanístico da cidade, através da Resolução nº 15, de 30.12.1901. Chamava-se Cidade Nova e compreendia os bairros, hoje, de Tirol e Petrópolis. O plano foi traçado pelo agrimensor Antônio Polidrelli.

Sobre a criação do bairro do Alecrim, inicia a sua história quando foi destinado um terreno para o Cemitério Público, no ano de 1856. A localidade possuía raríssimas casas, era ainda terra de roçados. Concentrava-se em um pequeno arruado do lugar denominado de Mangueira, hoje Praça Gentil Ferreira, e também no espaço onde está localizada a Praça Pedro II. Porém somente no dia 23 de outubro de 1911, o Alecrim foi criado como bairro.

Como história da cidade do Natal, destaca-se o capítulo "Abolição e República". Natal foi a terceira capital de Província sem escravos antes da Lei Áurea. Desde 1º de janeiro do ano de 1888, instalou-se a Sociedade Libertadora Norte-Rio-Grandense, que tinha como presidente o Padre João Maria Cavalcante de Brito.

No momento da Proclamação da República, governava o Rio Grande do Norte o vice-presidente Antônio Basílio Ribeiro Dantas. Havia o Partido Republicano, fundado a 27 de janeiro de 1889 por Pedro Velho D'Albuquerque Maranhão e dois partidos monárquicos, embora divididos entre os dirigentes. Após a Proclamação da República, no dia 17 de novembro, Antônio Basílio procurou Pedro Velho e o convidou para assumir a administração. Com a aceitação, foi aclamado o primeiro Governador do Rio Grande do Norte.

Os últimos capítulos tratam da "Assistência"; "Rebanho de Deus"; "Musa, Canta os Poetas e Escritores", "Álbum de Retratos"; Trem, Vapor, Avião". O Rio Grande do Norte, devido à sua privilegiada posição geográfica, foi o local escolhido pelos militares americanos para a instalação de uma base aérea durante a Segunda Guerra Mundial. A partir de então, foi crescente a evolução urbana de Natal. A cidade expandiu-se, novos bairros foram criados e abertas largas avenidas.

Essa é uma síntese da grande obra *História da Cidade do Natal*, de Luís da Câmara Cascudo. Continua sendo a melhor no gênero, pelo seu pioneirismo, como primeira referência bibliográfica sobre o temário. [M. L. L. G.]

HISTÓRIA DE UM HOMEM (JOÃO SEVERIANO DA CÂMARA) [33]. Esse trabalho constitui-se na biografia do norte-rio-grandense João Câmara (1895-1948).

Trata-se de uma edição simples, de circulação reduzida, produzida a partir de depoimentos colhidos junto a amigos, funcionários, adversários políticos, pessoas que conheceram e/ou conviveram com João Câmara. A partir dessas reminiscências, habilmente transformadas numa envolvente narrativa (o que compensa as limitações gráficas da edição), o autor busca retratar a vida desse filho de agricultores simples, que se tornou um dos homens mais importantes do Rio Grande do Norte na primeira metade do século XX.

Com uma tônica bastante elogiosa, Cascudo exalta os feitos e virtudes de um homem que, embora pobre e com pouca instrução formal, através de inteligência, ousadia e capacidade empreendedora, conseguir tornar-se a figura mais importante do cenário político do seu Estado durante os trinta anos em que atuou no comércio, na indústria e na agricultura. Lançando mão de uma citação de Goethe, Cascudo externa o caráter laborioso e audaz de João Câmara: "Até quando for dia, ficaremos de cabeça erguida e tudo o que pudermos fazer não o deixaremos fazer depois de nós" (p. 65).

O objetivo do autor, entretanto, não se limita apenas a escrever a biografia de um grande homem. Seguindo a perspectiva da historiografia positivista, Cascudo associa o desenvolvimento da história econômica do Rio Grande do Norte, na primeira metade do século XX às contribuições encetadas por aquele personagem, estabelecendo uma relação direta entre seus projetos e a modernização da economia potiguar em tal período. Nessa medida, a biografia pode ser percebida como uma forma de narrar um pouco da história política e econômica daquele Estado.

As primeiras décadas do século XX assistiram ao crescimento da malha ferroviária do país. No Rio Grande do Norte, as estradas de ferro começaram a cortar caminhos em direção ao interior, transformando fazendas e pequenas povoações em cidades. Percebendo a importância e as oportunidades que elas traziam, em 1914, João Câmara decidiu investir no nascente povoado de Baixa Verde. Iniciou um pequeno armazém de secos e molhados, raiz do império "João Câmara e Irmãos", que, devido ao seu desenvolvimento, passou a ser conhecido apenas como "A Firma". No final dos anos de 1920, João Câmara passou a negociar com algodão. Pode-se afirmar que esse produto decidiu sua carreira econômica: antes da comercialização, a busca pelo aumento da produção, pela melhoria técnica do beneficiamento e a preocupação com o escoamento, através da expansão das lavouras, do contínuo avanço tecnológico e do investimento na abertura de estradas, fizeram com que ele se tornasse um dos maiores beneficiadores e exportadores de algodão do Brasil.

O avanço empresarial obtido a partir dos anos de 1930 contribuiu para que a política se impusesse como um caminho natural para esse homem, que se tornou prefeito de Baixa Verde (atual município de João Câmara), deputado estadual, senador da República e líder do Partido Social Democrático em seu Estado.

A análise de sua forma de ação política baseia-se no que Cascudo considera o caráter político do homem brasileiro (denotando, mais uma vez, a preocupação do autor em não limitar a obra a um caráter meramente biográfico), marcado pelas relações entre povo e chefes políticos, fundadas na fidelidade, no solidarismo, na reciprocidade. Cascudo acentua positivamente o tradicionalismo dessas relações ao afirmar que, em geral, os homens "[...] devem pertencer a um chefe e ninguém vai cair na parvoíce de acreditar na indiferença, imparcialidade e apatia de um ser humano quando se fala num chefe, num partido, centros de interesse de faiscante atração" (p. 103).

Retratado como possuidor de invejável capacidade de comunicação, acolhimento, dotado de rara inteligência, perspicácia, além de retidão moral, João Câmara tornou-se, assim, o mais importante orientador político do Rio Grande do Norte na primeira metade do século XX.

Partindo da visão de que o melhor produto de um país são seus cidadãos, Cascudo, ao enaltecer a figura de João Câmara, visa a contribuir para a valorização da história de seu estado natal, mostrando, com uma boa dose de ufanismo, o caráter empreendedor e as habilidades políticas e laborais de seus homens. [R. M. P.]

HISTÓRIA DOS NOSSOS GESTOS [34]. A riqueza histórica e cultural dos gestos humanos é a matéria-prima trabalhada por Luís da Câmara Cascudo nesse livro. Mais de trezentos gestos comuns são investigados à luz de uma considerável erudição lingüística. Através de uma incursão a épocas e regiões diferentes do Brasil, o autor fornece visibilidade à íntima relação existente entre formação social e cultura gestual, escapando com destreza dos riscos de confinar o que é banal e corriqueiro a um espaço da insignificância ou do meramente pitoresco. Nos inúmeros exemplos narrados pelo professor Cascudo, a naturalidade dos gestos de milhares de brasileiros ganha espessura cultural, política, social, religiosa e econômica. Por conseguinte, no lugar de ser considerado uma espécie de "primo pobre" da linguagem oral ou escrita, o gesto aparece como "comunicação essencial, nítida e positiva".

Beliscões, cotoveladas, pernas que se cruzam, cafuné, sorrisos e muitas outras possibilidades gestuais são eloqüentes em seus sentidos: indicam, previnem, alertam, desenham no ar imagens vivas do cotidiano e singularidades precisas de nossa cultura. "Anterior à palavra", diz Cascudo, o gesto enriquece a linguagem, desvelando possibilidades de expressão corporal surpreendentes.

As histórias contadas através dos gestos não se limitam às fronteiras do Brasil. Há casos em que a origem de um gesto, assim como a sua duração, inclui travessias por oceanos e gerações distintas. Há situações, também, em que um gesto provoca outros, ou, ainda, serve para constrangê-los e modificá-los. Há, enfim, uma comunicação entre os gestos, uma espécie de cognição entre corpos que ultrapassa os limites da oralidade.

Mas o livro de Cascudo não é apenas um inventário dos gestos humanos. Ele é, principalmente, o histórico de uma rede dinâmica, feita de valores de outros tempos, tensões entre grupos nem sempre resolvidas, necessidades rotineiras e liberdades corporais por vezes inusitadas, hierarquias sociais esquecidas ou preservadas. Uma rede de experiências dentro da qual cada gesto nunca figura sozinho, como se fosse uma mônada fechada. A concepção que informa os gestos estudados por Cascudo evita transformá-los em atos amnésicos, apartados da teia de relações sociais e da trama de memórias que os constituem e que os fazem perdurar ao longo do tempo.

Talvez seja este um dos maiores méritos da pesquisa dos gestos realizada por Cascudo: cada gesto investigado é, ele mesmo, uma rede de possibilidades e de situações históricas e geográficas. Cada expressão do corpo serve quase como pretexto para enviar o leitor a pequenos mundos, por vezes totalmente esquecidos. Ou ainda, cada gesto serve de *passagem* para o leitor encontrar um universo de afetos, regras, valores, costumes e paisagens diferentes. Por isso, um gesto remete freqüentemente o leitor para outros gestos, num escorregar que lembra o próprio fluxo da vida, no qual é imperceptível justamente o momento da passagem, o espaço existente entre uma mão que se fecha e outra que se abre. Não é por acaso que quando Cascudo trata do trivial gesto de escorregar, ele mesmo desliza da imagem de deixar cair o corpo, tão afeita às brincadeiras de criança, para uma lembrança sexual, lúbrica, do mundo adulto. De fato, toda a sua pesquisa convida o leitor a deslizes entre gestos, entre mundos, entre lembranças. Sua narrativa é indicativa do ato de lembrar que nunca ocorre no singular. Cada lembrança leva a outra lembrança, como cada gesto remete e aponta para outro gesto. Fica a impressão de que o autor abriu cada gesto ao meio, não para investigar a sua suposta essência, mas para decompô-lo no tempo e no espaço, transformando-o em teia de acontecimentos, incluindo sons, cores e muitas possibilidades de interpretação.

A posição "deitada" para a mulher, por exemplo, expressa várias mensagens, admite o autor (p. 175), dependendo da época e da região. Houve época em que "Donzela não se deitava à vista masculina". E, no sertão nordestino, "era proibido conversar deitada, tendo o outro sexo por interlocutor". Mas, na atualidade, com "a pública exibição abdominal na normalidade da mulher deitada nos Banhos de Sol coletivos, que a Antigüidade desconhecia", aqueles pudores tendem a ser esquecidos ou transformados em impertinências de um outro tempo, ou em costumes antiquados. Cascudo não recorre à história apenas com finalidade ilustrativa ou segundo uma intenção meramente anedótica. As histórias que norteiam cada gesto, que o alimentam e lhe dão vida, contam sobre os limites e os sonhos de épocas passadas, mas também sobre aqueles de nossa contemporaneidade. Como se ao ver os gestos de nossos antepassados (ou aqueles de nossa infância), pudéssemos vislumbrar, em meio à penumbra criada pelo hábito, as razões dos gestos que, mesmo sem razão aparente, caracterizam os corpos de hoje.

Além de atravessar oceanos e terras, épocas e culturas, há gestos que transitam do público ao privado, entre classes ricas e pobres, disfarçando, quando necessário, as redundâncias de certos movimentos, realçando aqueles adequados à moral de cada circunstância. Não espanta, portanto, que, nessa rede tecida ao sabor de tantas histórias, seja possível encontrar personalidades como Nabucodonosor, Napoleão e D. João V, ao lado de pessoas bastante comuns: pedreiros, escravos, soldados, indígenas, sambistas e muitos homens e mulheres que construíram suas vidas com os gestos que Cascudo investiga. Diversos gestos correspondem a diversas experiências no mundo, revelando a força de crenças tornadas habituais, mas também as suas desventuras. Crenças, mitos e valores religiosos são confirmados e rememorados por certos gestos cujo sucesso dependeu, em certa medida, do alheamento dos fiéis a outras crenças, distantes do Ocidente cristão. "Dar bananas", por exemplo, é um gesto que leva o autor à milenar tradição oriental na qual a banana era "a fruta tentadora do Paraíso" (p. 261).

A primeira figura coreográfica registrada no mundo é, para Cascudo, a batida do pé, sugerindo dança ou teimosia irracional. E, no final do gesto de escrever esse livro, Cascudo menciona o gesto de aclamar. Um gesto que aparece em várias épocas e culturas, sugerindo a euforia dos braços agitados, de mãos acenantes "como flâmulas festivas".

Os gestos participam, portanto, de momentos coletivos, extraordinários, entusiasmados, e daqueles em que um único indivíduo tenta firmar os contornos de sua individualidade ou de suas contrariedades. Cortar, separar, cindir, mas também unir, integrar, misturar, duas tendências ancestrais que, ao longo da história e de acordo com cada cultura, deram lugar a gestos cuja riqueza de sentidos ganha nesse trabalho de Cascudo um considerável espaço de expressão. [D. B. S.]

HISTÓRIA DA REPÚBLICA NO RIO GRANDE DO NORTE [35]

O título do livro já antecipa a perspectiva que o autor imprimiu à obra: narrar o desenvolvimento do processo político do Rio Grande do Norte, do final do século XIX ao início do século XX, ou precisamente, da instalação do Partido Republicano até a consolidação do regime com a primeira eleição direta.

Trata-se de uma crônica viva do movimento social pela República no Rio Grande do Norte, com o perfil dos propagandistas, adesistas e principais figuras do cenário político do momento. Para sua elaboração, o autor, o historiador Luís da Câmara Cascudo, utilizou como fontes depoimentos de amigos de seu pai, memórias de seus familiares, documentos do tempo como jornais e atas de reuniões e suas próprias lembranças de personagens com os quais conviveu e de episódios da conjuntura do início da República dos quais ouviu falar.

Publicada em 1965, essa obra foi concluída em 1931, com a finalidade de participar de um concurso na administração de Juvenal Lamartine, governo deposto pela revolução de 1930. Depois disso, não havendo interesse em sua publicação pelos governantes que vieram em seguida, os originais ficaram engavetados por exatamente 34 anos, até quando passaram para o patrimônio do Estado no governo de Aluísio Alves, que, consultado pelo autor sobre a possibilidade de sua publicação, concluiu por editá-los.

Segundo o próprio autor, a obra retrata a realidade da família política do Estado e se caracteriza como um importante documento sobre a história local do período, ponto de partida indispensável para aqueles que pesquisam e desejam estudar o movimento republicano no Rio Grande do Norte.

Dividido em doze capítulos, o estudo começa com uma visão da conjuntura política local do final da Monarquia, destacando o enfraquecimento dos partidos como responsável pelo clima favorável às idéias pró-República. Em seguida, apresenta um relato sobre a formação do Partido Republicano do Rio Grande do Norte, reunindo elementos que vão desde os antecedentes até a reunião de fundação em janeiro de 1889 e da fundação do jornal divulgador das novas idéias em julho do mesmo ano. O autor deixa claro, no registro da composição do novo partido, características locais próprias, diferentes de outras regiões, ao mostrar a ausência de militares, o reduzido número de proprietários rurais (e assim mesmo, os poucos presentes eram parentes de Pedro Velho) e a maior afluência de funcionários públicos, aposentados e empregados da firma de exportação ligada à família Maranhão.

No capítulo em que trata dos partidos na Província do Rio Grande do Norte, reportando-se aos partidos e lideranças antecedentes, o autor explica as formas de manutenção do poder e as transformações do quadro político com substituição das antigas chefias na Província no final do regime monárquico. Ele aponta os choques entre luzias e saquaremas (liberais e conservadores) e as cisões partidárias face aos interesses contrariados como responsáveis pela fragilidade da situação política. É evidente o tipo de dominação política mantida pelo grupo que detinha o poder no Rio Grande do Norte e a pouca repercussão que teve a fundação do Partido Republicano nos meios situacionistas.

São importantes as informações sobre a realidade político-administrativa norte-rio-grandense daquele momento para destacar a marcha da propaganda republicana, complementada pela última eleição do regime, de 31 de agosto de 1889, considerada pelo autor como a prova de fogo do Partido Republicano. Nesse particular, é significativa a apresentação da montagem da estrutura política de Pedro Velho, que não possuía base eleitoral, mas, estrategicamente, cercou-se das maiores forças político-eleitoreiras dos municípios mais importantes e, através de conchavos, conseguiu ter em suas mãos, como afirma o autor, " [...] a maior soma de votos que o Estado poderia dispor". A composição da chapa articulada por Pedro Velho reúne o litoral e o Seridó, com a adesão dos grandes chefes políticos locais, e apresenta os atores que definirão a política daí por diante.

No capítulo sobre a Proclamação da República, o autor mostra as decepções e insatisfações no meio local com a interrupção da administração do chefe do Partido Republicano, Pedro Velho, após apenas dezenove dias de governo, graças à indicação do senador paulista, Adolfo Gordo, para substituí-lo, pelo governo federal. No curto espaço de tempo do governo de Pedro Velho, observa-se nas nomeações que fez para sua equipe de governo a ausência dos primeiros republicanos, os "históricos", que acompanhavam o partido desde a sua origem, o que acabou com a lua-de-mel da unanimidade, para usar as palavras de Cascudo. Estava criada a oposição. A partir daí, nota-se uma fase de grande instabilidade política no Estado, conseqüência das contradições internas e reflexo das divergências na situação nacional. De 1889 a 1892, foram nomeados cinco governantes para o Rio Grande do Norte pelo poder central, afirmando o autor que essa fase contribuiu para a afirmação das novas lideranças. Com efeito, as informações registradas demonstram a formação do grupo pedro-velhista e o desmoronamento dos partidos adversos e as antigas lideranças no

Rio Grande do Norte. Nesse particular, é interessante notar as articulações e conchavos entre os atores da política local naquele momento, ressaltados pelo autor nos dados biográficos e registro dos episódios marcantes, bem como no desenvolvimento dos acontecimentos, tais como a promulgação da primeira Constituição Estadual, em que merece destaque o papel desempenhado por cada um.

No capítulo referente à eleição da Constituinte Nacional de 1891, o autor apresenta um aspecto importante referente ao relacionamento entre os políticos locais e a cúpula federal. Essa situação sofre uma reviravolta na ocasião da eleição para a presidência nacional, demonstrando o descontentamento dos políticos locais com o governo provisório. O autor destaca, nessa conjuntura, a posição dos congressistas locais nos acontecimentos que marcaram a eleição de Deodoro, com a participação de Pedro Velho, José Bernardo e Amaro Cavalcanti nas reuniões do grupo de oposição do General José Simeão (PE) e do Almirante Custódio de Melo (BA), favoráveis a Prudente de Morais.

Após a eleição de Deodoro, as conseqüências da posição assumida pelos políticos norte-rio-grandenses no que se refere à sua candidatura são expressas pela interferência do governo central na política local e pela marginalização daqueles que lhe fizeram oposição.

Somente com a posse de Floriano Peixoto na presidência da República é que Pedro Velho e José Bernardo de Medeiros voltam ao Estado e a 28 de novembro, conseguem a deposição do Presidente Dr. Miguel Joaquim de Almeida Castro e a posse de uma Junta Governativa do Estado. A 17 do mês seguinte, dezembro, a Junta dissolveu o Congresso, convocando outro com seus representantes eleitos, para 20 de fevereiro de 1892. No dia 22 de fevereiro desse mesmo ano, esse Congresso elegeu Pedro Velho para Governador do Estado e promulgou a Constituição de 7 de abril de 1892, a primeira na história pedro-velhista e terceira na contagem comum e verídica, como destaca o autor.

No capítulo final, intitulado "Sob o Comando do Chefe", Cascudo mostra como se deu o rompimento de Pedro Velho com o Senador José Bernardo, Amaro Cavalcanti e o grupo do Seridó, fato de grande significação para a história política local, que levou Amaro Cavalcanti a afastar-se da política no Rio Grande do Norte. A gota d'água de um processo que já vinha em formação foi o episódio em que Pedro Velho se negou a atender ao pedido do Presidente Floriano Peixoto para dar a Amaro Cavalcanti a cadeira senatorial, alegando que o partido já tinha como candidato o Dr. Almino Álvares Afonso. A consolidação da sua posição como chefe da oligarquia norte-rio-grandense é observada na composição da chapa para a eleição de 1894, com a distribuição de cargos entre os membros do grupo e da família (Augusto Severo e Tavares de Lira). Encerra o estudo a eleição do substituto de Pedro Velho no governo com a indicação dos nomes do Dr. Joaquim Ferreira Chaves e do Dr. Francisco de Sales Meira e Sá para vice. O capítulo ressalta também o papel das disputas dos grupos de oposição, da imprensa e dos entendimentos para revanchismo.

Merecem destaque as notas aos capítulos, estabelecidas como autênticos complementos para esclarecimentos sobre personagens e acontecimentos, auxiliando na elaboração de encadeamentos e encontro de elos e ligações na reconstituição e explicação dos fatos.

O trabalho chega ao final com a inclusão dos adendos, que revela uma pesquisa exaustiva sobre o período, com o registro de documentos de grande importância para a fundamentação da história da República no Rio Grande do Norte, como: Os Republicanos Norte-Rio-Grandenses de 1871, Manifesto Republicano ao Povo Seridoense, Ata da Reunião Republicana de 27 de janeiro de 1889, Ata da Proclamação e posse do primeiro Presidente (17 de novembro de 1889), Manifesto divulgado por Pedro Velho (21 de novembro de 1889) e algumas atas das sessões da Câmara dos Deputados.

História da República no Rio Grande do Norte constitui uma obra destinada não só aos profissionais diretamente envolvidos com o tema, como também às demais pessoas que se interessam em conhecer as nuanças da política local. A obra oferece um quadro significativo dos momentos relevantes da conjuntura da implantação da República norte-rio-grandense, dentro das características da historiografia tradicional, de encadeamento de fatos e biografias de personagens, coerente com a época de sua elaboração. [M. S. M.]

HISTÓRIA DO RIO GRANDE DO NORTE [36].

Esse volumoso manual apresenta panoramicamente a história do estado natal do autor, do início da colonização à década de 1950.

Seu ponto de partida é a ação do colonizador, tomada como inaugural. Os indígenas figuram, nessa primeira etapa, como apêndices dos europeus e desaparecem no século XIX. O Forte dos Reis Magos, instalação bélica, é apresentado como "Primeira morada cristã, primeiro lar onde o lume clareou sonhos de uma fixação pacífica" (p. 25). A indicação, pelo próprio Cascudo, da despesa da Fazenda Real com a capitania em 1615 é eloqüente sobre a inadequação de falar em paz: num total de 3:293$950, só 110$ eram destinados ao funcionalismo, sobrando 3:183$950 para o "pessoal de guerra" (p. 411).

No mesmo sentido de assumir o olhar do colonizador, Cascudo afirma que "Os potiguares assaltavam sempre. Não havia segurança" (p. 25), peculiar maneira de marcar os procedimentos de colonização: Quem assaltava quem? Qual grupo sentia insegurança? Daí, ele ter aludido à "pacificação da massa indígena, insubmissa, reatacando sempre, transformando a vida dos brancos num estado permanente de inquietação bravia e áspera" (p. 26), dando menor atenção à vida dos índios que, somente depois, teriam identificado seu aniquilamento, na oposição "saindo da vida, indo para a história" (p. 27), de leve sabor varguista^{10}.

Uma estratégia argumentativa de Cascudo é a apresentação de anexos documentais ou metodológicos em cada capítulo, abordando tópicos específicos dos te-

---

10. "[...] saio da vida para entrar na história". Getúlio Vargas, "Carta-testamento", em Edgard Carone, (org.), *A Quarta República*, São Paulo, Difel, 1984, p. 59.

mas tratados antes. No plano do método histórico, evoca Menendez y Pelayo (p. 33) para realçar as mudanças na historiografia a partir de novos documentos e fatos identificados, evidenciando suas opções interpretativas, derivadas da acumulação de informações lastreadas em fontes, e negligenciando o olhar indagador de quem pesquisa e formula problemáticas de conhecimento.

Na caracterização do povo norte-rio-grandense, Cascudo enfatiza suas origens portuguesas, indígenas e negras, realçando especialmente as primeiras, que têm por contrapartida a desaparição dos índios e a escassa presença africana. Os indígenas são descritos através de caracteres raciais de potiguares e cariris, desdobrados nos mestiços. Os negros surgem em processos de mestiçagem, que implicam em branqueamento. O enegrecimento de brancos não é considerado, embora o historiador reconheça a inexistência de puros arianos ali.

A administração lusitana inicial tem ressaltadas as relações com indígenas, a concessão de sesmarias e as origens do Engenho de Cunhaú.

A presença holandesa na capitania merece especial atenção do autor, descrevendo atos militares, alianças com índios e interesses econômicos. Cascudo caracteriza essa etapa por "violência, extorsão, vilipêndio, rapinagem" (p. 65), como se esses procedimentos de colonização fossem inéditos no Brasil da época. Ele traça um primeiro perfil de Jacob Rabbi ("judeu alemão [...] inteligente, sem escrúpulos e sem caridade", p. 66), deixando de criticar fontes e critérios adotados. Essa passagem evidencia o desinteresse crítico de Cascudo quanto aos documentos como instrumentos de poder, priorizando seu teor de prova.

Na descrição do episódio da matança de moradores do Engenho de Cunhaú, Câmara Cascudo destaca a liderança de Jacob Rabbi, à frente de "malta indígena" (os janduís, p. 68), que urra e guincha de alegria enquanto mata – antes, sons e sentimentos de colonizadores portugueses, quando matavam índios, africanos e europeus de outras nacionalidades, não foram registrados.

Na reconquista portuguesa da capitania, o autor aponta reiteradamente o ato de arrebanhar gado do vencido, interessante evidência de uma lógica de colonização (obter mercadorias), que não merece maiores comentários no livro^{11}.

Câmara Cascudo caracteriza o momento seguinte à expulsão dos holandeses pela reconstrução e pelo repovoamento, expressando um conceito de população que exclui o elemento indígena: "A indiada, inquieta corria solta, alarmando os moradores espalhados no interior". Nesse passo, destaca-se uma legitimação da escravização dos índios, que dá continuidade à tomada do partido colonizador, com o genocídio americano sendo definido como "desencontros com a indiaria, na necessidade inadiável de obter o braço servil gratuito e farto, para o arroteamento das roçarias e amanho do gado" (p. 94).

11. Tal face do "Sentido da Colonização" foi discutida pioneiramente no livro *Formação do Brasil Contemporâneo*, de Caio Prado Jr., já esboçada em seu ensaio "Evolução Política do Brasil", de nove anos antes. Caio Prado Jr., *Formação do Brasil Contemporâneo*, São Paulo, Brasiliense, 1995 (1ª ed., 1942) e *Evolução Política do Brasil*.

Cascudo evidencia consciência de que o argumento da "guerra justa" era um álibi para a escravização dos índios. Mesmo assim, caracteriza a luta indígena com os adjetivos "armada, depredadora, assassina", bem diferentes da sutil compreensão face à "obrigação de viver" dos portugueses (p. 95). O desfecho da "Guerra dos Bárbaros" (de 1687 a cerca de 1700 – aspas do autor) foi reiteradamente caracterizado como restabelecimento da paz. Um dos adendos a esse capítulo reproduz "Instrução e Memorial" de 2 de julho de 1689, explícita no que se refere à política de terra arrasada que se praticava em relação aos indígenas: "[...] assistam no dito sertão e dele se não retirem até com efeito se destruir e arruinar todo o gentio, ficando estes sertões livres para colonizadores [...]" (p. 101). Diante disso, é possível concluir que, no contexto da colonização, tranqüilidade e esperança não podiam ser desfrutadas pelos índios da capitania, cabendo-lhes, quando muito, o trabalho escravo ou, no limite, a morte.

A sociedade norte-rio-grandense do século XVIII merece de Câmara Cascudo a caracterização de "tradicionalismo patriarcal", assentado em agricultura e pecuária. Retomando preocupações expressas em *Viajando o Sertão* [84], ele indica aspectos da alimentação dos colonizadores e seus descendentes, vestuário e costumes de homens e mulheres, mobiliário, moradia, etiqueta, relações com escravos e acesso à terra – inclusive, para esses últimos. Importantes excertos documentais (inventários e regimentos de ofícios) fundamentam tais considerações, permitindo entrever aspectos significativos do cotidiano dos colonizadores nesse capítulo, o melhor do livro^{12}.

A abordagem de Cascudo sobre a Revolução de 1817 no Rio Grande do Norte prima pela irônica desconfiança em relação a esse tipo de experiência política, mesclada a uma compreensão da história sob o signo de conformismo e inevitabilidade. O governo republicano é apresentado como inócuo. Destaca-se, ainda, a descrição do martírio de André de Albuquerque Maranhão, principal figura do governo republicano, golpeado na virilha quando deposto e preso, cavalgado e esporeado depois de morto (pp 139-140).

Na aclamação natalense de Pedro de Alcântara, em 1822, Câmara Cascudo realça a mistura de pompa e carência material na província: "As luminárias eram quengas de coco ou bandas de laranjas, com um trapo ardendo em azeite de carrapato" (pp. 147-148).

O relato sobre a política norte-rio-grandense nos períodos imperial e republicano é caracterizado pela minúcia informativa no que se refere a governantes e grupos da elite política, com escassez de explicações sobre reviravoltas ou continuidades. O historiador demonstrou sensibilidade para registrar movimentos sociais, como a revolta indígena de Portalegre, em 1825 (os índios derrotados, "uns setenta", foram

12. Nessa passagem, Cascudo se inspira metodologicamente em José de Alcântara Machado, *Vida e Morte do Bandeirante*, São Paulo, Revista dos Tribunais, 1930. Mário de Andrade, na carta indicada, aponta esse autor como exemplo: "Mas neste caso será obra de paciência, controle, comparação, análise, multivariedade e enfim síntese, do gênero *Vida e Morte do Bandeirante* do Alcântara Machado. Porque não *Vida e Morte do Índio?*", Mário de Andrade, *Cartas de Mário de Andrade a Luís da Câmara Cascudo*, *op. cit.*, p. 148.

todos fuzilados no trajeto para Natal, p. 166), os atos contra a implantação do sistema métrico ("Quebra-Quilo", 1874-1875, pp. 182-183) e o "motim das mulheres", combatendo a lei do recrutamento militar, em 1876, p. 183. Ele cita ainda a "tragédia de Baía Formosa", matança de moradores de terras de João Albuquerque Maranhão Cunhaú, em 1877 (p. 184). No mesmo sentido, indica os efeitos políticos e sociais das secas de 1877, 1889, 1904-1905, 1915 e 1919 – movimentos de população, carências de gêneros, ações governamentais etc.

Abordando o Abolicionismo no Rio Grande do Norte, o escritor ressalta a pequena importância do trabalho escravo na economia da província. Ele menciona o entusiasmo de muitos norte-rio-grandenses pela campanha, bem como a freqüente prática local, de alforrias, quer por "serviços prestados", quer no ato do batismo, pelos padrinhos e senhores (p. 192). Indica ainda, sem comentários, cláusula condicional numa dessas alforrias concedidas – "acompanhar-me enquanto Deus me conceder a vida" (p. 192), novo vínculo de prestação de serviços que não cita obrigações do antigo senhor para com o liberto.

Sobre o período republicano, o autor fala na eleição do Presidente da Província Ferreira Chaves "pelo povo", em 1895, sem esclarecer quem compunha tal comunidade de eleitores – homens alfabetizados e maiores de 21 anos. Os principais marcos periodizadores usados foram a Proclamação, 1930 e a etapa posterior a 1945, sem falar mais claramente sobre o Estado Novo, embora valorize mudanças administrativas de fins dos anos de 1930 e começo da década seguinte. A presença da Coluna Prestes no Rio Grande do Norte mereceu cinco linhas na p. 221 e mais três na p. 425, reduzida à invasão e assalto, quase o mesmo espaço dedicado ao movimento comunista natalense de 1935, sintetizado na frase "espalhou pavor naqueles dias trágicos" – cinco linhas na p. 224 e outras cinco na p. 431.

Cascudo discute a religião no âmbito da tradição judaico-cristã, sem falar em nada anterior à conquista nem mesmo nos catimbós, que tão bem conhecia e apresentou a Mário de Andrade e outros^{13}.

Aborda a instrução a partir do contexto colonizador, através das Missões e Cadeiras de Gramática Latina, dos mestres-escolas e Professores Régios, passando por escolas de primeiras letras do Império, Aulas Maiores, criação do Ateneu Norte-Rio-Grandense, em 1834, aparecimento do primeiro Colégio de Educandos Artífices, em 1859, da Escola Normal do Ateneu, em 1874 e, já na República, surgimento do Grupo Escolar Modelo Augusto Severo, em 1908. O ensino confessional, o escotismo (1917) e a Escola de Aprendizes Marinheiros (1873-1898) também mereceram sua atenção nesse campo.

---

13. Há resultados dessa apresentação em: Mário de Andrade, *Música de Feitiçaria no Brasil,* edição organizada por Oneyda Alvarenga, São Paulo, Martins Fontes, 1963. Os catimbós tinham merecido referência anterior em: *Macunaíma,* Belo Horizonte, Itatiaia, 1984 (1ª ed., 1928). O próprio Cascudo tratou dos catimbós em: Luís da Câmara Cascudo, "Notas sobre o Catimbó", em Gilberto Freyre, *et al., Novos Estudos Afro-Brasileiros,* Rio de Janeiro, Civilização Brasileira, 1937, pp. 75-129 e *Meleagro* [52]. No último caso, afirmou que "catimbó não é culto religioso" (p. 87).

O historiador apresenta a Assistência Médica dentro da tradição européia e erudita; vê outras ações de combate à varíola como "mais pertencentes ao domínio anedótico que ao terapêutico" (p. 276). Cita as boticas e o Cirurgião do Forte do período colonial, associando o saber médico à disciplina militar. Expõe mais detalhadamente a atuação contra epidemias a partir do século XIX, em especial, contra a varíola, que inclui vacinação desde 1818. Arrola surtos e endemias de febre amarela (1850, 1863, década de 1940), cólera (1856, 1862, 1863), gripe (1858, 1909, 1910, 1911 e 1918 – a gripe espanhola), varíola (1863, 1872), febres miasmáticas (1882), catapora (1883-1893), impaludismo (1930), alastrim (1935) e tifo (década de 1940). Assinala a atuação do médico do partido público e do inspetor de saúde pública, no século XIX, e a criação de hospitais – Hospital de Caridade (1856, mesmo ano de construção do Cemitério do Alecrim, encerrando os sepultamentos em igrejas), Hospital Juvino Barreto (1909), Colônia São Francisco (leprosário, 1926), Hospital Evandro Chagas ("destinado ao isolamento de portadores de doença de notificação compulsória", 1943, p. 283) e Maternidade Januário Cicco (1950), bem como serviços de vacinação, assistência e prevenção voltados para doenças infantis, tuberculose, raiva, psicopatologias e câncer. Registra a criação da Escola de Serviço Social de Natal (1945), com apoio da Legião Brasileira de Assistência.

Caracteriza a Justiça no Rio Grande do Norte desde a colonização, apontando o surgimento da primeira comarca autônoma em 1818 e as comarcas existentes no final dos anos de 1940.

Câmara Cascudo analisa as vias de comunicação norte-rio-grandenses a partir das necessidades colonizadoras de ocupação da terra e circulação de tropas militares e mercadorias. Já no século XIX, destaca a tendência descentralizadora da província, exemplificada pela maior ligação de Mossoró com Aracati, CE, e de Caicó com Campina Grande, PB. Cita, ainda, a ligação da pecuária norte-rio-grandense com o Piauí, atingido por terra, o estabelecimento dos Correios na província (1829), a expansão da rede postal no século XIX, a implantação dos telégrafos em 1878 e o início dos serviços do cabo submarino em 1939. Descreve a navegação de cabotagem a partir de 1853, a inauguração do cais das Docas em 1932, o tráfego ferroviário desde 1888 e o serviço de radiogramas, de 1942.

Sobre o papel do município na história do Rio Grande do Norte, Cascudo realça a exclusividade de Natal nessa condição, em toda a capitania, até a segunda metade do século XVIII, quando antigos aldeamentos foram transformados em vilas. Ele apresenta um histórico de cada município do Estado e comenta sua toponímia. Reproduz, ainda, informações sobre as finanças municipais.

A economia norte-rio-grandense tem destacadas, desde o período colonial, atividades como pecuária (predominante), agricultura canavieira, de algodão e de mantimentos, extração de sal, pesca e exploração do pau-brasil, com a capitania abastecendo Pernambuco e outras áreas da América Portuguesa. O século XIX marca maior equilíbrio entre a pecuária e aquelas outras práticas (exceto a última, extinta), situação alterada apenas em meados do século XX, com o crescimento de indústria e mineração. Cascudo indica significativa expansão da receita do Rio Grande do Norte de meados do século XIX à época em que ele escreveu o livro, mas não fica claro se considerou o processo inflacionário do período.

Câmara Cascudo apresenta as finanças norte-rio-grandenses desde o período colonial, apontando a cobrança de dízimos, destacando, no Império, a importância da pecuária nas rendas provinciais. Descreve dificuldades da economia republicana, devido a secas e enchentes, e desequilíbrios orçamentários, responsáveis por empréstimos e emissões de apólices. Salienta a tendência à universalização da cobrança de impostos desde 1937, com o governo deixando de isentar correligionários partidários, elogiando o Estado Novo e criticando partidos.

Os capítulos sobre Capitães-Mores, Presidentes de Província, Governadores do Estado e representação parlamentar quase se restringem ao arrolamento de nomes e datas, exceto por algumas indicações a respeito de processos eletivos e curtos comentários sobre tais personagens.

As informações sobre polícia são potencialmente interessantes no sentido de se pensar sobre a demanda por esse corpo disciplinar mas não respondem a tal possibilidade, restringindo-se a nomes, datas e legislação, tudo envolto em pesada retórica oficial.

O capítulo final do livro biografa personalidades norte-rio-grandenses, com predomínio da elite masculina: em 131 nomes, três são mulheres (Auta de Souza, Isabel Gondim e Nísia Floresta) e um é ex-escravo (Félix José do Nascimento), viés coerente com a proposta de "explicar a razão de acontecimentos e desenhar a psicologia dos homens que estiveram à frente dos sucessos antigos" (p. 9).

História do Rio Grande do Norte, apesar de seu inevitável caráter datado (seleção de temas e fontes, periodizações, nexos explicativos), preserva uma importância derivada do trabalho com vasta massa documental, bibliográfica e informativa. O silêncio sobre saberes populares – medicina, justiça, religião, poesia, cotidiano^{14} etc., alguns deles bem estudados noutras de suas obras – demonstra que a atividade de Câmara Cascudo como polígrafo não se confunde necessariamente com uma preocupação multidisciplinar, em que cada campo de conhecimento criticasse outros.

Outras histórias do mesmo autor – *História da Alimentação no Brasil* e *História dos Nossos Gestos*, por exemplo^{15}– assumiram a articulação com aquelas conquistas do etnógrafo, representando sua melhor contribuição na área. [M. A. S.]

HISTÓRIAS QUE O TEMPO LEVA... [37].

Esse é um pequeno livro de "contos", tendo por eixo central da narrativa aspectos da história do Rio Grande do Norte. São vinte pequenas histórias, nas quais mesclam-se "fatos históricos" a uma narrativa literária. Publicado pela editora de Monteiro Lobato, em 1924, foi o primeiro livro do autor lançado em nível nacional.

Cada uma das vinte histórias possui uma pequena epígrafe e data após o título, marcando sua temporalidade. Esse conjunto é uma pequena saga da história do Rio

---

14. Há breves exceções quanto ao século XVIII e o transporte de gado.
15. *História da Alimentação no Brasil* [30] e *História dos Nossos Gestos* [34].

Grande do Norte, cujo ponto de partida é o século XVI – "O Forte dos Santos Reis", fechando no século XX, com algumas de suas "Reminiscências".

A obra é dedicada a Rocha Pombo, também autor do prefácio, datado de 1922, quando Câmara Cascudo contava 23 anos de idade. Rocha Pombo procura elogiar o escritor pela precocidade, apontando aspectos de sua prosa, ainda imatura, mas que fatalmente o levaria ao sucesso. Chama a atenção também para a pluralidade de sua formação cultural e salienta aspectos da biografia e da atividade jornalística do autor norte-rio-grandense.

Histórias que o Tempo Leva... inicia-se com o conto "O Forte dos Santos Reis", que marca o momento da ocupação efetiva do norte do país por parte dos portugueses, com a expulsão dos franceses da região e a construção da fortaleza tendo a finalidade de proteger o território. Apresenta-se a cerimônia de entrega do forte a Jeronymo d'Albuquerque, a missa, a garbosidade de todos os presentes, a descrição dos chefes indígenas aliados aos portugueses e a recomendação para que "as mãos d'inimigo" não tocassem aquela "fazenda", que deveria ser protegida com "sangue". Assim é descrito o nascimento do Rio Grande do Norte, nos trópicos, "num cenário de vida e força", com o hasteamento da bandeira portuguesa, consolidando o domínio colonial no norte.

Segue-se, então, um conjunto de quatro contos – "O Brabantino Verdonck", "As Lágrimas do Capitão-Mor", "As Quatro Investidas do Batavo" e "A Santa do Azourrague". Esses contos se referem ao período de dominação holandesa na capitania do Rio Grande do Norte.

"O Brabantino Verdonck" narra o início dos contatos dos holandeses no Rio Grande do Norte. Refere-se ao relatório de Adriano Verdonck, que viaja toda a capitania, descrevendo-a detalhadamente. A descrição inclui Natal e a Fortaleza dos Santos Reis. Finaliza com a morte trágica de Verdonck ao tentar barganhar com as informações obtidas, pois, acusado de traição, é enforcado pelos holandeses.

"As Lágrimas do Capitão-Mor" narra a resistência quase épica do Capitão-Mor Pedro Mendes de Gouveia na tentativa de defesa do Forte dos Santos Reis e sua derrota devido ao desproporcional poderio militar dos holandeses. Esse texto marca o início da dominação dos holandeses no Rio Grande do Norte.

"As Quatro Investidas do Batavo" descreve as quatro expedições de conquista do Rio Grande do Norte empreendidas pelos holandeses. Inicia com a descrição da primeira frota de auxílio aos batavos na cidade de Salvador, investida baseada na descrição e relatos de Verdonck. Esse conto ressalta a aliança com os indígenas e finaliza com a última expedição que culmina na rendição de Pedro Mendes de Gouveia. Após a conquista, os holandeses mudam o nome do forte para Castelo de Ceulen, devido a Mathias Von Ceulen, chefe da quarta expedição de conquista.

"A Santa do Azourrague" é fundamental nesse conjunto, pois trata dos massacres promovidos pelos holandeses durante sua administração. O conto faz referência aos episódios de Ferreiro Torto, Cunhaú, João Lostão Navarro e Uruaçu. Finaliza com a descrição da reação portuguesa, na expulsão dos holandeses do Rio Grande do Norte.

Nesse conjunto de contos, Câmara Cascudo qualifica a dominação dos holandeses como um "período de privações e massacres" – o Rio Grande do Norte "jugulado sob a manopla férrea do batavo, gemeu 21 anos", "num regime autocrático de mando e morte" (p. 51).

Contrastando com essa imagem trágica, Câmara Cascudo joga todo seu poder de fogo na defesa dos portugueses, destacando a epopéia desses "heróis", na defesa da capitania. Apesar da derrota, a ação heróica de Pedro Mendes de Gouveia na defesa do Forte é lembrada a todo instante – "alma rude e valorosa do paladino português".

Todavia, Câmara Cascudo atribui outro significado à derrota: "A raça superior que domara o Oriente e Ocidente, soldados valorosos foram batidos por chefes índios. Generais e tropas aguerridas se viram obrigadas à paz vergonhosa de 24 de janeiro de 1654" (p. 52). Mas se por um instante os brios da "raça superior" estavam batidos por "chefes índios", a providência divina não tardaria a pôr sua mão sobre a história, "anunciando a vitória das armas libertadoras [...] Não se sabe a razão da vitória. Não se sabe qual foi a base do Movimento" (p. 64). "A Santa do Azourrague" foi capaz de soerguer "o edifício das liberdades conspurcadas" (p. 59).

Refeita a "Nacionalidade" com a expulsão holandesa, o "Brasil inaugura uma nova fase histórica" (p. 64).

Em "A Guerra dos Índios", vemos descrita a forma cruel e violenta com que as autoridades portuguesas massacraram os índios tapuias janduís do interior da capitania, população aliada dos holandeses durante a ocupação desse território. Há uma descrição desses indígenas e a narração da posterior campanha que terminou na aniquilação e no extermínio dos tapuias, a qual contou com a colaboração de Domingos Jorge Velho, que na mesma época se encaminhava para destruir Palmares.

Os tapuias janduís foram o último obstáculo dos portugueses na colonização da capitania: "Foi o último levante dos índios" (p. 76). A ação portuguesa no extermínio dos indígenas é vista por Câmara Cascudo sob dois prismas: ação jesuítica e o extermínio das armas.

No tocante à ação dos missionários, esta é vista como "incisiva e eficaz. Enquanto fizeram marcha contra eles os piquetes e as escopetas, as falconetas e as largas espadas de dois gumes, os índios desdobraram em astúcias e forças, vencendo e dominando onde passavam. Só pela persuação e pelo exemplo de trabalho e de paz, aquietaram-se" (p. 76).

Mas Câmara Cascudo vai mais além, pois, em consonância com as teorias de hegemonia racial, tão comuns nessas searas, típicas de formação de nossa nacionalidade, o extermínio dos índios marca "uma intensa fase de evolução moral, estimulando o caráter, aperfeiçoando os tipos físicos, despertando as energias adormecidas, refazendo e reerguendo a alma do povo no duro embate das escaramuças, focalizando na história o nome dos valentes e a tática dos fortes, numa epopéia obscura e sangrenta" (p. 76).

Assim, negros e índios, que no dizer de Fernando Azevedo, compunham os elementos desagregadores e degeneradores da raça, de um lado, sofreram a ação impiedosa da catequese, e do outro, a epopéia destrutiva das armas, contadas por Câmara Cascudo nesse conto – uma história dos "grandes feitos e dos grandes homens".

Um segundo conjunto de contos que merece destaque no livro faz referência à Revolução de 1817 e à Confederação do Equador. Com respeito ao primeiro tema, três contos compõem o quadro. O primeiro, "Paixão e Morte de André D'Albuquerque", chefe do Movimento de 1817, narra as dificuldades do movimento em Natal e a repressão da Coroa portuguesa ao movimento.

O segundo conto, "O Sargento-Mor Antônio Germano", concentra-se nas atividades desse pesonagem, de atuação dúbia no episódio, pois, monarquista, adere ao republicanismo e, com a derrota do movimento e a morte de André D'Albuquerque, elege-se governador da Província, sendo desmascarado posteriormente.

No terceiro texto, "O Tenente-Coronel José Inácio Borges", é descrita a trajetória política desse governador no período de 1816-1821 e seu papel de consolidador dos ideais monárquicos e a repressão do republicanismo de 1817.

Esse conto pode ser considerado um dos mais expressivos do livro, especialmente pelo fato de Câmara Cascudo fazer a defesa intransigente do coronel, afirmando que a história o relegou injustamente ao esquecimento, dada sua ação enérgica em defesa da Monarquia. Mais do que a tentativa de resgate histórico da figura do coronel, lemos no conto a desqualificação dos ideais republicanos, apresentados como infantilidade dos líderes despreparados.

O Movimento de 1817 "não possuía elementos; nem ordem, nem dirigentes militares. Não visava fim próximo. Era tudo idealização, desejo de formar uma república à velha maneira de Roma – a aristocracia de talento, dirigindo a vitalidade da pátria" (p. 144). Para Câmara Cascudo, os ideais republicanos "morreram soltando frases lapidares, convictos que a posteridade os recolheria ao coração" (p. 146).

É seguindo essa mesma linha de raciocínio que Câmara Cascudo se refere ao episódio da Confederação do Equador na província, relatado em "Fogo de Monturo".

O próprio título do conto expressa a posição do autor frente aos acontecimentos:

[...] nos pequenos limites da província pequena, cheia de preconceitos, fossalizada em rotinice, repleta de espíritos inexperientes e egoístas, sem lances de coragem, sem gestos de abnegação, sem traços de energia, o fogo de monturo se alastrou e arde, ofuscando as vontades e dificultando a marcha vitoriosa da civilização" (p. 160).

Coube ao Almirante Lord Thomaz Cochrane esse papel civilizatório, na repressão ao Movimento.

Finalmente, um último conjunto de contos, sem unidade temática, refere-se a aspectos importantes da vida na província do Rio Grande do Norte.

"O Exacto Koster" conta-nos a passagem do viajante inglês Henry Koster pelo Rio Grande do Norte, ano de 1810. O texto descreve aspectos típicos da paisagem local, hábitos, costumes das populações locais, modos de vida da elite local e apresenta uma descrição detalhada de Natal.

Em "O Velho Nacionalista", apresenta-se a vida do jornalista e político Cipriano Barata de Almeida na província do Rio Grande do Norte. O conto resgata aspectos de sua atividade política na província, sendo fundamentalmente uma homenagem à memória desse jornalista pela sua intensa atividade política.

Já "Os Justiçados de Natal" é um texto interessante sob dois aspectos. Primeiro, pela descrição da cidade de Natal na primeira metade do século XIX, com sua estrutura urbana, seus hábitos e costumes – uma cidade que, ao que tudo indica, cresceu pouco ou quase nada ao longo dos séculos, como podemos atestar nas descrições feitas ao longo do livro pelo próprio autor ou por relatos de terceiros, citados por ele. O segundo aspecto, objeto do conto em si, é a aplicação da "lei" na província. O conto se ocupa da narrativa dos três últimos episódios que resultaram na aplicação da pena de morte na província, descrevendo os crimes, a personalidade dos assassinos, as execuções e todo o ritual a que era submetido um condenado à morte. Destaca-se também a descrição do espaço onde ficavam os presos da província e as condições em que chegavam e permaneciam – de extrema crueldade e rudeza.

Desse conjunto final de contos, o mais significativo é "Os Fanáticos de João do Valle", que trata de um "movimento messiânico" ocorrido na província, na Serra de João do Valle, região caracterizada por Câmara Cascudo como "lugarejo sem nome" e "arruados desconhecidos". Essas pessoas passaram a ser seguidoras de Joaquim Ramalho e Negro Sabino, personagens que começam a fazer "fama" e a "arregimentar" gente para seus cultos e orações.

Câmara Cascudo descreve o "movimento" e seus "líderes" da forma mais desqualificada possível – "homem física e moralmente doente sem ter adoecido" (p. 208), referindo-se a Joaquim Ramalho; ou "Caolho sinistro [...] alma complexa de bandido [...]" (p. 210), referindo-se a Negro Sabino.

Os rituais religiosos são descritos como "rito impressionante e macabro" ou "altar de culto bárbaro num povo bárbaro" (p. 211), característicos, segundo Câmara Cascudo, do "medo atávico das raças inferiores" (p. 209).

Dá-se a entender que tal movimento aconteceu em 1899, num período de seca prolongada e fome, situação em que, na expressão de Cascudo, aparece "o delírio das rezas fortes, das loucuras fanáticas" (p. 209).

O crescimento do número de adeptos passou a preocupar as autoridades provinciais, pois os ecos de Canudos ainda se faziam ouvir. Dessa forma, foi designado o Tenente Francisco Justino de Oliveira Cascudo – pai de Câmara Cascudo –, que cuidou da repressão e dispersão da incômoda presença das "raças inferiores", com "energia e presteza máscula".

Foi assim que o pai de Câmara Cascudo pôs fim ao "bando" de João Ramalho e Negro Sabino, "apagando da história [...] o inculto mentor d'inculta gente, degenerado inferior pela raça e pela cultura [...]" (p. 214).

O livro termina com as "Reminiscências" do autor, que traz à tona lances de sua infância focalizando três momentos – a chegada da luz elétrica, do cinema em Natal e a sua lembrança do contato com Pedro Velho, um dos líderes do Movimento Republicano em Natal.

Histórias que o Tempo Leva... é um livro conservador por essência. Tem o mérito de resgatar e tematizar aspectos da história do Rio Grande do Norte, mas isso não redime seu autor de suas posições conservadores, muitas vezes beirando o racismo e o preconceito.

Sua defesa da monarquia portuguesa é clara. Procura o tempo todo destacar a "ação" de alguns grandes homens da história do Rio Grande do Norte, o que pode ser percebido com clareza em sua narrativa: a unidade do livro se faz em marcos da política oficial.

Câmara Cascudo preocupa-se fundamentalmente com a preservação da memória oficial, identificando em cada conto a história e o papel das autoridades administrativas, citando-as, apontando-lhes qualidades morais ou políticas.

Quase não encontramos referência a outros sujeitos sociais – e quando ela existe, Câmara Cascudo sistematicamente desqualifica esses personagens para a história.

Entendida dentro de seu contexto, *Histórias que o Tempo Leva...* constitui-se num rigoroso documento de um momento chave da história do país, em que Câmara Cascudo e outros intelectuais do período forjaram um projeto de "Nação" e "Civilização", em que estava posto acabar com os "elementos desagregadores" e a "degenerescência da raça". Era essa a palavra de ordem do dia. [C. E. R.]

OS HOLANDESES NO RIO GRANDE DO NORTE [38]

As relações comerciais existentes entre Portugal e Holanda, iniciadas em tempos medievais, ampliaram-se com a exploração da cana-de-açúcar no Nordeste brasileiro. Financiando a produção, procedendo o refino e a comercialização do produto na Europa, os holandeses reforçaram os antigos laços comerciais com a nação portuguesa. A intermitente entrada de cristãos novos na Holanda, nos finais do século XVI, foragidos da ação inquisitorial, permitiu que os contatos se sedimentassem no social.

A União Ibérica de 1580 e a conjuntura internacional, favorecendo a hegemonia política espanhola, fizeram interromper as tradicionais relações comerciais e de amizade existentes entre Holanda e Portugal. Proibida de comerciar nos portos portugueses, a república-calvinista, iniciou represálias contra a Espanha, na defesa de seus interesses econômicos.

Criando, a partir de 1621, as Companhias Privilegiadas de Comércio das Índias Orientais e Ocidentais, concedendo-lhes o monopólio do comércio naval e a conquista das terras da América, da África e da Ásia, os Estados Gerais das Províncias Unidas conseguiram apropriar-se do Nordeste brasileiro, maior produtor de açúcar do período. Em 1624, os holandeses tomaram a Bahia, sede administrativa do Reino português na América, aí permanecendo por um ano. Seis anos depois, melhor aparelhados, atacaram Pernambuco, a mais próspera e rica das capitanias do ultramar português, com seus 120 engenhos, em franca produção.

Na expedição de 1630, além dos holandeses, encontravam-se franceses, alemães, escoceses, italianos e judeus de origem portuguesa^{16}. Efetivada a conquista, os holandeses transformaram Recife no maior centro administrativo, militar e comercial do

16. Os judeus, participantes da produção, do refino e da comercialização do açúcar, falando o português, tornaram-se, no Nordeste, intermediários nos negócios, elemento de confiança do conquistador.

Atlântico-Sul no século XVII. De religião calvinista, efetivaram em pouco tempo, a liberdade de consciência religiosa, para que as propostas econômicas pudessem ser alcançadas num clima de convivência com os "papistas", da terra a ser administrada. No Brasil, a Companhia das Índias Ocidentais concentrou todas suas energias e possibilidades na busca da concórdia. Em 1636, o experiente militar Conde Maurício de Nassau foi contratado para administrar e consolidar a posse das terras. A conquista e o domínio, como vemos, não foram uma mera aventura e nem empreendimento de judeus e cristãos-novos, fez parte de uma ação cuidadosamente planejada e na linha dos interesses político-econômicos dos Países Baixos^{17}.

Ao assumir as funções de Governador-Geral, Capitão e Almirante das possessões da Companhia de Comércio, Maurício de Nassau, além de urbanizar Recife, iniciou a construção de Maurícia e construiu pontes e canais em Recife. O sítio urbano dessa cidade lembrava o de Amsterdã. Nassau, além da produção canavieira, estimulou o cultivo do algodão, anil, mandioca, o "pão da terra", destinados ao abastecimento das tropas e das populações. Apesar de não apropriado ao cultivo da cana, o engenho de Cunhaú, situado na sesmaria de Jerônimo de Albuquerque, era produtivo. O engenho d'água, com pastagens, carros de bois e trinta escravos negros, foi comprado em 1637 pelo comandante Joris Garstman van Werse e Baltazar Wyntgens por sessenta mil florins. No Nordeste, Nassau teve apoio da maioria dos senhores de engenho, dos comerciantes e de religiosos como Frei Manuel Calado e do "apóstata" jesuíta Manuel de Morais da Paraíba^{18}. Nassau procedeu a venda dos engenhos abandonados e, contrariando os costumes locais, restringiu a força dos senhores de engenho, obrigando-os a aceitar a presença dos comerciantes na Câmara dos Escabinhos. A despeito de alguns calvinistas fanáticos, garantiu proteção e liberdade de consciência a católicos e judeus^{19}. Homem do Renascimento, Maurício de Nassau trouxe consigo pintores, arquitetos, músicos, astrônomos e naturalistas, permitindo que nossa natureza fosse estudada e retratada, originando trabalhos artísticos e científicos, hoje importantes fontes de referência do século XVII.

Depois da tomada de Pernambuco, os holandeses, como estratégia de defesa, iniciaram a conquista das terras ao norte, dominando as capitanias da Paraíba e do Rio Grande do Norte. O aparato militar holandês possibilitou a ampliação das conquistas, favorecidas pelo auxílio indígena, pelo conformismo e adesão dos moradores. A passagem de Calabar para o lado holandês foi importante, porque este colono conhecia bem a região.

Região de gado e da mandioca, a capitania do Rio Grande do Norte transformou-se em centro de abastecimento de carne, farinhas e peixe para as guarnições sediadas na Paraíba e Pernambuco. Essa tarefa importante fez com que o Rio Grande

17. Anita Novinsky, *Cristãos-Novos na Bahia*, São Paulo, Perspectiva, 1972.
18. J. A. Gonsalves de Mello : "O domínio holandês na Bahia e no Nordeste", *História Geral da Civilização Brasileira – A Época Colonial*, Cap. V, São Paulo, Difusão Européia do Livro, 1972, p.250.
19. Nas regiões dominadas pelos holandeses, os judeus de Amsterdã organizaram sinagogas e as primeiras instituições judaicas da América.

do Norte fosse bem resguardado pelas tropas holandesas. Durante o domínio, as salinas, em especial as de Areia Branca, pouco aproveitadas pelos portugueses, foram exploradas pelos holandeses com o auxílio dos índios.

Em 1632, Matias Van Keulen, membro da Câmara de Amsterdã, chegou das Províncias Unidas para reforçar a conquista do Forte dos Reis Magos, uma légua e meia distante de Natal. Com a conquista da Paraíba em 1634, os holandeses conquistaram toda a faixa costeira desta capitania ao Cabo de Santo Agostinho.

Em fins de 1637, depois de viagem de inspeção, Nassau designou o cartógrafo George Marcgrav para levantar a topografia da Paraíba e do Rio Grande do Norte^{20}. O mapeamento desta extensa faixa costeira, impresso em 1647, foi utilizado por Luiz da Câmara Cascudo em seus estudos regionais. O domínio holandês foi, portanto, litorâneo, não ultrapassando 45 km da costa, em vista da indisposição holandesa em conquistar o interior, onde se encontravam os grandes proprietários de engenhos. O sertão do Rio Grande do Norte, como de todo o Nordeste, permaneceu misterioso e inexplorado pelo holandês.

Luis da Câmara Cascudo, professor de etnografia e diretor do Instituto de Antropologia da Universidade Federal do Rio Grande do Norte resolveu iniciar na década de 1940 investigações sobre a presença dos holandeses na capitania. Depois de analisar as *Memórias Diárias da Guerra do Brasil* de Duarte de Albuquerque Coelho, o *Diário da Companhia das Índias Ocidentais*, de Ambrósio Reichshoffer (1629-1637), os relatórios de Adrien Van der Dessen, de 1639, a obra de Gaspar Barléu e outras sobre os oito anos de governo de Maurício de Nassau, Príncipe de Orange, Câmara Cascudo produziu um ensaio, rico em informações históricas^{21}.

Numa visão objetiva, deixando de lado exageros em favor ao conquistador, Cascudo produziu um trabalho estimulante, provocativo, fruto do profundo domínio da cultura regional. O antropólogo, informalmente e, algumas vezes, irônico, relatou inclusive sobre cenas dramáticas ocorridas na luta contra o jugo holandês. Depois de análise minuciosa conseguiu identificar diversos acidentes geográficos, renomeados pelos cientistas holandeses. O domínio do folclore regional, da tradição oral, utilizando "provas dignas de respeito e merecedoras de citação" e estudos comparativos transformam-se em fontes estimulantes a novas pesquisas sobre o domínio holandês no Rio Grande do Norte^{22}.

Tentando esclarecer as causas da tomada, em 1633, do Forte dos Reis Magos, Cascudo contestou a tese do conluio criminoso das partes envolvidas, atribuindo às desiguais condições de defesa a falta de água, de víveres e a posição privilegiada da artilharia inimiga, fatores determinantes da vitória flamenga.

No Rio Grande do Norte, a região mais explorada pelos holandeses foi o agreste até Canguaretama. Nessa área, a maioria dos colonos sentia-se protegida pelas guar-

---

20. Marcgrav, G, *Brasilia qua parte paret Belgis*. Impressa na Holanda.
21. O ensaio, publicado anos depois, era dedicado ao historiador e Ministro de Estado Tavares de Lyra.
22. Luís da Camara Cascudo, *Os holandeses no Rio Grande do Norte*, Coleção Mossoroense, série "C", vol. 792, 1992. p. 7.

nições holandesas. Quando, em 1640, a reconquista luso-brasileira se iniciou, a região estava sob o comando de Joris Garstman e o Forte dos Reis Magos – agora Forte Keulen – estava sob a guarda de 150 soldados holandeses^{23}.

Cascudo chega a sugerir novas pesquisas sobre os personagens que se rebelaram contra o invasor. Entre eles, o rico e influente lavrador João Lostau Navarro, dono de portos de pesca e possível líder da rebelião de 1645 contra os holandeses. Navarro foi chacinado pelos índios que estavam sob as ordens de Jacob Rabbi, delegado da Companhia das Índias no Brasil. Esse delegado, conhecido como implacável representante do domínio holandês, era um judeu-alemão de Waldeck e chegou ao Brasil com o governador Maurício de Nassau. Jacob Rabbi, ao casar-se com Domingas, uma índia cariri, ganhou o apoio e a fidelidade dos indígenas. Acusado de ter liderado o violento conflito contra os colonos na igreja e de ter assassinado Navarro, Jacob Rabbi foi executado pelo comandante Garstman, casado com uma brasileira^{24}. Além de comandante de tropa, Rabbi sobressaiu-se por ter registrado estudos sobre os índios cariris, consultados pelo cartógrafo Marcgrav.

Janduí, amigo fiel de Rabbi, era conhecido pelos holandeses como Jan de Wy. Era um índio forte, imponente e tinha orgulho do seu prestígio junto aos holandeses. Sabe-se que parte do sucesso da conquista holandesa no Nordeste deve-se a ele e ao seu povo. Janduí, ao chegar ao Rio Grande do Norte, acompanhado por Jacob Rabbi, ficou hospedado no Castelo de Keulen, no Forte dos Reis Magos, com honras de oficial superior. Em 1639, Maurício de Nassau homenageou-o no brasão da Capitania, identificando-o como uma ema, ave corredora.

Apesar dos projetos de engenharia, o tempo e as circunstâncias locais impediram que os holandeses iniciassem obras no Rio Grande do Norte. Um templo reformista foi construído. No trabalho de manutenção das antigas instalações portuguesas, os holandeses as renomearam com nomes holandeses. O mesmo se fez com os acidentes geográficos. Cascudo conseguiu identificá-los, depois de exaustivos estudos.

Além das fontes impressas, Câmara Cascudo buscou na literatura, na poesia popular, no folclore e nas expressões populares inspiração para produzir o ensaio. Suas "antenas captadoras" permitem-nos colocá-lo como precursor da chamada Nouvelle Histoire ou da história das Mentalidades, metodologia que, na busca das fontes possíveis para a reconstrução do passado, busca todas as possíveis fontes até a própria mente humana, "corpo vivo da humanidade", refúgio de fatos e idéias que datam de tempos passados^{25}. [R. M.]

---

23. O Forte dos Reis Magos ou de Keulen foi eternizado nos quadros do primeiro pintor das paisagens brasileiras, Franz Post.

24. Cascudo informa que a família Gracismã do Rio Grande do Norte é descendente deste comandante holandês. In: *Os Holandeses no Rio Grande*, *op. cit.*, p. 13.

25. Theodore Zeldin. Uma História íntima da Humanidade. São Paulo/Rio de Janeiro, Record. 1996.

O HOMEM AMERICANO E SEUS TEMAS [39]. Nesse ensaio, Câmara Cascudo se propõe a tecer um balanço crítico das teorias então em voga a respeito da origem do homem americano. Tomando por base as diretrizes dos trabalhos apresentados no XXII Congresso de Americanistas, ocorrido em Roma em 1926, que definiam como certa a origem adventícia do homem americano e as migrações neolíticas pelo estreito de Behring como a rota fundamental de acesso às terras americanas, Câmara Cascudo vai discutir essas hipóteses, contrapondo-as às teorias concebidas por intelectuais americanos, sobretudo latino-americanos, teorias que, de forma geral, enveredavam por duas vertentes explicativas: uma primeira que defendia o caráter autóctone do homem americano e uma segunda que, embora aceitasse a hipótese adventícia, rebatia as conclusões a que haviam chegado os sábios europeus, considerando o povoamento do continente muito anterior e muito mais variado em termos culturais do que dava a supor a premissa das migrações mongóis, realizadas via estreito de Behring, tidas como únicas e exclusivas fontes do povoamento original da América pelos citados estudiosos europeus.

Igualmente, não se furta o autor a apresentar sua interpretação pessoal a respeito da questão, baseada em fontes heterodoxas, provenientes tanto da antropologia racial do século XIX, da antropometria, da glotologia, da arqueologia, quanto da teosofia. De fato, seguindo a sugestão proposta por Haeckel, entre outros, e abraçada por intelectuais americanos, cujo escopo foi extensamente desenvolvido por Mme. Helena P. Blavatsky, em *A Doutrina Secreta* e *Ísis Sem Véu*, Câmara Cascudo postula a existência dos continentes da Lemúria e da Atlântida, como berço da origem da vida e da civilização humanas. Segundo o autor, a existência dos continentes perdidos surge como explicação mais abrangente e satisfatória dos intricados argumentos a respeito dos insolúveis problemas e mistérios que ainda pesam sobre a determinação da origem da vida humana no Novo Mundo.

O partido que toma Câmara Cascudo a respeito da origem do homem nas Américas o coloca no âmbito das discussões dos cientistas-naturalistas e antropólogos americanos que, desde pelo menos a segunda metade do século XIX, vinham postulando a filiação das grandes civilizações americanas (sobretudo maias, astecas e incas) às civilizações clássicas (principalmente egípcia, cartaginense, grega ou "turaniana") e as línguas americanas (nahuátl, quíchua, aimará, tupi, entre outras) aos então considerados, pelos defensores da tese dos continentes perdidos e pelos teosofistas, como o principal tronco lingüístico civilizado, isto é o ariano/indo-europeu. Portanto, o ponto de vista de Câmara Cascudo, assim como de diversas gerações de intelectuais e cientista americanos, é, pode-se dizer, difusionista, e tem como questão fundante a reflexão sobre o papel das culturas e do homem americanos no grande conjunto das civilizações.

Para Câmara Cascudo, o problema central na discussão da questão da origem do homem americano não reside na ausência de pesquisas de caráter arqueológico, antropológico ou lingüístico interessadas no desvendamento desse importante assunto, muito menos se encontra escassez de fontes materiais ou culturais que se prestem às reflexões dos estudiosos. De fato, para o autor, o mais grave problema a ser enfrentado no deslindamento da questão da origem da civilização na América encontra-se no aspecto fortemente ideológico do problema. A leitura desse ensaio evidencia que, para Câmara Cascudo – e para muitos intelectuais de sua geração –, a delimitação da origem do homem e da cultura americanas se integra fortemente na base da construção de uma identidade americana e latino-americana. Nesse sentido, o autor deixa bem claro, desde o início de sua argumentação, que considera os cientistas europeus (que tão freqüentemente têm visitado e estudado os restos materiais e a fontes culturais americanas) parciais e guiados por asserções preconcebidas que os torna muito propensos a considerar, desde logo, a origem adventícia e relativamente recente do homem americano como um axioma indiscutível, que viria a corroborar o caráter subsidiário da cultura americana frente à civilização européia.

Assumindo uma postura americanista e nacionalista, Câmara Cascudo vai discutir o axioma da origem adventícia do homem americano, contrapondo às teorias dos "sábios europeus", que o autor acusa serem mais "doutrinas intocáveis" do que hipóteses científicas, os trabalhos realizados por estudiosos americanos, cujas conclusões pendem para o pólo oposto, optando pela origem autóctone ou pelo menos muito antiga da humanidade americana. Segundo o autor, o aspecto complicador desse entrechoque de conclusões, que redunda na dificuldade de se estabelecer as bases seguras para determinação da origem do homem americano, é a falta de consideração, por parte dos europeus, das pesquisas realizadas pelos eruditos americanos, cujas conclusões foram sistematicamente negligenciadas, por razões escoradas no mero preconceito e na arrogância dos estrangeiros.

Procurando sanar o que ele denomina de silêncio preconceituoso, Câmara Cascudo, no decorrer do ensaio, apresenta as pesquisas, achados e conclusões daqueles que ele considera como os principais estudioso da questão da origem do homem na América. É com esse objetivo que nomes como o de Florentino Ameghino, de origem argentina e autor da tese da origem pampiana do homem americano, apresentada em *La Anteguedad del Hombre en el Plata*, de 1915, e Rafael Requena, médico venezuelano, estudioso das antigas civilizações indígenas do norte de seu país e autor do livro *Vestígios de la Atlantida,* de 1932, aparecem nesse ensaio, reputados como expressão cultural que honra todo o continente. Igualmente, estão aqui citadas as hipóteses de P. Lund, da metade do século XIX, baseadas no exame dos fósseis localizados na Lagoa Santa, em Minas Gerais, cujas suposições, embora aparentemente viessem a confirmar a premissa européia do caráter adventício da "raça americana", a contradizia mortalmente. Afirmava Lund que o homem americano não só era contemporâneo dos animais de grande porte – e, portanto, lançava para o passado remoto as migrações para o continente americano –, como o próprio território americano, ou pelo menos o platô central brasileiro, era, sem dúvida, a porção mais antiga do mundo e já conhecia a vida humana quando outras partes do globo ainda jaziam submersas nos oceanos.

A hipótese de Lund, assim como de outros estudiosos americanos (por origem ou adoção), cujas idéias e propostas são entusiasticamente apresentadas por Câmara Cascudo no decorrer desse ensaio, acabam por levantar o problema fundamental subjacente à discussão da origem do homem nas Américas: a datação e as origens étnicas das possíveis levas migratórias que teriam dado origem às civilizações indígenas no continente. É nesse ponto que Câmara Cascudo postula a factibilidade da existência dos continentes perdidos, o que viria a explicar cabalmente o mistério de muitos resquícios e ruínas de civilizações extremamente sofisticadas em regiões onde o colonizador encontrou apenas selvagens – como seria o caso, lembra o autor, da Ilha do Marajó, no norte do Brasil – e demonstrar a unidade da família humana e das civilizações, colocando em pé de igualdade diferentes culturas, línguas e civilizações, nas quais, o homem americano e sua cultura encontrariam o justo lugar. [M. H. P. T. M.]

INFORMAÇÃO DE HISTÓRIA E ETNOGRAFIA[40].1ª VERSÃO. Publicado em 1944, esse livro reúne oito ensaios sobre assuntos miscelâneos que, embora componham uma coletânea de textos, estão pouco articulados entre si. Tratam, em sua maioria, de diferentes aspectos do folclore indígena e da sua persistência na cultura popular brasileira.

Os primeiros dois capítulos, entretanto, versam sobre a história do Brasil, incluindo um ensaio mais longo que busca comprovar a intencionalidade do descobrimento. Nesse texto, o alvo de Câmara Cascudo é a "lenda" da casualidade que, segundo ele, "já não é mais possível endossar, como vêm fazendo monotonamente os historiadores didáticos do Brasil" (pp. 33-34). Para desbancar essa crença, tão fortemente arraigada, o autor lança mão da "mesma intensidade lógica, a mesma profundeza documental, a mesma simplicidade expositiva" com a qual esta havia sido construída. É esse terceiro componente que sobressai, num texto pontuado pela eficácia de frases curtas e perguntas retóricas. Quanto à profundeza documental, o autor faz uma interessante incursão pelos primeiros documentos relatando o "achamento" da terra nova, sobretudo a carta de Pero Vaz de Caminha – "o atestado de batismo do Brasil" – e a "Relação do Piloto Anônimo", bem como outros relatos escritos alguns anos depois da viagem de Cabral, porém fazendo referência à ocupação portuguesa do litoral sul-americano. Já a intensidade lógica corre por conta da historiografia portuguesa, que começava a propor hipóteses sobre uma suposta "política de sigilo" dos reis D. João II e D. Manuel I, sobre a improbabilidade técnica de uma descoberta casual e sobre a possível presença pré-colombiana de navegadores e mesmo comerciantes lusitanos no Brasil.

De fato, um dos objetivos de Câmara Cascudo aqui é o de transformar as suas leituras, tão incansáveis quanto ecléticas, num texto informativo e mesmo polêmico. Aliás, o seu método, como é sabido, não se resumia à leitura convencional: num trecho simpático, ele relembra um encontro que teve com um desses especialistas em história náutica, o almirante Gago Coutinho que, "nos dias que juntos passamos, em junho de 1931, em Natal, andei folheando o velho navegador, com a curiosidade incansável dos estudantes" (p. 22).

Essa curiosidade incansável, marca maior da produção de Câmara Cascudo, levou o folclorista e historiador a se debruçar sobre uma bibliografia variadíssima para desmistificar – pelo menos de seu ponto de vista – a noção da descoberta acidental: "Para aceitarmos a casualidade no descobrimento do Brasil é preciso nova série de provas. As que conhecemos aderiram ao silêncio" (p. 34). Uma vez estabelecida a "falência das provas", coube a Câmara Cascudo apresentar a contraprova demonstrando a tese da intencionalidade. Para tanto, buscou apoio naquilo que havia de mais moderno – e, paradoxalmente, mais reacionário – na historiografia portuguesa. A idéia de uma "política de segredo" dos monarcas expansionistas do passado caía como uma luva para o Estado Novo salazarista, pois afirmava a vocação nacionalista, autoritária e antiespanhola de um país que buscava reerguer um império colonial das cinzas em pleno século XX. Apesar de professar um compromisso com a verdade histórica, Câmara Cascudo acaba dando vazão para uma balela que, curiosamente, encontra defensores ainda hoje no aquém e no além mar. Assim, seguindo a obra de Duarte Leite, assevera que D. João II rechaçou a proposta de Colombo e só aceitou o Tratado de Tordesilhas após afastar o meridiano 370 léguas a oeste porque já possuía um projeto que nem mesmo os primeiros cronistas chegaram a registrar: "O Rei tem um plano traçado e o executa inflexivelmente. Quem se antepõe é arrastado..." (p. 43).

À luz dessa política, torna-se plenamente defensável a tese da intencionalidade. Voltando para uma questão esmiuçada na primeira parte do estudo, Câmara Cascudo busca explicar porque a armada mudou o seu rumo repentinamente, na ausência de condições adversas de navegação. "Só uma palavra do Rei levaria as naus para oeste em vez de sudoeste ou sul. Não há outra explicação". O argumento ganha peso com uma leitura algo enviesada do Esmeraldo de Situ Orbis, de Duarte Pacheco Pereira que, por sua vez, suscita uma última indagação: como os portugueses sabiam do Brasil antes da viagem de Cabral?

Como em outras investidas do autor pela história, o texto termina com uma hipótese surpreendente, mais uma vez apoiada em documentos quinhentistas e no aval dos historiadores portugueses. Se o "achamento" relatado por Caminha foi intencional, então teriam de existir antecedentes na ocupação portuguesa da América meridional. Trocando a imprecisão dos relatos antigos pela precisão aritmética, Câmara Cascudo calcula que os portugueses estavam no Brasil na época do Tratado de Tordesilhas, já que Estévão de Frois afirmou em 1514 que o Rei de Portugal possuía essas terras "há vinte anos e mais". Porém é um documento apresentado pelo historiador Jordão de Freitas, que comprovava não apenas a ocupação pré-cabralina da América do Sul pelos portugueses, como também sugeria que "os portugueses em 1492 já estavam com residência fixada em Itamaracá, casas e armazéns, para mercadorias que exportavam para a Europa" (p. 58). Concluindo, Câmara Cascudo até supera a meta inicial de comprovar "a intencionalidade da viagem de Pedro Álvares Cabral", pois recua a data do descobrimento para o período pré-colombiano: "com dedução lógica, poder-se-ia indicar a data de 1490 como de início de posse dos portugueses na América do Sul" (p. 58).

A segunda "informação de história" também trata das origens do país, oferecendo um estudo sobre "O Mais Antigo Marco Colonial do Brasil". Recuperando uma comunicação feita pelo conselheiro Alencar Araripe numa reunião ordinária do Instituto Histórico e Geográfico Brasileiro em 1890, Câmara Cascudo interessou-se pela questão tanto na sua dimensão histórica quanto na dimensão folclórica. O velho marco, afinal de contas, havia se tornado objeto de devoção popular e a maioria dos moradores estimava a santidade da pedra, "com a cruz e as chagas de Jesus Cristo". Outros, contudo, acreditavam numa lenda diferente, que a pedra sinalizava o lugar onde os holandeses haviam depositado um enorme tesouro escondido. Movido pela curiosidade, Câmara Cascudo visitou o marco em 1928 para tirar as próprias conclusões. Após uma descrição minuciosa da pedra deteriorada pelo tempo e pela depredação de caçadores de tesouro, o autor relata a opinião de um morador dessa praia de Touros, chamado José Jocôzo, que confirmou as propriedades sagradas da pedra. Contou-lhe que "dois sacrílegos violadores do Marco tinham sido rudemente castigados", um morrendo e o outro enlouquecendo. Sempre atento para a versão local e popular, Câmara Cascudo ainda registra: "Não o chamam marco mas CRUZEIRO DO MARCO, nome popular do padrão colonial que vive esquecido numa praia silenciosa do setentrião brasileiro". O resto do texto faz mais uma incursão na documentação quinhentista para chegar àquilo que considerava uma verdade histórica: "O Marco de pedra existente na praia de Touros, no Rio Grande do Norte, é decididamente o mais antigo padrão colonial e o primeiro que foi chantado na terra do Brasil" (p. 82).

As informações de etnografia compõem os últimos seis capítulos do livro. Do ponto de vista antropológico, esses ensaios deixam muito a desejar, mesmo dentro dos padrões da época em que foram escritos. Em sua *Bibliografia Crítica da Etnologia Brasileira*, Herbert Baldus comenta que há cinco ensaios que "tratam dos índios do Brasil, mas de maneira tão pouco satisfatória que não merecem ser lidos pelo estudioso de etnologia". Não obstante esse julgamento tão severo quanto sumário, os textos guardam um valor pela grande quantidade de informações de interesse folclórico, pacientemente acumuladas por Câmara Cascudo através da voracidade de suas leituras e da perspicácia de sua observação das manifestações da cultura popular.

Os ensaios de etnografia lidam com assuntos bastante diversos, porém possuem algumas características comuns que apontam para a maneira que o autor trabalha com assuntos etnográficos. No que diz respeito aos povos indígenas, Câmara Cascudo navega entre a diversidade étnica e a universalidade do homem. Suscita ao longo dos ensaios exemplos dos mais particulares, retirados em sua maioria da bibliografia conhecida de viajantes e de etnógrafos, trazendo informes sobre os antigos tupinambás e os contemporâneos caingangues, apinajés, tarianas, macuxis, guaranis e tantos outros, cujos mitos e práticas rituais ilustram as questões que o autor se propõe a dimensionar.

É interessante observar que, a exemplo de Sérgio Buarque de Hollanda, Egon Schaden e do próprio Herbert Baldus, Câmara Cascudo foi um importante divulgador dos etnólogos alemães, tais como Karl von den Steinen, Paul Ehrenreich, T. Koch-Grünberg, Fritz Kraus e Max Schmidt, todos talvez um pouco ultrapassados para o gosto de Baldus, porém eximios coletores de mitos e de outras informações sobre um grande número de povos nativos. Ao mesmo tempo, porém, o autor tende a reduzir essa imensa diversidade e particularidade em determinados momentos, ao apresentar "o índio brasileiro" ou "o indígena do Brasil" como uma categoria que englobaria todos os povos nativos de uma só vez.

No primeiro ensaio, o autor faz uma pergunta que evoca as antigas pautas das reuniões dos institutos históricos oitocentistas: "Os índios conheciam a propriedade privada?" Bem humorado – chega a referir-se à "instalação da 'home' selvagem" –, Câmara Cascudo contesta a "unilateralidade do 'comunismo dos índios brasileiros'" (p. 90). Não fica claro a quem ele dirige as críticas, a não ser os autores de livros didáticos, cuja abordagem das sociedades indígenas sempre merecia algum reparo. O texto, contudo, não se refere explicitamente a qualquer grupo, salvo os antigos tupinambás, deslocando os índios mais uma vez para um quadro universal, em que seguiram um padrão evolutivo comum a todas as sociedades humanas. Concluindo, citando Andrés Giménez Soler, defende a idéia de que a propriedade começa com a agricultura. "O cultivo iniciava-se para o indígena. Mas a idéia da propriedade privada já era, não apenas esboçada e vaga, mas positiva e delineada em traços enérgicos e claros." (p. 94)

Os capítulos quatro e cinco abordam duas questões presentes nas mitologias indígenas, traçando um amplo painel de diferentes explicações sobre a criação do homem e a tradição do dilúvio. Logo no início do primeiro desses ensaios, o autor chama a atenção para uma dimensão pouco considerada no estudo dos mitos: "A influência católica infiltrou-se poderosamente mesmo nas tribos que ainda não tiveram contato" (p. 97). Essa idéia parece ter menos a ver com as teses de aculturação que andavam em voga na época do livro e mais com as antigas teorias a respeito da circularidade e da universalidade das idéias religiosas. Partidário de um método comparativo que o aproxima mais a Max Müller e James Frazer do que aos etnólogos seus contemporâneos, Câmara Cascudo evoca um grande número de exemplos de grupos brasileiros, porém também não resiste em chamar a atenção para os hebreus, gregos, neozelandeses, fijianos e mexicanos. Aliás, no ensaio sobre "A Tradição do Dilúvio para os Indígenas Brasileiros", é particularmente interessante a evocação dos exemplos mexicanos, a partir dos antigos textos maias e nauas, o que revela um certo olhar americanista, também presente em outras obras do autor.

O último ensaio, especificamente sobre índios (capítulo sete), oferece "Uma Interpretação da Couvade", o conjunto de prescrições rituais seguidas pelos homens quando nascem seus filhos. De leitura um tanto truncada, o capítulo resume-se a anotações esparsas colhidas de fontes bastante variadas, desde os escritores coloniais aos etnógrafos americanistas do século XX. Ainda assim, mais do que nos outros textos sobre temas indígenas, Câmara Cascudo evidencia suas preferências teóricas, sobretudo no que diz respeito a questões de mito e ritual. Transitando entre Tylor, Müller, Frazer, Sébillot e Lévy-Bruhl, Câmara Cascudo mais uma vez sublinha a universalidade de um traço cultural indígena. Longe de uma propriedade específica deste ou daquele grupo, trata-se, para o autor, de "uma herança de séculos em quase todos os povos da Terra e com amplos vestígios atuais" (pp. 190-191). Num misto eclético que abriga explanações místicas e evolucionistas, o autor conclui numa frase lapidar:

"Os elementos espirituais da personalidade paterna, tenacidade, paciência, domínio pessoal, eram levados ao filho naqueles dias de sujeição passiva, por amor à própria continuidade material, perpetuidade imediata e positiva, expressa no juvenil rebento, prolongamento da espécie, a mais nova e tênue folha viva no ramo forte da velha árvore racial" (p. 191).

Os restantes ensaios etnográficos (capítulos seis e oito) abordam assuntos folclóricos mais amplos, a "Avifauna no Folk-Lore Brasileiro" e "Superstições Meteorológicas". Unindo a sabedoria popular ao conhecimento científico, Câmara Cascudo esboça um vasto quadro que abrange o território nacional e que atravessa os séculos. São particularmente fascinantes os detalhes provenientes das lendas indígenas e das "superstições" populares, revelando um universo de crenças e de explicações dos fenômenos naturais, próprio de uma cultura do Novo Mundo que se orientava pelos sortilégios, talismãs e sinais, que se debatia entre a sorte e o azar, entre Deus e o Diabo.

Câmara Cascudo registrou com afinco esses detalhes de um universo que parecia estar em vias de desaparecimento mas que viveria para sempre nas páginas de seus livros. Interessantes, informativos e, sobretudo, bem escritos, esses e os ensaios de história merecem ser lidos não apenas pelos estudiosos da etnologia, mas por todos que se voltam para conhecer melhor o país que Câmara Cascudo buscou, a seu modo, decifrar. [J. M. M.]

INFORMAÇÃO DE HISTÓRIA E ETNOGRAFIA[40]. 2ª VERSÃO. Trata-se de uma pequena coletânea, composta de oito ensaios escritos entre 1933 e 1940, ocupando um lugar pouco conhecido na bibliografia de Cascudo. Os dois primeiros artigos discutem aspectos da história colonial do século XVI, quatro outros abordam questões de etnografia indígena e os dois restantes tratam do folclore brasileiro.

No primeiro ensaio, "A Intencionalidade no Descobrimento do Brasil" (1933), Cascudo examina farta documentação referente à viagem de Pedro Alvares Cabral, em 1500, para demonstrar que o argumento da casualidade na descoberta das novas terras é uma lenda que não se sustenta, por falta de fundamento histórico. Afirma que a mudança de rumo na rota seguida pela esquadra foi intencional. Não se deveu a razões como tempestade, corrente marítima ou regime de ventos, e sim à intenção da Coroa portuguesa de expandir-se no rumo oeste e sudoeste do Atlântico para arrebatar ao Mediterrâneo sua hegemonia comercial. Com base nos roteiros náuticos dos portugueses, no final do século XV e início do XVI, conclui que o desvio da armada de Cabral estava previsto num plano sigiloso de sistematização cartográfica ordenado pelo rei de Portugal e que todas as provas convergem para demonstrar que o achamento do Brasil não foi resultado acidental e de mero acaso, como por tantos séculos se repetiu.

O segundo ensaio denomina-se "O Mais Antigo Marco Colonial do Brasil" (1934) e contém importantes informações sobre a exploração e posse do território brasileiro nos primeiros anos da chegada dos europeus. O autor descreve o marco quadrangular de pedra-liós existente no Rio Grande do Norte, tal como o encontrou em visita feita em 1928 ao local em que se acha fixado, no limite entre os municípios de Touros e Baixa Verde (e não junto ao Cabo de São Roque, como pensam alguns historiadores). A população local chama-o de Cruzeiro do Marco, nome popular do padrão de posse situado na Praia do Marco, próximo ao delta do rio Açu, noventa quilômetros ao norte do Cabo de São Roque. Segundo Cascudo, trata-se do mais antigo marco atestando a soberania de Portugal no Brasil, fincado pela expedição exploradora de 1501, em que viajou Américo Vespucci, que batizou a costa litorânea desde o Cabo de São Roque até Cananéia, onde se encontra um outro padrão de posse do mesmo tipo, também visitado pelo autor.

O terceiro ensaio parte da indagação "Os Índios Conheciam a Propriedade Privada?" (1936) para contestar a tese de que tal prática era estranha ao indígena do passado. Revendo a bibliografia colonial e a etnologia alemã do século XIX, examina aspectos como a posse de instrumentos de trabalho e objetos domésticos, de guerra, caça e pesca. Discute os critérios de propriedade coletiva e individual da terra, trabalho, produção, distribuição de mantimentos e outros aspectos da vida econômica dos índios. Sem entrar na análise específica dos grupos étnicos, defende o ponto de vista genérico de que o indígena detinha a propriedade de certos bens, sem obrigação distributivista ou solidariedade tribal. Cita como evidências a posse do escravo obtido em guerra, o sepultamento com objetos de uso, a disputa pela caça. Considera que a noção de propriedade privada não se prende à prática da agricultura permanente do solo, como querem alguns autores, mas a concepções milenares decorrentes da "intuição comum", as quais já estariam claramente fixadas entre os indígenas quando estes iniciaram a prática do cultivo agrícola.

O quarto ensaio trata do tema "A Criação do Homem Entre os Índios do Brasil", no qual o autor discute a influência do catolicismo e da catequese nas representações ameríndias sobre a criação da humanidade. Após fazer uma análise comparativa das tradições religiosas entre diversos povos, em especial os hebreus e os gregos, destaca a importância dos elementos da natureza, dos animais e dos mitos astrais nas narrativas indígenas sobre o surgimento da espécie. Transcreve versões de alguns mitos de origem dos índios munduruku, pareci, bororo, apinagé, guaicuru, macuxi e outros, recolhidas na Amazônia e no Brasil central por antropólogos, viajantes e missionários em diferentes épocas, comparando-os com a literatura oral de outras áreas geográficas. Apesar da diversidade de crenças e representações nos relatos apresentados, a preocupação do autor é apontar a convergência das tradições indígenas e de outros povos com a explicação bíblica da origem do homem.

O quinto ensaio, "A Tradição do Dilúvio para os Indígenas Brasileiros", dá seqüência ao anterior e parte da premissa de que "o dilúvio repete-se em todos os povos do mundo". Aqui, torna-se mais clara a concepção teórica implícita nos demais textos, de que a formação da tradição oral segue um movimento que vai do geral para o particular, de noções comuns universais para expressões locais diferenciadas. Citando autores como Van Geenep, Frazer e Tylor, Cascudo supõe que as representações culturais se estabelecem por meio de "leis de formação das lendas", "transposição" e "adaptação". Nessa visão, busca as explicações de cataclismos no continente americano, destacando as que convergem para a narrativa bíblica do Gênesis, segundo um modelo de análise em que a multiplicidade de lendas e mitos nada mais seria que a "cor ambiental" da idéia-núcleo do castigo como explicação da desgraça, que passa de um a outro país, como justificativa da punição divina.

O sexto ensaio trata da "Avifauna no Folclore Brasileiro", abordando as tradições populares em que os pássaros e as aves são dotados de qualidades especiais, mágicas e simbólicas. Galinha, anum, beija-flor, pombo, urubu, coruja, uirapuru são algumas das figuras dessa espécie rica e multiforme que desfila pelo texto, indo do interior do Nordeste brasileiro à Grecia antiga, passando pela tradição européia. Com a agilidade e a verve que lhe é peculiar, Cascudo compara o urubu sertanejo com o corvo no tempo de Hesíodo, alinha contos de presságio e agouro sobre a coruja, aproxima Jurupari e Satanás, e destaca o amplo ciclo da Mãe da Lua no continente sul-americano, tornando a leitura do texto a mais atraente do livro.

Nos dois últimos ensaios o autor retorna à pesquisa das origens dos costumes e das crenças, um de seus temas favoritos. O sétimo ensaio busca fazer "Uma Interpretação da *Couvade*" (1936), usando a análise comparativa para extrair notícias da abrangência universal dessa prática, em diferentes épocas e civilizações. Demonstrando a erudição que o destaca entre os estudiosos de seu tempo, pinça casos no México, na América do Norte, na África, na China, na Índia, na Austrália, remonta a Marco Polo e à Antigüidade greco-romana e recorre a folcloristas franceses para validar suas teses sobre o universalismo da cultura e o poder de reprodução milenar da memória social. O conceito de que tudo no presente é herança do passado remoto é também o fio condutor do oitavo e último ensaio, em que o autor aborda, sob o título "Superstições Metereológicas", as representações sertanejas sobre fenômenos como a nuvem, a chuva, o nevoeiro, o vento, o relâmpago, o raio, o arco-íris, as estrelas cadentes e os remoinhos, além da previsão do tempo. Não obstante o excesso da afirmação inicial de que "O sertanejo do Nordeste brasileiro estava ligado à metereologia romana do tempo de Lucrécio", o texto faz um resgate sugestivo e saboroso das explicações que o homem do campo tece sobre o tempo, no quotidiano das relação com a natureza e os mistérios cósmicos, deixando em aberto as possibilidades de exploração do tema.

No conjunto, esses primeiros escritos do jovem Cascudo são uma mostra da amplitude do objeto de análise e da ênfase na pesquisa bibliográfica que caracterizam seus estudos posteriores. Ao inscrever-se na corrente de investigação das origens e dos caminhos difusores do saber tradicional, sua intenção evidente, embora não explicitada, é superar o romantismo regionalista e extrapolar o âmbito do pensamento literário e da história dos costumes predominantes até então no conhecimento da tradição oral no Brasil. Nesse sentido, a obra contribui para o esforço de transformar os estudos culturais no Brasil, de uma espécie de exotismo, em objeto de investigação.

No entanto, algumas conclusões são, na verdade, menos fruto da pesquisa do que da premissa de que toda tradição provém de uma origem comum ancestral, radica-se a cada região e converge para as locais. Nessa perspectiva, não há espaço para o estudo da diversidade cultural, pois as práticas e crenças se repetem e são sempre as mesmas, aí residindo a principal limitação do livro.

A nosso ver, os textos de maior interesse são os que exploram o folclore brasileiro, em que o autor revela a sensibilidade e familiaridade com o universo popular, o brilho e a leveza de estilo que conferem à sua prosa a justa e notável reputação que iria conquistar nas décadas seguintes. A pesquisa sobre assuntos nebulosos e polêmicos dos primeiros tempos da colonização, embora datada, também desperta o interesse atual, revelando facetas características do pensamento historiográfico das primeiras décadas do nosso século. A cuidadosa revisão das fontes documentais e a perícia da argumentação são, sem dúvida, qualidades do Cascudo historiador aqui plenamente manifestas.

Já a sua concepção de etnografia é pouco aproveitável e demonstra as lacunas de um melhor preparo teórico e metodológico, bem como a pouca familiaridade do autor com as práticas da antropologia social. Apesar do esforço de incluir os índios nas temáticas tratadas, as notícias sobre as tradições desses povos não apresentam a consistência analítica que seria de se esperar. A bibliografia utilizada, que vai do século XVI ao XX, incluindo cronistas, religiosos, folcloristas, historiadores e antropólogos, é heterogênea e pouco criteriosa quanto ao valor documental das fontes. Além disso é acionada, com freqüência, de modo arbitrário e aleatório, mais para provar um argumento do que para ampliar o conhecimento do assunto. Hoje ninguém poderia aceitar uma série de pré-noções que percorrem os textos, tais como:

a idéia de um Deus escultor é universal [p. 98]; Dia a dia é mais difícil a confidência do índio e sua ignorância total pelo passado da família [p. 102]; a convergência para a narrativa bíblica foi um trabalho relativamente fácil da catequese" [p. 127]; [há um] papel disciplinador e central do herói-deus, dominando aves, animais e elementos [p. 140]; "a *couvade* é uma afirmativa orgulhosa da exclusividade masculina. O Pai é o único responsável pela vida que acaba de surgir [p. 178] ou a subalternidade feminina é patente em todas as religiões do mundo [p. 186].

Numa avaliação final, diríamos que a leitura desse pequeno conjunto de ensaios, apesar de conter premissas teóricas e metodológicas hoje em desuso, tem o mérito de despertar o interesse do leitor por abordar temas e problemas que continuam a desafiar nosso entendimento e permanecem em aberto. Além disso, constitui documento valioso sobre o pensamento social nas primeiras décadas do século XX, abrindo pistas a respeito da renovação dos estudos culturais nessa época, ainda pouco conhecida.

Como membro de uma geração de intelectuais que inicia seu trabalho na transição para a Modernidade, Cascudo mostra precocemente sua importância na renovação do campo de estudos sobre o saber tradicional e a originalidade de seu pensamento. Passando ao largo de correntes e tendências, ele resiste ao tempo, apesar do radicalismo, graças à capacidade de colher as vozes da memória e mantê-las viva. [M. S. P. A.]

JANGADA [41]. Quem já passou os olhos pelas páginas dos grandes livros do folclorista Câmara Cascudo (*Civilização e Cultura* [12], *Prelúdio e Fuga do Real* [69], *Flor de Romances Trágicos* [23], *Cinco Livros do Povo* [11] ou *Vaqueiros e Cantadores* [82], por exemplo) nota duas características de estilo na sua prática ensaística: uma linguagem mais acessível ao gosto popular e uma incisiva ironia em função de sua própria autoridade como pesquisador, diante de outrem.

Percebe-se também, como postura vivencial, uma excessiva nostalgia com relação às tradições e aos costumes antigos, anulados pela urgência moderna. Nesse ponto, Cascudo assinala seu toque aristocrático e reacionário diante da extensão tecnológica de sua contemporaneidade.

Pode-se dizer que em *Jangada*, livro publicado em 1957, aquelas marcas estilísticas e essa postura saudosista permanecem bastante vivas na investida interpretativa e crítica à temática brasileira jangada/jangadeiro, tendo como cenário o litoral nordestino.

Nesse livro, Cascudo reencarna-se na voz de um contador de história/estória, não obstante o teor científico do texto. Um simulacro virtual da representação escritural moderna. História e estória mesclam-se como marcas registradas nesse ensaio, fazendo lembrar o procedimento crítico e artístico do argentino Jorge Luís Borges. Cascudo faz uma provocação entre o real e o irreal, no cruzamento analítico dos depoimentos e das conversações dos jangadeiros, atrelado à voz narrativa da problemática desse grupo humano em extinção. Cascudo, o escritor.

Ele se reencarna, portanto, nas vozes dos jangadeiros ou pescadores, aqui e acolá, narrando e interpretando os pequenos depoimentos e as conversações truncadas que tivera com esses taciturnos homens do mar, sustentado por uma vasta bibliografia que vem desde o quinhentismo até o novecentismo. Cascudo, um tradutor etnográfico.

Em *Jangada*, o autor cria um mosaico antropológico cultural, a partir dos detalhes observados e analisados na vida e no habitat do jangadeiro e na jangada, entre a terra e o mar. Aí, chega-se a confundir, por momento, a voz do jangadeiro com a do escritor: "Todos sabem que sereia existe" (p. 14). De quem seria a voz? Eis a sutilidade escritural cascudiana, em que alguns historiadores alegam que Cascudo "chuta" muito.

Também se percebe, nesse livro, o tom ponderável do tempo existencial de Cascudo, um escritor de transição entre o mundo oral e o escrito: foi testemunho vivo e ocular dessa virada secular entre o sertão e o litoral, a carroça e o automóvel, o jumento e a bicicleta, tendo em conta todas as transformações modernas. Assim, tentou resgatar na memória temporal o máximo dos acontecimentos desse período, considerando as tradições e os costumes dos grupos humanos e das sociedades que desapareciam com a verve moderna. Desse modo, desenvolveu-se a temática jangada/jangadeiro, entre o espaço antigo e o moderno, clímax e decadência desses lobos do mar. É impossível *Jangada* passar isento desse contexto geral da obra cascudiana.

O texto fala da vivência e da sobrevivência de um grupo humano: os jangadeiros. Enfoca o elemento primordial de uso e de profissão desses homens: a jangada, instrumento, hoje, praticamente anulado pela necessidade populacional e pela demanda tecnológica do mundo contemporâneo. Cascudo frisa bem tal problemática no decorrer desse ensaio etnográfico. O livro fala, portanto, sobre o universo existencial e operacional do jangadeiro e da jangada brasileira, levando em conta todo um processo arqueológico e arquetípico universal, dentro da teoria funcional e comparativa.

Jangadeiros e jangadas existiram nos quatro cantos do globo terrestre, embora em instâncias diferenciais – por exemplo, na Índia e no Brasil antes da colonização (Igapeba ou Pipiri), descrita pelos historiadores quinhentistas e missionários que aqui estiveram no momento do descobrimento. Ambas diferentes em suas origens. Um modelo universal com suas formas diferenciais: eis o Cascudo platônico.

Cronologicamente, o livro pode ser dividido em duas partes: a primeira é o capítulo "O Jangadeiro", em que se descreve o homem e o seu habitat (terra/mar), com todas as suas tradições e os seus costumes (superstições, economia, educação, estrutura familiar, culinária etc.), dentro de uma visão antropológica cultural; a segunda é o capítulo "Presença no Brasil", entrecruzado por uma introdução etimológica do nome "jangada". É aí que se dá o desdobramento da evolução ou transformação da jangada brasileira pelas modificações da vela, da bolina e do remo de governo, analisadas por Cascudo. Nessa parte, expõe-se toda a origem, a nomenclatura, a construção, a geografia e a finalização da jangada no Brasil, relevando o litoral nordestino como espaço operativo e vital desse instrumento de trabalho e sobrevivência.

As questões mais problemáticas no livro são:

a. o olfato ou a visão determinando a perseguição dos tubarões em torno das jangadas, carregadas de pescado;
b. o coqueiro ou o cajueiro como elemento favorito ou operacional na vida do jangadeiro;
c. o pauperismo, entre a pobreza da pescaria e a do pescador, condicionando o homem ao meio;
d. o cronológico da primeira jangada a vela no Brasil.

As duas primeiras são mal solucionadas: os elementos verificáveis foram insuficientes, inclusive a bibliografia utilizada. Cascudo opta pelo olfato e pelo cajueiro:

por que não a simultaneidade de olfato e visão ou de coqueiro e cajueiro, marcando a ação de tubarões e jangadeiros? As outras são melhor resolvidas através de vasta bibliografia e de uma teoria mais fundamentada e consistente.

Jangada é um livro que parte do espaço local (litoral nordestino) como experiência vivencial, inserido num contexto nacional e mundial, determinando o limite geográfico da ação do trabalhador e da embarcação brasileira, com todas as suas possíveis influências e transformações no tempo, sob uma metodologia funcional e indutiva, numa visada etnográfica sem nenhuma concessão. [B. P.]

JANGADEIROS [42]. Segundo nos informa no prefácio o diretor do Serviço de Informação Agrícola do Ministério da Agricultura, que publicou esse livro, sua edição teve como propósito "tornar acessíveis aos professores, etnólogos, sociólogos e técnicos as peculiaridades das regiões típicas do país".

Em tempos de afirmação e institucionalização nacional das pesquisas sobre folclore, concretizadas na Comissão Nacional do Folclore e, mais tarde, na Campanha de Defesa do Folclore Brasileiro, Câmara Cascudo, o "maior folclorista brasileiro", precursor que mantinha relações tensas com aqueles movimentos, como aponta Luís Rodolfo Vilhena^1, traz para compor a tipicidade do país o mundo nordestino da jangada e dos jangadeiros.

Nas preliminares do livro, assinadas na Cidade do Natal, no dia de São Pedro, Câmara Cascudo apresenta as credenciais de sua narrativa: "No fim da rua onde me criei encalhavam as jangadas, outrora. Ainda são elas fabricadas por amigos meus. A curiosidade, nos vários planos da infância e maturidade, levou-me a conviver com jangadeiros, compadres e confidentes". E, ainda nas preliminares, o autor informa aos leitores – aqueles etnólogos, professores, sociólogos e técnicos citados no prefácio – que "Notas, livros, amizade com velhos mestres de jangada, veteranos de mar e vento, credenciarão este depoimento".

Como aponta Marcos Silva na discussão de um outro texto do autor, a ênfase recai numa etnografia que é tributária da memória pessoal muito mais do que dos recursos de campo ou de gabinete^2. Para além da memória pessoal, as outras fontes que articulam a narrativa do etnólogo/memorialista e cientista social, como cronistas e viajantes diversos e relatórios de várias capitanias de portos do Nordeste, parecem assegurar não só a cientificidade da pesquisa, como emoldurar o relato originário da primeira. Vez por outra, a articulação entre as diversas partes do relato, assentadas no tratamento científico proposto pela terceira pessoa do singular, é garantida pela intromissão de um "eu" – e muito mais raramente de um "nós" –, que se evidencia em locuções como "ainda assisti dançar o rei do coco jangadeiro" ou "já não alcancei as violas praieiras que meu pai dizia inseparáveis dos domingos jangadeiros".

1. Luís Rodolfo Vilhena, *Projeto e Missão: o Movimento Folclórico Brasileiro 1947-1964*, *op. cit.*
2. Marcos Antonio da Silva, "Câmara Cascudo e a Erudição Popular", *op. cit.*, p. 332.

Compondo, nos capítulos I e III, uma breve informação histórica sobre a presença da jangada, no Brasil e no mundo, e de suas técnicas de construção – "Jangada que usa prego vira no mar com toda certeza" –, tema de um outro estudo finalizado em 1954^3, é nos outros cinco capítulos que Câmara Cascudo adentra a geografia, os espaços e práticas do trabalho e os costumes e tradições dos jangadeiros do Nordeste brasileiro.

Identificando os limites da geografia jangadeira brasileira, aponta a presença da jangada em inúmeras praias dos estados de Alagoas, Pernambuco, Paraíba, Rio Grande do Norte e Ceará. Presença que, segundo o autor, prolongando-se nas águas inquietas do Atlântico, anuncia aos visitantes o "trabalho brasileiro [...] tarefa diária dessa vida primitiva e bravia". Trabalho jangadeiro que desenvolvido por mais de quatro mil pescadores em cerca de 1.400 jangadas, do litoral do Alagoas até as águas do Ceará, alimenta mais de 25 mil bocas.

Essa geografia jangadeira ganha em especificidade, familiaridade e afetividade quando se refere ao Rio Grande do Norte. Percorrendo o litoral do Estado praia a praia, o autor avança para o mar, identificando os lugares mais freqüentados pelos jangadeiros, percorre grutas, cabos, baixios, canais , arrecifes, referindo-se ao tipo de pesca praticado em cada local e deliciando-se em apontar os mistérios e perigos que, de acordo com as tradições orais, estavam associados a cada um desses lugares.

Mas é quando se refere à cultura material, vivências, rotinas de trabalho e, principalmente, à psicologia do jangadeiro que o texto de Câmara Cascudo revela-se mais instigante. Ganham destaque temas como hábitos alimentares, danças e cantigas, a importância das tradições da oralidade, as relações de vizinhança e parentesco.

Num desses trechos, um dos mais ricos do livro, em que tematiza a pesca do voador – "o mais proletário e fácil dos pescados brasileiros" e que em todo o percurso, de Natal até às praias paraibanas, vai matando a fome as populações litorâneas e do sertão –, Câmara Cascudo produz uma narrativa vivaz, que tece articulações sutis e emocionadas entre a cultura material da economia pesqueira do litoral nordestino e os costumes e tradições dos jangadeiros, demonstrando sua análise etnológica refinada

Acompanhando o calendário e os circuitos da pesca do voador, descrevendo as técnicas de seu preparo, o autor nos remete aos ritmos de vida das praias jangadeiras. Nessa narrativa/depoimento, o período da safra do voador é a época das feiras, bailes, lanternas mágicas, mamulengos. É também a época de

[...] pagar dívidas e abrir novos créditos, pedir mão de moça, raptar donzela ou mulher casada sensível, fazer roupa nova, fumar charuto com rótulo, ter um sapato espelhante, justar contas com inimigos, compor pazes, convolar núpcias, deixar a mulher, amigar-se com o amor imprevisto, dar presentes à Igreja e batizar filho chorão. Tudo pago pelo voador.

No entanto, logo após essa rica descrição dos modos de viver dos jangadeiros, que se animam na época da safra do voador, assumindo o papel de tradutor/mediador entre esses modos culturais do viver popular e as tradições letradas, Câmara

3. *Jangada – Uma Pesquisa Etnográfica* [41].

Cascudo nos informa que devido à taciturnidade tranqüila que lhe impõe a profissão, "o pescador de jangada não dispõe de um vocabulário expressivo e fácil para nos traduzir as visões da vida jangadeira".

É no papel de tradutor e mediador dessas tradições e vivências que Câmara Cascudo identifica uma psicologia e organiza uma antropologia do jangadeiro nordestino. Dialogando ironicamente com a cultura intelectual de seu tempo e afirmando sua erudição, o autor nos informa que esses objetivos mais gerais do livro foram alcançados prescindindo da ajuda de Freud e sem incomodar Frobenius nem Huizinga. Em sua formulação, condicionado, ou quase determinado, pelo meio ambiente e pelo silêncio que lhe impõe a profissão, o pescador nordestino, capaz de mostrar-se um "Nijinsk do bambelô", dono de grande energia lúdica e de uma sensibilidade viva e virgem, encontra-se preso a um temperamento lacônico, reservado e bisonho.

Os modos culturais de viver dos jangadeiros e as virtudes que os mesmos encerram, desafiados pela alfabetização e pela moral corrompida da vida urbana, "sob a pena de morte", devem adaptar-se às novas condições, perdendo a força de sua pureza primitiva. É nessa operação de organização sintética de uma psicologia e de uma antropologia, a partir das caracterização dos modos de viver desses pescadores, desenvolvidas ao longo de todo o texto, que Câmara Cascudo traz para compor a tipicidade brasileira a figura do jangadeiro nordestino.

A leitura atualizada de *Jangadeiros* parece propor que um dos desafios colocados para o pensamento social é o de apreender criticamente essas importantes tradições dos estudos folclóricos brasileiros, indagando sobre a força projetiva dessa e de outras formulações em nossas atuais pesquisas, concepções e teorias sobre a dinâmica das culturas populares no Brasil. [H. F. C.]

JERÔNIMO ROSADO (1861-1930): UMA AÇÃO BRASILEIRA NA PROVÍNCIA

[43]. A obra sobre Jerônimo Rosado inscreve-se entre os estudos biográficos que Cascudo dedicou a figuras do Rio Grande do Norte. Contando pouco mais de setenta páginas, ao volume foram acrescentados, na edição da editora Pongetti, dois outros trabalhos versando sobre Jerônimo Rosado, de autoria de Vingt-Un Rosado, os quais perfazem dois terços do livro.

O mais extenso dos capítulos, o terceiro, assume um lugar de destaque na urdidura do livro. Nele, o autor realiza um recuo cronológico para permitir ao leitor a compreensão dos incansáveis trabalhos que Jerônimo realizará e que serão expostos nos dois capítulos seguintes. Nele, igualmente, estão revelados traços do método de composição que orientaram essa, como ele chamou na dedicatória, "História" de Jerônimo Rosado.

Jerônimo Rosado nasceu no sertão da Paraíba, em 1861, de pai português, agricultor e criador de gado. Em 1885, órfão, deixa o balcão do comércio e segue para a Corte, para estudar Farmácia na Faculdade de Medicina do Rio de Janeiro.

Abre-se para Jerônimo um período de formação. As adversidades enfrentadas por ele integram as provações que terá de enfrentar no Rio de Janeiro. Para reconstruir essas provações, Cascudo mobiliza recursos estilísticos de escritor competente, estruturando o capítulo sobre uma série de contraposições que repousam sobre uma base comum: a oposição entre duas realidades culturais e geográficas, o Rio de Janeiro cosmopolita e o sertão rude, presente no temperamento e nas posturas de Jerônimo.

Logo de início, na primeira atitude que Jerônimo manifesta em face da visão da cidade, o leitor pressente sua resistência e lê o sinal da vitória diante do embate que será desencadeado: "O meio milhão de habitantes do Rio de Janeiro não o atordoam nem estarrecem." (p. 37 da edição da Ed. Pongetti). Alheio à buliçosa vida literária do Rio de Janeiro, Cascudo faz o leitor visualizar Jerônimo, que "no seu quartinho de pensão humilde, estudante sem mesada, estirava a roupa amarfanhada com uma garrafa. A engomadeira era luxo. Devia lavar, discretamente, a roupa branca, inacabável, pelos cuidados" (p. 37).

À vida interior cultivada por Jerônimo, na entrega ao labor intelectual metódico e seguro, Cascudo contrapõe o mundanismo da sociedade carioca, na qual o prestígio é conferido aos que manejam a palavra fácil: "O Parlamento era um viveiro de eloqüência. As famílias ricas davam festas deslumbrantes. O Imperador Pedro II não oferecia festas, o que Jerônimo imitaria" (p. 38).

Em meio às paixões que incendiavam a mocidade do tempo, irrompem os hábitos sertanejos de Jerônimo:

> Dizia-se republicano. Não bebia vinho. Detestava o cheiro do charuto. Comia canja todos os dias, mesmo no camarote do teatro. Não canja de galinha mas, preferencialmente, de macuco, jaó, a nossa zabelê. Homem sem infância, filho sem mãe, "maior" antes de tempo, era uma alma compreensiva, solitária, álgida. Estudava hebraico de madrugada, culto e simples, sem que jamais animasse a defesa intelectual do regímen. Era um piloto fatalista, ausente de todas as bússolas doutrinárias (p. 38).

Com a conjunção adversativa que abre o parágrafo seguinte, Cascudo sugere o reencadeamento do confronto, realçando a força imperiosa do meio carioca sobre o sertanejo: "Mas o Rio de Janeiro era cidade imensa, derramada pelos morros, alongando-se na orla do mar, avivada pela moldura de vegetação incomparável, num conjunto sedutor de metrópole tropical, suja, brilhante, acolhedora, inesquecível" (p. 38).

Sedução logo neutralizada pela indiferença de um caráter superior, temperado nas resistências:

> Jerônimo Ribeiro Rosado, segundo-do-nome, era rapaz tranqüilo, consciente, lógico. O pai morrera. 1877 esvaziara a pequena fortuna. [...] enfrentando o desajustamento do seu temperamento com aquela alegria sonora de cidade povoada de boêmios, serenatas e lirismos noctívagos. Era um sertanejo sem lamúrias, sem intimidades, sem pedidos insistentes (pp. 38-39).

Seguem-se outras contraposições, que operam como estratégias de persuasão empregadas pelo autor^4. Concebido por Cascudo como "motivo de alta intensidade

4. Peter Gay, *O Estilo na História*, trad. Denise Bottmann, São Paulo, Companhia das Letras, 1990, p. 177.

humana", Jerônimo emerge nessa biografia como o indivíduo que se singulariza diante da coletividade, dos "tipos genéricos" (pp. 10-11), corroborando a imagem do pioneiro, patriarca fundador de extensa descendência, que ele nomeou, numerando os filhos em latim e francês, formando-os no amor à terra, preparando-os para a continuidade nos negócios e no poder que se conservou por décadas após sua morte. O empreendimento intelectual que incluiu a escrita de uma "História de Mossoró", na qual Jerônimo cintila como mito fundador e herói civilizador^5, deu, entre outros resultados, a Coleção Mossoroense, que editou e reeditou a biografia de Jerônimo Rosado, tendo publicado inclusive outros títulos de Cascudo, entre eles *Notas e Documentos para a História de Mossoró*, de 1955^6.

Ao servir-se fartamente, nessa biografia, de escritos de memorialistas e do depoimento pessoal dos descendentes e membros da parentela de Rosado, Cascudo, extremando o caráter de mutilação que está na origem da reconstrução da história, esculpiu uma figura adamantina, sem fissuras, que pode ser facilmente conduzida à categoria de vida exemplar, digna de ser imitada^7. Somente valorizando o depoimento de testemunhas vivas dos eventos do passado, segundo afirmou em prefácio de uma obra publicada em 1965, poderia o historiador cumprir sua tarefa, a de insuflar vida a um mundo desaparecido, permitindo reconstituir essa "história real de nossa família política"^{8}, a que o tempo conferiu homogeneidade e eliminou os escolhos, para junto do leitor "recordar esses mortos, para que a memória deles não morresse também [...]" (p. 13).

Concluído o ciclo de formação de Jerônimo, Cascudo constrói uma cena final, postando-o na contemplação do caminho novo que se descortinava. Por meio da imaginação literária, que permite ao autor adentrar-se onde as fontes documentais não alcançam, Cascudo ausculta os sentimentos íntimos do herói:

Terminara a etapa. Olhava, enamorado, a Carta de Farmacêutico. Para ela e não para o Rio de Janeiro envolvente, o Sul sedutor, volvia a esperança do trabalhador. A demora em voltar era o exame para o reajustamento no sertão, no sertão legítimo, abrindo novo ciclo na vida esforçada. Não lhe passou pela cabeça continuar no Rio de Janeiro, agora titulado num curso superior (p. 43).

Apto para iniciar a ação na província, o herói retorna, muda-se para Mossoró, situado setenta léguas a nordeste de Natal, empório comercial da região^9, monta

---

5. A noção de "herói civilizador" foi aplicada pelo próprio Cascudo a Rosado e explorada criticamente por Francisco Fagundes de Paiva Neto, *Mitologias do "País de Mossoró"*, Mossoró, Fundação Vingt-Un Rosado/ETFR/Uned; João Pessoa, Secretaria de Educação e Cultura, 1998 (Mossoroense/C/1056).
6. Luís da Câmara Cascudo, *Notas e Documentos para a História de Mossoró* [61]. Sobre a Coleção Mossoroense ver: José Lacerda Alves Felipe, "A Coleção Mossoroense: Tendências de Editoração", 3ª Fórum de Cultura de Mossoró. Sem local, datilografado, sem data.
7. A idéia de mutilação do conhecimento histórico está em: Paul Veyne, *Como se Escreve a História*, trad. Antonio José da Silva Moreira, Lisboa, Edições 70, 1987, pp. 23-24.
8. Luís da Câmara Cascudo, *História da República no Rio Grande do Norte* [35].
9. Francisco Fausto de Souza, *História de Mossoró*, 2ª ed., Mossoró, Fundação Vingt-Un Rosado/ETFRN/ Uned, Mossoró, 1995, pp. 21-23.

farmácia, manipula fórmulas, empenha-se nas lutas redentoras da época: açudagem, estradas de ferro, exploração mineral, instrução pública.

Jerônimo não foi à Corte em busca de fortuna, nome na política, glória literária. Esse itinerário de tantos moços das províncias do Norte para o Sul, no Império, entrando pela República, com a intensificação da supremacia de uma região sobre a outra, passou para a escrivaninha dos literatos nordestinos, à medida que se forjava o discurso regionalista do século XX. A mesma contraposição entre as duas regiões foi tematizada por uma ficção que podia fazer o herói nordestino ser tragado pelo Sul, como em José Américo de Almeida, mas em geral fazia triunfar no final as forças telúricas atuantes no indivíduo, no *ser* nordestino^{10}, como ocorre em romance precursor de Mário Sette, ou num romance de Gilberto Freyre, e é testemunhado nas memórias íntimas de intelectuais como Oliveira Lima e Joaquim Nabuco^{11}.

Ressaltando em Jerônimo o itinerário dos filhos que retornam e aplicam na província uma modernidade técnica abrandada pelo amor telúrico, Cascudo, que já havia notado e lamentado essa tendência moderna de drenagem de jovens das pequenas cidades para os grandes centros urbanos^{12}, revela a empatia que o aproxima de seu biografado. Cascudo também realizou a viagem de Jerônimo, absorvendo uma cultura universal, mas recusando as oportunidades de viver fora de sua Natal provinciana. Foi fixado no casarão da rua Junqueira Ayres, n. 393, que o "professor de província" realizou obra de alcance nacional. [R. A.]

JOIO [44]. Esse livro, o segundo de Câmara Cascudo, representa um conjunto de textos que se insere na história da cultura brasileira numa época em que a literatura era o espaço hegemônico da vida cultural do país: a época do Modernismo. São textos que apontam para a necessidade da pesquisa da realidade local, refletindo, de alguma forma, o ideário nacionalista que se desenharia nas primeiras décadas do século XX e, ao mesmo tempo, significam uma tentativa de atingir um pensamento e uma prática cosmopolitas. O contraponto dessa tentativa seria, no entanto, o ambiente provinciano acanhado e conservador, do Rio Grande do Norte e do Nordeste, elementos geradores de uma tensão que se manifesta nos seus primeiros escritos. Nesse sentido, vanguarda, cosmopolitismo, nacionalismo e regionalismo tomam forma na obra do ensaísta Câmara Cascudo e se apresentam como elementos problematizadores para o seu entendimento.

---

10. Sobre o discurso regionalista nordestino e as noções essencialistas como a de *ser nordestino* ver Durval Muniz de Albuquerque Junior, *A Invenção do Nordeste e Outras Artes*, Recife, Fundação Joaquim Nabuco/Massangana, São Paulo, Cortez, 1999.

11. José Américo de Almeida, *Reflexões de uma Cabra*, 2ª ed., Rio de Janeiro, INL/Leitura, 1971 (1ª ed., 1922); Mário Sette, *Senhora de Engenho*, Recife, ASA, 1986 (1ª ed., 1921); Gilberto Freyre, *Dona Sinhá e o Filho Padre*, Rio de Janeiro, José Olympio, 1964; Fernando da Cruz Gouveia, *Oliveira Lima – Uma Biografia*, Recife, IAHGP, 1976; Joaquim Nabuco, *Minha Formação*, 5ª ed., Brasília, UnB, 1963 – especialmente, o capítulo "Massangana".

12. Luís da Câmara Cascudo, *Ontem: Maginações e Notas de um Professor de Província* [65].

Com o subtítulo "Páginas de Literatura e Crítica", *Joio* traz nas suas páginas finais vários "Excertos da Crítica sobre o *Alma Patrícia*" [1]. De João Ribeiro ao Conde Affonso Celso, de Rocha Pombo a José Américo de Almeida, do argentino Luís Emílio Sotto ao Conde d'Eu, todos elogiam o *mérito* do primeiro livro de Luís da Câmara Cascudo. A mesma unanimidade não se daria em relação a *Joio*: pelo menos Mário de Andrade não gostou muito do livro, e expressa claramente, numa carta enviada ao seu autor, a sua preferência pelas *Histórias que o Tempo Leva*... [37], que formam um *livro*, numa concepção mais inteiriça e completa^{13}. É necessário, então, informar que *Joio* fora publicado a partir da junção de vários textos cuja origem é a contribuição jornalística de Câmara Cascudo à imprensa potiguar. Além dessa apreciação, Mário de Andrade observou mais dois, digamos, "defeitos" em *Joio*: "Nas suas críticas há *uma mistura de bom e mau* que me atordoa. Aliás isso não tem importância porque é opinião minha, pessoal. Em todo caso admirou-me *a facilidade dos seus entusiasmos*" (p. 32, grifos meus).

Em concordância com Mário de Andrade, e com ressalvas ao ecletismo ainda não de todo examinado pelos estudiosos da obra de Câmara Cascudo, tomamos como ponto de partida de análise uma amostragem contida na coletânea *Joio*, que é o lugar de onde o ensaísta potiguar alça o seu vôo em direção ao reconhecimento da crítica cosmopolita... brasileira.

Na parte do livro que se denomina "Páginas de Crítica" salta aos olhos o entusiasmo com que o autor descreve os renomados intelectuais que circulavam na vida literária carioca e que ele irá tomar como modelo cosmopolita. Diga-se de passagem, Câmara Cascudo conviveu plenamente naquele meio, quando da sua temporada no Rio de Janeiro como estudante de medicina. A escritura do material referido é fruto daquela experiência e ao mesmo tempo é um esforço no sentido de recriar em Natal um ambiente propício às letras. Numa linha elogiosa, desfilam em *Joio* vários personagens: Elísio de Carvalho, Menotti del Picchia, Agripino Grieco, Laurindo de Brito, Rocha Ferreira, Jorge de Lima, Benjamim Costallat, Adelino Magalhães, Medeiros e Albuquerque, Fidelino de Figueiredo. Na descrição de todos eles fica patente a preocupação com o exemplo de talento, genialidade, criação pessoal, renovação, erudição, elegância e versatilidade; atributos que ficarão para sempre na personalidade de Câmara Cascudo como um ideal a perseguir pela via do cosmopolitismo^{14}.

---

13. Cf. Mário de Andrade, *Cartas de Mário de Andrade a Luís da Câmara Cascudo*, *op. cit.*
14. Adotamos como noção de "cosmopolitismo" aquela estritamente ligada à modernidade, como esclarece Jorge Schwartz: "Superados os preconceitos que o termo cosmopolita possa provocar, o século XIX chega à acepção mais corrente até hoje, que vê o cosmopolita como o cidadão capaz de adotar qualquer pátria. Mais ainda: o homem cosmopolita é aquele que, em conseqüência da multinacionalidade, é capaz de falar muitas línguas e transportar-se de um país para o outro sem maiores dificuldades. Isso não impede, no entanto, que autores de grande cultura universal, e verdadeiros cosmopolitas do ponto de vista de sua produção textual, nunca tenham saído de seus lugares de origem" (p. 6). Jorge Schwartz, *Vanguarda e Cosmopolitismo na Década de 20: Oliverio Girondo e Oswald de Andrade*, São Paulo, Perspectiva, 1983.

Faltaria, no entanto, autenticidade e verossimilhança ao nosso personagem, se não o víssemos pelo outro lado da medalha, qual seja, o sentimento localista que, de igual peso na cultura brasileira, permitirá ao futuro autor de *Vaqueiros e Cantadores* [82] uma visão das manifestações regionais brasileiras. Por essa via, o mesmíssimo autor cosmopolita de *Joio* admira aqueles que falam do interior do país: Gustavo Barroso, Roquette Pinto, Lucilo Varejão. Lembremo-nos, também da referência, que já se fizera em *Alma Patrícia* [1], à figura exótica do poeta natalense Ferreira Itajubá como um pastoril no meio de tantos plumitivos franceses...

No ensaio sobre o pernambucano Lucilo Varejão, Câmara Cascudo pratica a chamada "crítica viva" quando opina e informa sobre nomes e obras que, no calor da hora, nunca tinham antes aparecido aos leitores da provinciana Natal. Os três primeiros parágrafos do ensaio caracterizam a literatura brasileira como "em formação" e, portanto, com vida e espaços abertos "a qualquer planta". Após se referir ao "tumulto das correntes estéticas de hoje" em meio perverso e criador de glórias efêmeras, destaca a figura de Monteiro Lobato, cujo "malabarismo clássico-brasileiro [...] realiza o milagre de ser lido duas vezes". A agitação paulista é nomeada:

São Paulo sacode numa dissonância de *Cathedrate Engloutie*, a *Paulicéa Desvairada* ou *O Homem e a Morte*. Para o intenso viver das gentes ocupadas na onda verde do café, a sonoridade verbal do Menotti, as linhas "esquisses" de Oswald de Andrade ou Raoul Pollilo, versos mussetianos de Guilherme de Almeida ou caipirismos de Cornélio Pires, passam e deslumbram como o abre-fechar de uma datilioteca (p. 89).

O intuito do ensaio, no entanto, é chamar a atenção para o abismo entre o Norte e o Sul do país e, naqueles anos de poesia, clamar pela construção de um romance nacional... que sairia do Norte (leia-se "Nordeste"): "O romance, como a mais perfeita expressão de cultura ambiente, só representará o Brasil legítimo se sair do Norte. Não é separatismo. É exclusivamente a construção artística de um scenario que a Europa tem parcamente influído" (p. 90).

Sintomaticamente, se temos em mente a imensa força do movimento regionalista nordestino, já ativo naqueles anos, Pernambuco aparece para Luís da Câmara Cascudo como o mais brasileiro de todos os estados. Raro momento em que se percebe uma sintonia perfeita entre o pensamento cascudiano e as idéias regionalistas de Gilberto Freyre:

[...] Pernambuco de história tão vasta e tão longa que é a própria história do Brasil por muitos séculos, está na obrigação moral de agir fortemente.

Se algo existe de novo, é demasiado novo. Pernambuco efigia tipicamente o Brasil. Vive por crises. Crise de letras, crise de finanças, crise de política. Na minha simpatia pelo Estado, vive o desejo de vê-lo, maior ainda do que está e menos do que merece. Para o seu viver intelectual, vários nomes animam um futuro melhor (p. 90).

Enquanto se restringe a uma apresentação das manifestações literárias do Rio Grande do Norte, no seu primeiro livro, em *Joio*, Câmara Cascudo tenta a "desprovincianização" e faz a leitura de vários escritores e poetas brasileiros e argentinos. O livro, que se divide em três partes, apresenta na sua primeira parte um conjunto de crônicas nas quais o autor dá os seus primeiros passos como aquele que irá representar literariamente a memória cultural que se deposita nos mitos. Interessa, nesse caso, o ponto de vista do sujeito que reflete sobre a Modernidade, uma "força fatal" desmistificadora que, no entanto, encontra na tradição dos costumes enraizados na memória uma resistência. É essa a tensão presente na maioria das onze crônicas.

Ainda em *Joio*, chama-nos a atenção o aspecto "indicial" das primeiras obras de Câmara Cascudo, elemento fundamental para a compreensão do conjunto da sua obra. Se é possível para o analista seguir as pistas que o autor vai deixando ao longo dos seus textos, abre-se uma perspectiva para a compreensão dos eixos básicos que norteiam o conjunto visado e, então, desfaz-se relativamente a aparência assistemática que o leitor pressente numa primeira leitura da obra cascudiana. Na verdade, muitos dos aspectos desenvolvidos por ele, posteriormente, já estão presentes como gérmen nos seus primeiros livros e esparsos.

Para concluir esta rápida leitura, fiquemos com as palavras finais do cronista de "Natal à Noite", a segunda "página de literatura" de *Joio*, que é um modo de elogiar a cidade do Natal que ele trouxe para a literatura:

> Perduram no ar as notas sonoras da estridência guerreira do galo. Aparece mais alguém, depois outros. Grupos descem, vagarosos e calmos. Pelas oficinas já existe um sussurro de vozes, um tinir de ferros. Nas gares, as locomotivas fremem sob pressão. Luzes espreitam pelas frinchas das janelas. Apagam-se as filas luminosas das lâmpadas. Sacolejam-se, no calçamento, as primeiras carroças. Recolho-me. Pelo céu, desdobra-se, multiplica-se, alarga-se, uma imensa nódoa luminosa [...] (p. 18, grifo meu)^{15}.

[H. H. A.]

---

15. Foram também referências para esse verbete os textos: Antonio Candido, *Literatura e Sociedade*, 6ª ed., Rio de Janeiro, Nacional, 1980 e *Formação da Literatura Brasileira: Momentos Decisivos*, 5ª ed., Belo Horizonte/São Paulo, Itatiaia/Edusp, 1975, 2 vols.

LENDAS BRASILEIRAS [45]. A edição inaugural desse livro, de 1945, foi planejada e produzida por Leo Jerônimo Schidrowitz, com grande requinte: papel preparado especialmente pela Klabin, a Litografia Luccano imprimiu os 21 desenhos ilustrativos de Martha P. Schidrowitz. Da mesma artista plástica, é a cabeça de cobre que ornamenta a capa, baseada em cerâmica indígena e realizada pelo Ateliers Reunidos. Os Schidrowitz figuraram como co-autores da obra. Nas edições seguintes, somente o nome de Cascudo é mencionado e as ilustrações são de Poty, com um adendo: "Vocabulário e Informações".

Algumas lendas são narradas a partir de relatos escritos, mencionados no adendo, e outras foram recolhidas oralmente pelo autor. A narrativa é clássica, concisa, direta, empática e com poucos comentários. Às vezes, beira o verso branco. Esse volume é antecedido pela *Antologia do Folclore Brasileiro* [31] (1944) e seguido pela *Geografia dos Mitos Brasileiros* [28] (1947). Essa preocupação com a variedade e geografia estava em sintonia com a dissolução de um regime centralizado e autoritário, o Estado Novo, e o reaparecimento dos problemas regionais. Eis a seleção:

NORTE – "A Lenda da Iara"; "Cobra Norato"; "Sapucáia-Oroca"; "Barba Ruiva". Lendas de extração indígena, centradas na questão da metamorfose e da grande floresta.

NORDESTE – "A Cidade Encantada de Jericoacoara"; "Carro Caído"; "Senhor do Corpo Santo"; "Mangas Jasmim de Itamaracá"; "Morte de Zumbi". Lendas calcadas no ciclo pecuário sertanejo ("A Cidade Encantada" e "Carro Caído"), na presença holandesa ("Senhor do Corpo Santo"), no catolicismo de renúncia ("Mangas Jasmim") e na resistência negra ("Morte de Zumbi").

LESTE – "O Frade e a Freira"; "A Serpente Emplumada da Lapa"; "O Sonho de Paraguassu". Todas calcadas em bases católicas: a renúncia ao amor em "O Frade e a Freira", a fundação de uma cidade num contexto de misticismo, a magia em "A Serpente Emplumada" e a inclinação cristã dos índios em "O Sonho de Paraguassu".

SUL – "Negrinho do Pastoreio"; "A Lenda da Gralha Azul"; "Fonte dos Amores"; "A Virgem Aparecida"; "A Lenda de Itararé". As duas primeiras remetem aos pampas.

"A Fonte dos Amores" e "A Virgem Aparecida" remetem à fundação do Passeio Público no Rio de Janeiro e à fundação do culto e da igreja em Aparecida do Norte (São Paulo). E a última ("A Lenda de Itararé") refere-se ao ciclo das bandeiras.

CENTRO – "Tatus Brancos"; "A Missa dos Mortos"; "Chico Rei"; "Romãozinha". As duas primeiras estão relacionadas ao ciclo das bandeiras, sendo que a primeira evoca um contexto de canibalismo e vampirismo e a segunda é atestada na Península Ibérica. "Chico Rei" remete à festa de Reis e "Romãozinho" é uma fábula goiana com desfecho moral.

Algumas considerações podem ser feitas com proveito. Cinco das lendas referem-se a fundações de vilas, cidades, cultos, logradouros e baseiam-se em eventos plenamente históricos. Em "O Sonho de Paraguassu", o autor relata o substrato histórico e depois a lenda. Esse material é precioso para antropólogos e psicólogos, pois mostra como a imaginação popular se apropria de eventos históricos e os transforma em lendas e mitos. Nesse caso, o veículo para a transformação é uma estátua que causa profunda impressão ou à qual se atribuem milagres.

Outra dimensão digna de referência é a presença de mitos e lendas originárias de outros povos que não os ibéricos. A história e, especialmente, o desfecho de "O Frade e a Freira" remetem a *Tristão e Isolda*. Intrigante é a presença da serpente emplumada, símbolo central de uma divindade centro-americana, numa lenda católica da fundação de uma cidade (Lapa, na Bahia). Em o "Senhor do Corpo Santo", Jesus aparece na forma de um mendigo, como o profeta Elias nas lendas do judaísmo popular, o que seria compreensível pela grande presença de cristãos-novos na Colônia. Há uma ausência significativa na seleção nordestina, pois a presença de tradições mouriscas é bem atestada, inclusive na música. De maneira geral, há uma acentuação da tradição ibero-católica em detrimento de outras.

"Negrinho do Pastoreio" é a mais impressionante síntese dos horrores da escravidão negra no país. Uma criança trabalha e sofre desmandos nas mãos de um fazendeiro caprichoso. Perde uma corrida em que o patrão apostou muito dinheiro e, depois de surrado, é colocado num formigueiro por três dias, depois do que seu corpo desaparece para ser visto, eventualmente, por tropeiros e boiadeiros que perdem seu gado. A referência ao calvário de Jesus é direta. É intrigante que essa lenda tenha se difundido no sul do país, onde a escravidão negra era bem menor que no Nordeste ou no Sudeste.

Mas há uma explicação para o desvario desse europeu nos trópicos: o mundo dos aborígenes era apavorante, com suas oníricas metamorfoses (Iara, Cobra Norato) e tentações de abdicar do Cristianismo pelo amor de uma linda índia. Sabedoria teve o europeu Caramuru, dando filhos a Paraguassu, o que possibilitou à índia ter sonhos premonitórios com a Virgem Maria.

Ainda em 1945, os cultos afros e indígenas não podiam ser evocados pelo autor. Quebrava-se a resistência, apagando a identidade. Trabalho vão, pois eles ainda estão aí, na realidade e na escrita de outros antropólogos e folcloristas. [R. S. S. B.]

LITERATURA ORAL [46]. Quando apareceu a série História da Literatura Brasileira, coordenada por Álvaro Lins e editada pela José Olympio na década de 1950, na coleção Documentos Brasileiros, um fato parecia inusitado e notável: O volume VI, por Luís da Câmara Cascudo, trazia o título *Literatura Oral.*

Apesar das críticas que depois foram feitas ao paradoxo da denominação literatura oral, nesse caso, podemos dizer que, para além de uma estratégia lúcida, trata-se de uma conquista, que não voltaria a se repetir. É que, guardando o modo de ser, o específico e os circuitos da criação popular, não se excluiu essa presença do conjunto que representa a nossa literatura, inscrevendo assim a literatura popular tradicional na série literatura brasileira.

Cascudo justifica dizendo que a denominação é de 1881, e aproveita para, através daí, apresentar um grande panorama que, no fundo, termina sendo um painel de sua obra. Ao nos falar de Paul Sebillot e de seu conceito, utilizado acerca da *Haute Bretagne*, repete o mestre dizendo: "A literatura oral compreende aquilo que, para o povo que não lê, substitui as produções literárias".

Hoje, já não podemos pensar em substituição mas em um modo de criação que tem seu registo próprio. Não se trata de substituir mas de recriar nos suportes possíveis, e em sua própria linguagem, uma poética – a tradicional, que se expressa em várias escalas e utilizações da letra e da voz.

Em posfácio de *A Letra e a Voz*, de Paul Zumthor^1, mencionei como seria fundamental a continuação desse caminho aberto por Cascudo. Pioneiro, vivo, desbravador e cheio de encanto, sem perder a oportunidade para um comentário sugestivo, uma alusão bem realizada.

Guardadas as inflexões dos comentários de época, de suas matrizes ideológicas e do que isso implica enquanto adesão ao "folclore", há, no entanto, nessa, como em outras de suas obras, uma vivência inigualável, a força de um conhecimento que não se improvisa e que, afinal, vai nortear os caminhos de uma vida e de uma obra, a mais importante que já se realizou entre nós, nesse domínio.

O livro é composto de dez capítulos muito bem articulados logicamente. No primeiro, discute técnicas e fundamentos; no segundo, discorre sobre o que chama de espécies de oralidade, mas trata de gêneros orais e de suas relações. E aí, contempla a variedade e riqueza da transmissão e da recriação, inclusive dos jogos infantis, dos jogos de linguagem de parlendas e advinhas, das formas mnemônicas que organizam e conduzem complexas poéticas orais.

Um outro fator de modernidade, ao situar os materiais, é aquele que concerne à narração e ao ato de narrar. É assim que o autor nos fala de condições específicas e localizadas, a depender da relação do sujeito narrador com o seu ouvinte. É a integração sensível do pesquisador com o seu objeto. Ele nos diz que "as fábulas, contos de aventuras, apareciam no decorrer de uma amizade que se tornara íntima" (p. 81).

---

1. Paul Zumthor, *A Letra e a Voz*, trad. Amálio Pinheiro e Jerusa Pires Ferreira, São Paulo, Companhia das Letras, 1993.

E também destaca o que concerne à oralidade e informação, alcançando até os aspectos fonemáticos-semânticos, como é o caso de ter observado com minúcia a nasalidade, quando da emissão de certos gêneros orais, o que Geneviève Calame Griaule viria a estudar tantos anos depois, na África^2,como tão bem nos lembrou Bráulio do Nascimento.

Nos três capítulos seguintes, articula questões e oferece subsídios sobre a participação indígena, negra e ibérica. Mesmo ainda preso à idéia dos três grupos formadores, omitindo as tensões de vária espécie, as lutas sociais, nos traz muitos elementos, alguns em segunda mão, outros por ilação e outros resultados de observação, que oferecem subsídios para refletir e aproveitar caminhos.

O interessante é que, apesar da divisão tripartite, ele não deixa de perceber que "segunda geração brasileira, mamelucos e curibocas, 'cabras' e mulatos, foi a estação retransmissora, espalhando no ar as estórias de seus pais". Estava consciente da importância da mestiçagem (ou melhor dizendo da sobreposição) como organizadora do nosso texto de cultura. Apesar de aí ter deixado de lado outras etnias, sabemos como elas estavam sob a sua prospecção – por exemplo, tradições como a judaica e a árabe.

O sexto capítulo trata do que denomina fontes impressas, e aí, enfoca, com propriedade, os romances ibéricos e sua permanência na tradição oral brasileira, trazendo importantes subsídios para a história da recepção e da leitura entre nós.

Intercala e coloca no capítulo VII toda uma discussão teórica que vai levar à sua pesquisa do conto popular, e ao método histórico-geográfico – motivos e elementos. Segue-se no VIII uma pequena antologia do conto popular brasileiro.

Nos últimos capítulos, IX e X, configura a recriação mais especificamente brasileira, no que toca aos romances, como os do ciclo do gado ou a gesta dos valentes e os autos populares e as danças dramáticas (denominação de Mário de Andrade) para os nossos folguedos, como as congadas e o bumba-meu-boi^3.

Ao percorrer sua biblioteca (em 1994), observando desde a constituição do acervo às suas marcas de leitura, pude entender melhor o alcance de sua procura e a dimensão do seu trabalho. Se existe algo coerente e articulado é a organização desse corpo de livros, que reflete o perfil de um intelectual, pesquisador e escritor como Câmara Cascudo.

Comparatista, identificado com a escola finlandesa, com os motivos e tipos de Aarne & Thompson, rastreador incansável de temas e suas redes, extensões e canais de comunicação – essa obra do potiguar aponta para o universal, e daí retorna trazendo elementos precisos para explicar o fato regional, a partir de uma perspectiva mais ampla.

Não se identificando com as conquistas do mais recente século XX, omitindo questões sociais da maior importância, ele nos traz, no entanto, instrumentos que são indispensáveis, para entender e nos aproximar de repertórios ainda vivos, sobre-

2. Geneviève Calame Griaule, *Pour une anthropologie des voix*, Paris, Harmattan, 1993.
3. Mário de Andrade, *Danças Dramáticas do Brasil*, *op. cit*.

tudo nos sertões do Brasil, e até nas grandes metrópoles, para onde se deslocaram e deslocam contingentes migrantes.

Esse livro cumpre o papel de germinadouro e é, em si mesmo, um monumento, tanto no que toca aos repertórios levantados, quanto pela intuição que faz dele um panorama, um ponto de partida e também de chegada. Estão aí previstos também vários delineamentos para sua obra, então em curso, como está contido o rebatimento daquela já realizada. Aí, encontramos, bem nitidamente, a presença de *Vaqueiros e Cantadores* [82], *Geografia dos Mitos Brasileiros* [28], *Cinco Livros do Povo* [11] e, entre outros, as próprias antologias que preparou.

Audacioso e sutil, já estudara nas décadas de 1940 e 1950 a performance, o corpo e o gesto, as condições físicas da performance e sua relação com o receptor. Marca ainda muitos pontos nos comentários que estabelece, relacionando o *corpus* observado ao mundo que para ele representava a modernidade, os novos meios de transporte e de comunicação.

Ao nos falar dos folguedos assistidos, ele os transmite para nós como os elementos vivos da literatura oral: "um mundo sonoro e policolor aglutinando saldos de outras representações apagadas na memória coletiva, resistindo num verso, num desenho coreográfico". Corpo e gesto são contemplados e a noção de performance se insinua e afirma mais uma vez, para dar conta desse território de plurissensorialidade-multiplicidade visual e sonora.

Porém o que mais impressiona é o desenho que faz de toda uma tradição, vindo a formar um corpo de referência necessária, que vai dos gêneros orais e de seu conhecimento aos textos das literaturas universais que com ela interagem.

Passando da teoria ao vivenciado, de elencos estabelecidos, a partir da leitura de obras fundamentais da literatura portuguesa, dos visitantes estrangeiros e dos historiadores do Brasil-colônia, essa obra faz-se uma espécie de baliza. Mas é também uma possibilidade de avaliação do "grande texto oral", passando pela teoria dos gêneros orais e de sua exemplificação à observação daquilo que ele considera as fontes de nossa literatura oral. Daí ao livro impresso, à relação oral/escrito que nos conduz àquilo que venho considerando as "matrizes impressas do oral".

Há ainda nesse livro um ponto notável e lúcido, motivação para muitos estudos a se fazerem, apesar de ela ter dicotomizado excessivamente. É quando aponta para a literatura tradicional do seguinte modo:

1. Exclusivamente oral (o que não é bem assim, sabemos que oral e escrito se completam em diversos níveis e que seria melhor dizer dominantemente oral, ou de realização oral).
2. Os livrinhos orais, a versificação popularizada desses livrinhos – com ou sem fixação tipográfica (ele nos diz), essa matéria pertence à literatura oral.

E é esse um dos momentos em que sua contribuição se faz, de fato, muito importante pois aí se oferece toda uma documentação, que nos permite alcançar a constituição dessa literatura da voz, tão assentada também em tradições letradas, que por sua vez apontam para um lastro mítico e para um conjunto de práticas de transmissões vocais e populares.

Diríamos que a obra de Teophilo Braga é um dos maiores apoios de Câmara Cascudo, inclusive os *Livros do Povo Português* (aliás, citado tão discretamente), que oferece também subsídios para os *Cinco Livros do Povo*, como pude verificar^4.

Mesmo depois dessas conquistas, o autor se perde em considerações obsoletas sobre o folclore e sua ciência, o que chega a nos parecer um despropósito. Só a título de curiosidade, lembremos que Propp publica sua *Morfologia do Conto* em 1928 e Jakobson e Bogatirev, o seu trabalho *O Folclore, Forma Específica de Criação*, em 1923^5.

Passar no entanto por essa obra fundante da cultura brasileira é compreender o alcance de um autor que, ancorado na tradição comparatista, por sua sensibilidade e conhecimento, intui, alcança e verifica a construção de toda uma poética. Envereda pela arquitetura dos signos que se intensificam nesse grande texto oral. Aí se ampara a construção de nosso lastro de Brasil, pela criação das vozes populares, intérpretes de uma tradição que inclui desde as mitopoéticas ao conjunto de livros e impressos que, em nossos tempos coloniais, marcaram história e presença, resistência às proibições e realizaram adaptações às possibilidades mais correntes da vida social e dos seus públicos leitores/ouvintes. [J. P. F.]

O LIVRO DAS VELHAS FIGURAS [47].

Nasceu de uma iniciativa do Instituto Histórico e Geográfico do Rio Grande do Norte, através de seu presidente, Enélio Lima Petrovich. Luís da Câmara Cascudo era sócio benemérito da instituição e com ela colaborava, ocupando cargos na diretoria e participando de seus eventos. A publicação dos seis volumes, saídos até dezembro de 1999, deve-se, pois, ao empenho da direção daquele Instituto.

Luís da Câmara Cascudo utilizou, em incontáveis momentos de sua vida literária, a maneira rápida, objetiva e muitas vezes sentimental, de abordar temas os mais variados. Eram crônicas destinadas à publicação periódica, não devendo, por isso, ocupar um espaço maior que uma lauda, sempre por ele mesmo datilografada numa antiga máquina portátil.

Zila Mamede registra, no seu levantamento da obra de Luís da Câmara Cascudo, a data de 18 de outubro de 1918 para a primeira de suas crônicas no jornal natalense *A Imprensa*. Circulando a partir de 15 de novembro de 1914, é bem possível que sua colaboração tenha se iniciado a partir desta última data. A falta daqueles jornais impede uma mais correta afirmação.

O Livro das Velhas Figuras foi concebido em comum acordo com o próprio escritor, como uma forma de trazer ao público, de maneira mais cômoda e acessível, aquelas

---

4. Theophilo Braga, *Livros do Povo Português*, Lisboa, Era Nova, 1881.
5. Vladimir Propp, *Morfologia do Conto*, trad. Jaime Ferreira, Lisboa, Veja, 1978; e Jakobson e Bogatirev, *O Folclore, Forma Específica de Criação*.

antigas, mas sempre interessantes, crônicas que se escondiam nas páginas de velhos jornais. São escritos, na sua grande maioria, publicados sob o título de "Acta Diurna".

Em crônica datada de novembro de 1965 e intitulada "Era uma Vez um Livro" – a primeira "Acta Diurna" do primeiro volume –, é o próprio Cascudo que apresenta a história daqueles escritos e indica o ano de 1938 como o início da série, publicada nos jornais *A República* e *Diário de Natal*. E os define: "É um documentário de figuras do Rio Grande do Norte. Prata da casa".

Sua experiência com escritos seqüenciados é bastante anterior: "Notas de História" foram iniciadas em agosto de 1930; "Biblion" e "Biblioteca" – crônicas literárias –, começaram em junho de 1928 e abril de 1939, respectivamente. Tiveram vida curta, as três, comparadas à longevidade da "Acta Diurna".

A 3 de agosto de 1943, Cascudo publicou a crônica "Que Quer Dizer 'Acta Diurna'?" na qual esclarecia: "'Acta Diurna' era uma espécie de jornal diário, uma folha onde os acontecimentos do dia eram fixados pelas autoridades de Roma, para conhecimento do povo. Pregavam-na a uma parede num dos edifícios do FORUM". Mais adiante, caracteriza a "sua": "A minha é uma *Acta Diurna* que recorda o pensamento que presidiu meu dia. Fixo a minha impressão diária sobre um livro, uma figura ou um episódio, atual ou antigo.

Dei-lhe batismo latino porque a intenção é honrar o passado, nas suas lutas, alegrias, tragédias e curiosidades."

A seqüência dos volumes de *O Livro das Velhas Figuras* editados até a data da presente publicação é a seguinte:

1º volume

Edição do Instituto Histórico e Geográfico do RN, com auxílio do Conselho Federal de Cultura; 156 páginas e 71 capítulos. Impresso na Gráfica Manimbu, Natal, 1974.
Orelha: Sanderson Negreiros.
Apresentação: Enélio Lima Petrovich

2º volume

Edição do Instituto Histórico e Geográfico do RN, com auxílio do Conselho Federal de Cultura; 166 páginas e oitenta capítulos. Impresso na Gráfica Manimbu, Natal, 1976.
Orelha: Manoel Rodrigues de Melo
Apresentação: Enélio Lima Petrovich

3º volume

Edição do Instituto Histórico e Geográfico do RN, com auxílio do Conselho Federal de Cultura; 149 páginas e 62 capítulos. Impresso na Gráfica Manimbu, Natal, 1977.
Orelha: Sanderson Negreiros.
Apresentação: Enélio Lima Petrovich

4º volume

Edição do Instituto Histórico e Geográfico do RN, com auxílio do Conselho Federal de Cultura; 161 páginas e 71 capítulos. Impresso na Gráfica Manimbu, Natal, 1977.
Orelha: Enélio Lima Petrovich
Apresentação: Thadeu Villar de Lemos

5º volume

Edição do Instituto Histórico e Geográfico do RN, com auxílio do Conselho Federal de Cultura; 133 páginas e 49 capítulos. Impresso na Gráfica Manimbu, Natal, 1981.
Orelha: Onofre Lopes
Apresentação: Enélio Lima Petrovich

6º volume

Edição do Instituto Histórico e Geográfico do RN, com auxílio da Internacional Engenharia S. A.; 149 páginas e 62 capítulos. Impresso na Cooperativa dos Jornalistas de Natal, 1989.
Orelha: Vicente Serejo
Apresentação: Enélio Lima Petrovich

Além dos volumes referidos, mais quatro estão preparados para publicação:

7º volume

Edição do Instituto Histórico e Geográfico do RN, 155 páginas.
Orelha: Olavo Medeiros Filho
Apresentação: Enélio Lima Petrovich

8º volume

Edição do Instituto Histórico e Geográfico do RN, 145 páginas.
Orelha: Paulo de Albuquerque Maranhão
Apresentação: Enélio Lima Petrovich

9º volume

Edição do Instituto Histórico e Geográfico do RN, 145 páginas.
Orelha: Dorian Gray Caldas
Apresentação: Enélio Lima Petrovich

10º volume

Edição do Instituto Histórico e Geográfico do RN, 145 páginas.
Orelha: Vânia Gicco
Apresentação: Enélio Lima Petrovich

As "velhas figuras", personagens que alcançaram evidência ou desempenharam papéis de destaque na vida local, são o que mais caracteriza o título escolhido. Políticos, administradores, religiosos, militares, revolucionários, homens do direito, do governo, do ensino, da iniciativa privada, figuras, enfim, cuja vida se destacou e que foram encobertas pelo manto ingrato do esquecimento; são esses os principais destaques do *O Livro das Velhas Figuras*.

O personagem popular, humilde e, às vezes, anônimo e escondido sob um simples apelido, recebeu, entretanto, igual atenção e cuidadoso tratamento, visando evidenciar sua passagem ou o papel que desempenhou na vida local.

Além das figuras humanas, encontram-se ainda, em *O Livro das Velhas Figuras*, a descrição e a análise de acontecimentos históricos, eventos importantes para a história local, bem como o fato simples, elemento do costume, componente da cultura popular; tudo examinado na perspectiva humana dos personagens que o produziram.

Fazem parte, também, do elenco das velhas figuras, minuciosos relatos e descrições de lugares, cidades, acidentes geográficos, obras construídas pelo homem, artísticas ou não, num persistente objetivo de estudar-lhes as origens, de explicar-lhes o nome, de fixar sua importância no decorrer do tempo.

Em meio a esses elementos destacam-se outros que vão ampliar, ainda mais, o horizonte das figuras retratadas por Câmara Cascudo: os musicistas.

Muitos sabem, mas poucos se interessam em valorizar a atividade musical de Luís da Câmara Cascudo. Havendo estudado piano na juventude, utilizava os conhecimentos que possuía para improvisar e acompanhar as músicas de sua época, desde as velhas e sentimentais modinhas aos agitados ritmos dançantes que chegaram com o início do século. A muitos esclareceu que pianista era a sua esposa; ele era apenas "pianeiro". Como tal, participava de concorridos saraus familiares, animando-os com o seu repertório sempre atualizado. A sua casa era ponto de passagem obrigatória das serenatas que, muitas vezes, ali encerravam sua peregrinação pelas ruas desertas, quando o sol já tomava o lugar da lua, no horizonte da cidade.

Não se criou ou organizou movimento musical em Natal sem que se pudesse contar com a presença estimulante de Luís da Câmara Cascudo na diretoria, como presidente de honra ou como orador entusiasmado e insubstituível. Foi professor de História da Música no Instituto de Música do Rio Grande do Norte, criado em 1933, e incentivou pessoalmente as instituições e as noitadas musicais no velho teatro Carlos Gomes.

Foi grande o número de "Acta Diurna" versando sobre personagens da música do Estado e neles se encontra uma íntima ligação, uma sintonia de emoções que só se verificaria de músico para músico. Embora havendo escrito sobre nomes locais pertencentes a outras áreas artísticas, foi no campo musical que buscou, encontrou e destacou o maior número de personagens. Essa é uma faceta muito pouco divulgada da atividade do mestre Cascudo. Assim, entre as velhas figuras das mais diversas atividades, aparecem os velhos músicos do Estado, compondo, igualmente, *O Livro das Velhas Figuras*, o grande álbum de recordações norte-rio-grandenses. Ali estão evidenciados desde os velhos boêmios seresteiros aos eruditos, maestros cujos conhecimentos aparentemente os distanciariam dos primeiros, mas que são nivelados pela carinhosa e colorida visão do mestre.

Cascudo assumira desde tanto tempo a confecção da série "Acta Diurna" como uma prestação de um serviço a seu povo: "Era uma maneira de servir à minha terra e à minha gente, restituindo-lhes a vivência dos acontecimentos e das vidas dignas de memória".

As crônicas curtas e de aparente simplicidade escondiam o árduo trabalho que as anteciparam: "Raros, bem poucos, avaliariam o trabalho obstinado, meses e meses, para um pequeno resultado, passado sem a atenção na rapidez da leitura".

O Livro das Velhas Figuras continua e amplia essa atuação, indo resgatá-la das páginas de velhos jornais, cujo acesso tornara difícil a procura e penosa a leitura.

Nos volumes publicados e nos muitos que ainda virão, Luís da Câmara Cascudo continua, mesmo fisicamente ausente, a fazer justiça e salvar do esquecimento fatos há tanto tempo passados e os seus protagonistas humanos, na saudosa evocação das suas velhas figuras. [C. A. P. G.]

LOCUÇÕES TRADICIONAIS NO BRASIL. COISAS QUE O POVO DIZ [48].

Câmara Cascudo publicou dois livros com expressões tradicionais e populares colhidas por ele na "obstinação de tantos anos de simpatia" (p. 232): *Coisas que o Povo Diz* (C) e *Locuções Tradicionais no Brasil* (L). Os dois foram reunidos num mesmo volume em 1986^6.

Há duas principais diferenças entre os livros: o número de verbetes – 485 e 505 na primeira e segunda edições, respectivamente, de *Locuções Tradicionais no Brasil* e sessenta, em *Coisas que o Povo Diz,* o caráter mais lingüístico de *Locuções Tradicionais no Brasil* – o autor conta, no prefácio, que reuniu, nessa obra, locuções efetivamente *ouvidas* por ele durante os sessenta anos em que trabalhou como repórter e os cinqüenta em que foi professor – enquanto que, em *Coisas que o Povo Diz,* faz "um passeio através das idéias populares, comuns e naturais" (p. 232). De resto, os dois livros têm muitas características em comum que merecem atenção: são as noções de *uso,* de *fala* e de *povo* e as questões de *espaço* ("no Brasil") e de *tempo* ("tradicionais").

Em outras palavras, em *Coisas que o Povo Diz,* a maior parte dos verbetes não se ocupa de expressões lingüísticas ou do *que o povo diz,* mas antes do que o povo faz ou em que pensa ou acredita. É o caso, por exemplo, de "Vassoura atrás da porta" (C, p. 260), "Dormir na igreja" (C, p. 246), "Desejo de mulher grávida" (C, p. 277). São temas e figuras que se repetem e se mantêm, mas não são obrigatoriamente frases feitas ou locuções lingüísticas. Vejam-se, por exemplo, "Lagartixa de ouro" (C, p. 242), com os temas comuns do milagre, da metamorfose, da gratidão, da obediência, as figuras repetidas do ouro, da esmeralda e do rubi e a variação de lagartixa, escorpião, serpente; "Quem nasceu cego da vista..." (C, p. 29), em que se conservam

6. Luís da Câmara Cascudo, *Coisas Que o Povo Diz; Locuções Tradicionais no Brasil, op. cit.; Locuções Tradicionais no Brasil. Coisas Que o Povo Diz, op. cit.* A paginação citada no verbete é da última edição.

temas e figuras; "Atirei um limão verde..." (C, p. 292), em que se mantêm os temas da dedicação amorosa, as figuras de atirar, jogar e em que variam os objetos atirados – limão, maçã, lenço etc.

Os verbetes (um terço deles) que são retomados em *Locuções Tradicionais no Brasil* sofrem três tipos de tratamento: são recuperados integralmente (exemplo: "Deu no vinte!", L, p. 92 e C, p. 289); são apresentados no segundo livro de forma resumida e, nesses casos, o autor muitas vezes remete o leitor a *Coisas que o Povo Diz* (exemplo: "Candeias às avessas", L, p. 107, C, p. 269; "Ovelha negra", L, p. 220, C, p. 252; "Macaco velho não mete a mão em cumbuca", L, p. 178, C, p. 237; "Voz do povo, voz de Deus", L, p. 224, C, p. 233); são, raramente, mais desenvolvidos em *Locuções Tradicionais no Brasil*, em decorrência de pesquisas posteriores, em geral explicitamente mencionadas (exemplo: "São outros quinhentos!": "Estudando essa frase [*Coisas Que o Povo Diz*], apenas marquei rumo com as fontes disponíveis. Adianto um pouco" [L, p. 41]; "A pedra do escândalo": "Estudei o motivo no *Coisas Que o Povo Diz*, completando a informação" [L, p. 108]). O segundo caso, o de verbetes mais curtos e resumidos em *Locuções Tradicionais no Brasil*, é o que mais vezes acontece e a síntese deve-se em geral à retirada de citações, de exemplos, de polêmicas com estudiosos, de hipóteses de origem menos viável etc.

Em relação ao *uso*, é preciso observar que o autor não trabalha com a noção de freqüência de uso. Há, aparentemente, uma certa imprecisão e flutuação no conceito de *uso*, que podem ser percebidas nas observações freqüentes e genéricas que assinalam a continuidade do uso com termos como "continua", "ainda" e "também" – "ainda expressiva" (L, p. 38); "locução continua popular" (L, p. 39); "a locução, ainda contemporânea" (L, p. 49); "Frase ainda popular no Nordeste" (L, p. 225); "ainda corrente e viva no Rio de Janeiro" (L, p. 214); "continua expressiva e popular" (L, p. 161); "E a invenção pegou e viveu até hoje, como visgo em solado de sapato" (C, p. 306). Usadas, para o autor, são as locuções que ouviu em algum lugar e em algum momento de sua vida. As citações que seguem comprovam que o uso está relacionado principalmente com o fato de a expressão ter sido ouvida pelo autor, ainda que uma única vez: "jamais reparei o adágio ["Quem tem mazela tudo dá nela!"] nem meu Pai o repetiu" (L, p. 214); "Não documento a origem, mas comprovo a existência funcional do ditado. E digo como Y Juca Pirama: Meninos, eu vi!" (L, p. 52); "sou uma testemunha, uma memória sobrevivente desse ciclo que desapareceu quase por completo" (C, p. 271); "já não ouço, com a mesma freqüência" (C, p. 285).

Essa concepção de uso explica o emprego de um dos procedimentos argumentativos que fazem a delícia de ambos os livros: os exemplos de fatos vividos pelo autor, os "causos" que preenchem e enriquecem o texto:

> Na noite de 25 de setembro de 1968, o meu velho amigo João Baptista de Medeiros veio ver-me, acompanhado da filha Teresa e do genro, Dr. João de Souza Leão Cavalcanti, flor de velhas roseiras pernambucanas. Visita viva, variada, evocadora [Nove Horas, L, p. 48]; Seria, evidentemente, antes de 1928. Estávamos no terraço, nas primeiras horas da noite. Meu pai, com tumor no polegar do pé direito, apoiava-o numa cadeira almofadada junto à vistosa rede nordestina ("Quem tem mazela tudo dá nela", L, p. 214); Um episódio policial de 1900, na Cidade de Natal, teve a mais lisonjeira repercussão. O Chefe de

Polícia, Dr. Francisco Carlos Pinheiro da Câmara, mais conhecido por Chico Farofa, ouviu de um ladrão de galinhas e explicação de que o furto fora cometido pela necessidade de atender ao desejo de sua mulher grávida. Mandou-o pôr em liberdade, pagando o preço das galináceas a fim de não prejudicar a gestante ("Desejo de mulher grávida", C, p. 277).

A narração de fatos vividos, com datas, lugares e pessoas que o leitor reconhece, é um dos procedimentos muito usados para fazer o outro acreditar na verdade das conclusões gerais extraídas dos casos particulares, ou seja, na realidade ou veracidade da locução usada.

Outro recurso utilizado pelo autor na mesma direção é o das pessoas gramaticais. Os textos empregam as duas projeções de pessoa possíveis: em terceira e primeira pessoa. Os discursos em terceira pessoa produzem os efeitos de sentido de objetividade, de distanciamento e de neutralidade e os em primeira pessoa, de subjetividade. O autor alterna os dois empregos, mas não ao acaso: a primeira é empregada quando se trata de discordar de outros autores ou de com eles polemizar ("Creio etiqueta esdrúxula [...]", L, p. 37; "não creio que a camisa fosse sinônimo de penalidade [...]", L, p. 38; "julgo bem pouco possível [...] na roça", L, p. 223; "não sei como mestre João Ribeiro escreveu", C, p. 275); e para contar os casos vividos, acima mencionados.

Em resumo, os dois procedimentos persuasivos empregados – a ancoragem em "causos" e a subjetividade da primeira pessoa – ajudam a construir a concepção de *uso* fundamental nos textos: pelo exemplo de fatos vividos e sentidos subjetivamente, constrói-se a verdade geral dos acontecimentos, no caso, lingüísticos. As locuções recolhidas, principalmente em *Locuções Tradicionais no Brasil*, são, portanto, verdadeiras, pois comprovadas pelo *uso* tal como aqui entendido. É essa passagem do particular ao geral que permite o emprego do termo *uso* e a qualificação de *popular* ou do povo que recebem as locuções e os ditos nos dois livros.

O segundo elemento a ser comentado é o da *língua falada*. As locuções foram *ouvidas* e não lidas, o povo *diz* e não escreve. O texto, no entanto, trabalha com a relação entre escrita e fala. Se a primeira condição do uso para o autor é a locução ter sido dita e ouvida, a escrita autentica o uso. É claro que, não havendo documentação escrita, prevalece o uso na fala ("os dicionários conspícuos, Morais até 1931, ou Frei Domingos Vieira, na edição do Tesouro, não o acolheram: nem por isso o Coió deixou de ter vida farta e milagrosa", L, p. 214). A escrita tem assim duas funções no texto: referendar o uso (sobretudo pelos dicionários); datar ou mostrar a antigüidade da locução ("Frase bem velha. Jorge Ferreira de Vasconcelos, na *Comédia Ulíssipo*, 1618 [o autor falecera em 1585], registrou-a, ato I, cena VII").

A questão de espaço – *no Brasil* – leva a dois tipos de considerações: as relações entre Brasil e Portugal e a regionalização no Brasil. O autor insiste, no prefácio de *Locuções Tradicionais no Brasil*, em que as locuções recolhidas foram ouvidas no Brasil e não apenas em Portugal. Deve-se observar, porém, que são poucos os casos de locuções originadas no português do Brasil, em geral, por influência indígena ou africana (Quantos cajus?. "Frase ainda popular no Nordeste. Refere-se à tradição dos indígenas tupis guardarem [...]", L, p. 225; "Malandrice astuciosa dos maridos brasileiros. É mais fácil mentir a senhora que enganar a mulher". Minha Senhora,

L, p. 37; "A inclusão da banana é que é made in Brazil". "Dar bananas", L, p. 120; "A redação do 'Vá pentear macacos!' é brasileira, pelo emprego de macaco, denominação indígena dos símios, vinda dos Galibis, da Guiana". "Pentear macacos", L, p. 47).

A maior parte das frases feitas tem sua fonte em Portugal, em outro país (e língua) da Europa, sobretudo França e Espanha, ou no mundo romano e chegou no Brasil por via do português de Portugal:

Corresponde ao *prendre le chèvre*, valendo se *fâcher* de velho uso na França ("Amarrar o bode", L, p. 38); "Na *Comédia Aulegrafia* [42 v.], de Jorge Ferreira de Vasconcelos [1619]: "Cuidou levar a toa sua dama" (Andar a toa, L, p. 39); "É uma presença portuguesa, recebida da França, e abundantemente citada no *Ilustre Casa de Ramires*, de Eça de Queirós ["É da pontinha!", L, p. 220, C, p. 285]; "O imperador Vespasiano faleceu em Roma a 23 de junho do ano de 79 na Era Cristã. Dezenove séculos passaram. Dizia ele que a raposa mudava de pêlo mas não de costumes. *Vulpem pilum mutare, non mores.* O sertanejo continua convencido de que "a raposa muda de cabelo, mas não deixa de comer galinhas" ("Provérbios", L, p. 42).

O *tempo da tradição*, por sua vez, nos dois livros de Câmara Cascudo é pouco marcado – as locuções são colocadas quase que "fora do tempo" – e caracterizado apenas pelo aspecto de um tempo que dura, que permanece. É o tempo da memória, das reminiscências, das sobrevivências:

Quanto registamos é parte mínima do patrimônio possuído pela memória do Povo ("Quem tem mazela tudo dá nela!", L, p. 214); "Reminiscência das obrigações devidas aos Párocos, creio que a frase..." ("Quinhão do vigário", L, p. 214); "Restou uma sobrevivência, boiando na linha das superstições que foram enviadas pelos castelhanos e portugueses às terras da América" ("Viver de chinela emborcada", L, p. 217); "O Povo guardou a imagem que nos veio de Portugal" ("Ficou com a calva à mostra", L, p. 219); "Na voz do Povo é outra contemporaneidade do milênio ("Mente por todos os dentes", L, p. 219, C, p. 279); "São reminiscências francesas, [...] ("Mão beijada", L, p. 42); "É uma das contemporaneidades do milênio" ("Arrancar a máscara", C, p. 244); "Tinham permanecido no vocabulário como imagens populares e o português trouxe a frase para o nosso uso normal" ("Está frito", C, p. 267).

As observações feitas sobre o tempo e o espaço apontam os efeitos de sentido *arcaizante* e *universalizante* que caracterizam as frases feitas.

O caráter *arcaizante* resulta da colocação fora do tempo e de sua duração e também de elementos da construção gramatical das frases feitas e mais particularmente dos provérbios, tais como ausência de artigos e ordem das palavras.

O caráter *universalizante* das frases feitas e principalmente dos provérbios decorre também dos procedimentos mencionados. Câmara Cascudo insiste na universalidade das frases feitas que vieram de Portugal ou por meio de Portugal para o Brasil e que existem também em outros países:

É a Ovelha Negra, *black lamb*, *brebis noir*, *Schaf Schwarze*... É a Ovelha Negra. Figura corrente na Europa, Ásia e Américas [É a ovelha negra da família, L, p. 220, C, p. 252]; Assim emigrou [de China, Japão, Tartaria, Sião, Índia, Espanha, Portugal] para o Brasil a soturna figura lúgubre [Uns gatos-pingados..., L, p. 217]; Essa técnica não pode ser invenção sertaneja e sim tradição na Europa [Emendar as camisas, L, p. 40]; Veio o jogo para o Brasil Velho e desapareceu, porque nunca o vi nem dele consta notícia em livro e conversa. Mas a figura ficou... [Deu no vinte, C, p. 289].

Com os procedimentos mencionados, o autor instala um locutor que fala com a voz de outros – da memória, do conhecimento dos antigos, de um mundo acabado, equilibrado e fora do tempo – e, também, um falante que põe em uso, num tempo e num espaço historicamente localizados, as locuções examinadas, os "causos" narrados. Com isso, juntam-se no discurso dois efeitos de sentidos contrários: as verdades "eternas" e sem fronteiras e os valores e crenças de um povo. Entende-se melhor, com essa duplicidade de vozes, a obra de Câmara Cascudo no campo da fraseologia no Brasil: as locuções são, ao mesmo tempo, tradicionais e populares, universais e brasileiras, antigas e atuais. [D. L. P .B.]

LÓPEZ DO PARAGUAY [49]. Como já se adivinha pelo título, esse livro é dedicado à controvertida figura de Francisco Solano López (1827-1870), que governou seu país durante a chamada Guerra do Paraguai.

Mesmo levando em consideração o grande número de assuntos a que se dedicou Câmara Cascudo, vale a pergunta: por que escrever um livro dedicado àquele ambíguo personagem? Na falta de outras informações sobre a obra, contentêmo-nos com o próprio autor, que atribui a oportunidade do livro à campanha, "inútil e paradoxal", de reabilitação da memória de López, que acontecia no Paraguai nas décadas de 1920 e 1930. Seus principais expoentes eram os escritores paraguaios Juan O'Leary e Carlos Pereyra. É contra essa revisão da história oficial paraguaia, estabelecida durante e imediatamente após o conflito, que se insurge Câmara Cascudo.

Além dessa, houve outras revisões da história favoráveis a López. São os muitos "revisionismos" que a história da Guerra do Paraguai contra a Tríplice Aliança (1864-1870) e a figura de López têm suscitado desde o início do século XX.

É, portanto, com o objetivo declarado de reconduzir López à sua real estatura histórica que Câmara Cascudo escreve esse curto ensaio. O resultado é um trabalho que, apesar de seus 72 anos, serve ao questionamento e à refutação do "revisionismo" que dominou boa parte da produção teórica de esquerda dedicada ao tema, escrita entre 1960 e 1980.

Câmara Cascudo dividiu seu livro em três partes muito desiguais: (1ª) "Tema Platino da Influência Brasileira"; (2ª) "Morte de Francisco Solano López"; e (3ª) "López – Bandeira de Campanha".

Na primeira parte, são rapidamente descritos os regimes políticos da região do Prata. O Império do Brasil é caracterizado como uma espécie de "S. Cristóvão gigante, pacificador de povos e estrangulador de monstros". Câmara Cascudo ressalta a tradição civil do Império e lembra que no Brasil, ao contrário do que ocorria no Uruguai, no Paraguai e na Argentina, dominados pela figura do "ditador e soldado", não existia o "militarismo político". O Brasil, finalmente, "como os gigantes das lendas infantis era ingênuo e bom porque era forte [...]"

De maneira simplificada, todos os conflitos do Prata foram explicados por uma vocação pacificadora do Império num ambiente turbulento de caudilhos e ditadores. Aqui, a unidade territorial e a forma monárquica sob os Bragança; na América espanhola, especificamente no antigo Vice-Reinado do Prata, um sangrento processo de balcanização e lutas internas que resultou na formação das repúblicas atuais.

Pela utilização de generalizações e metáforas inconsistentes, essa talvez seja a parte menos interessante do livro. Felizmente é, também, a menor delas.

Em 1º de março de 1870, a cavalaria brasileira matou Francisco Solano López em Cerro Corá, no Nordeste do país. Em curto combate a cavalo com os brasileiros, López recebeu um golpe de lança na altura dos rins. Ferido, apeou e com alguns de seus oficiais, entrou numa mata rala. Não conseguiu transpor um córrego diminuto. Abandonado, recebeu voz de prisão mas resistiu, caído, com a espada. Na luta, sua cabeça tombou na água diversas vezes. Meio afogado, recebeu golpes de sabre e um disparo fatal nas costas, à queima roupa. A morte de Francisco Solano López como que coroou sua biografia. Apesar dos justos reparos à sua personalidade e ao seu comportamento, não cabem dúvidas de que morreu como um bravo.

Nessa segunda parte do trabalho, Câmara Cascudo analisa as versões desse episódio, sempre utilizado pelos revisionistas como modelar da personalidade de Francisco Solano López. Mostra, com bom domínio de fontes primárias e secundárias, que não existe apenas uma versão da morte do dirigente paraguaio. Existem diversas, manipuladas conforme o interesse do narrador.

O que acontece com a figura de Francisco Lacerda, o Chico Louco ou Chico Diabo, nesse sentido, é exemplar. O cabo gaúcho, autor do golpe de lança que feriu gravemente López, aparece e desaparece dos relatórios oficiais conforme o interesse do comandante, general José Antônio Corrêa da Câmara, em atenuar as violências a que López foi submetido. A lança, o tiro e a cabeça seguidamente submergida, além de detalhes da luta desigual, desaparecem da terceira versão do episódio, escrita por Câmara. Termina eximindo-se explicitamente: "está portanto fora de dúvida que não dependeu de mim salvar-lhe a vida". O medo do general que esconde os fatos explica-se pelo antibelicismo de Pedro II, que preferia López preso e julgado no Rio de Janeiro em vez de massacrado pelo exército brasileiro.

Essa versão, na frase de Câmara Cascudo, "é a morte da lenda de Chico Diabo e o começo da morte legal do ditador". O laudo dos médicos que examinaram o cadáver de López, no entanto, atesta tanto o tiro como o golpe de lança. Chico Diabo, reabilitado, voltava a fazer parte da história oficial.

Dentre as inúmeras versões e os testemunhos paraguaios e brasileiros, vale destacar as frases do jovem oficial Floriano Peixoto, que estava na primeira carga de cavalaria que atacou as linhas paraguaias em Cerro Corá. Chegou quando o corpo de López se encontrava "estendido". Impressionado, escreveu a um amigo: "Que espetáculo, caro amigo! Não é possível descrever a alegria que causou o cadáver de López, esse malvado que surrava todos os dias sua própria mãe". Em outra passagem, o mesmo Floriano Peixoto deixa transparecer uma preocupante admiração pelo ditador: "De um homem d'aqueles é que nós precisamos no Brasil [...]"

A paradoxal conclusão da parte precedente, de que a morte foi o único gesto heróico de López em vida, teria sido usada para sua reabilitação no início do século XX. Segundo Cascudo, o López, "travesti de sociólogo e doutrinário", evocado por O'Leary e Pereyra seria uma figura de "pura imaginação" pois "López não possuía uma só virtude".

Ao longo do livro, Câmara Cascudo não economiza adjetivos em relação a López: "ditador grosseiro, desonesto, Impudico, covarde, sangüinário e louco, caluniador, selvagem com um sioux, venenoso como víbora, megalomaníaco, impulsivo, não amava ninguém", entre outros.

Mesmo com essa adjetivação excessiva, o autor faz um retrato ácido, quase uma caricatura, do Paraguai de López ao descrever a "imprensa servil", os massacres promovidos por López em San Fernando, quando se deram os processos por uma suposta tentativa de golpe, e o atraso do país, onde não existiria uma elite culta e nenhum título universitário.

O "plano ideal" de López, base de seu sistema de alianças, é corretamente avaliado por Câmara Cascudo. O objetivo de López a longo prazo parecia ser o de reviver o Vice-Reinado do Prata, sob seu comando, dada sua força militar, reunindo as províncias argentinas de Entre Ríos e Corrientes, o Uruguai e o Paraguai. Mau político, terminou isolado e em guerra com a Argentina, o Brasil e o Uruguai.

Segundo Câmara Cascudo, no Paraguai, a vida normal – entendo-se como normalidade a manutenção da lei e da ordem – teria se iniciado somente depois da guerra, com a morte de López. O Império, em outras palavras, teria trazido a civilização ao país guarani.

O revisionismo das décadas de 1920 e 1930 deve muito à figura de Juan E. O'Leary, escritor contratado por Enrique Solano López para recuperar a memória de seu pai – então declarado "traidor da pátria" –, condição necessária para seu acesso à herança de Francisco Solano López. Por volta da guerra do Chaco (1932-1935), López reabilitado já era um símbolo da resistência nacional. No governo Stroessner (1954-1989), foi definitivamente consagrado como símbolo nacional, ao lado de Bernardino Baballero, ex-oficial lopizta e, claro, Alfredo Stroessner.

O revisionismo dos anos 1970 ou a teoria imperialista da Guerra do Paraguai, segundo a qual Brasil e Argentina teriam sido manipulados pela Inglaterra com o objetivo de destruir um modelo nacionalista de industrialização, foi a favorita da esquerda populista latino-americana por meio de autores como Léon Pomer, na Argentina, Eduardo Galeano, no Uruguai, e Julio J. Chiavenatto, no Brasil^7. Curiosamente, a direita paraguaia stroessnerista utilizou-se dessa versão da esquerda para justificar a derrota de López. Diversos autores já demonstraram os limites dessa abordagem ultrapassada, mas muito atual^8.

Ao negar a transcendência que as esquerdas argentina, brasileira e uruguaia atribuiriam a López, Câmara Cascudo entra no debate, fornecendo, com humor, o seu retrato do governante e de seu país.

---

7. Ver Ricardo Cabalero Aquino, Prólogo a *Memórias ó Reminiscencias Históricas sobre la Guerra del Paraguay*, de Juan Crisostomo Centurión, Asunción, El Lector, Imprenta Salesiana, 1987.
8. Ver: Moniz Bandeira, *O Expansionismo Brasileiro*, Rio de Janeiro, Philobiblion, 1985; e Diego Abente Brun, "La Guerra de la Triple Alianza: Tres Modelos Explicativos", *Revista Paraguaya de Sociología*, Asunción, Año 26, n. 74, 1989.

Como outros autores, limita-se a explorar os muitos flancos que López oferece. Nega sua condição de "herói nacional e derradeiro mártir da independência paraguaia", evocada por O'Leary. Não consegue, no entanto, explicar a sagacidade e a persistência de López, que durante seis anos resistiu aos exércitos de três nações com recursos infinitamente superiores, ainda que com sacrifício do país e de seu povo. Ficam, também, como um grande complicador as condições de sua morte, que lhe emprestam uma aura de santo supliciado. Definitivamente, não é fácil fechar uma imagem do personagem.

No final, repito o que Ricardo Caballero Aquino disse sobre o líder paraguaio: seu papel como símbolo é eterno, sua atuação histórica não. De forma despretensiosa, Câmara Cascudo joga lenha na fogueira do debate, interminável desde logo, sobre a figura do Mariscal López e sobre as razões da Guerra do Paraguai. Tendo em vista o que López foi e o que se diz que ele foi, está de bom tamanho esse retrato em cores fortes. [A. A. T.]

MADE IN AFRICA [50]. A África não é longe daqui: eis a impressão mais forte que nos fica após a leitura desse livro. Os temas da identidade e do multiculturalismo, ontem e hoje uma preocupação constante dos estudiosos da cultura brasileira, permeiam de maneira instigante os ensaios reunidos.

Resultado de uma viagem feita pelo autor à África, em 1963, cujo interesse maior era a pesquisa que vinha realizando para a elaboração de sua *História da Alimentação no Brasil* [30], *Made in Africa* não constitui propriamente um relato de viagem. Como diz o autor na apresentação do livro, trata-se, isto sim, de "observações africanas" e sua intenção foi principalmente a de verificar influências recíprocas, prolongamentos, interdependências.

Não se trata, pois, de descrição de lugares visitados. São notas e pesquisas reunidas por um viajante "que procurava informação que legitimasse, pela evidência imediata, continuidade ou modificação às verdades iniciais". E por verdades iniciais entendemos, tão logo iniciamos a leitura do livro, a profunda intimidade do folclorista com temas da cultura popular, advinda não apenas da investigação científica sistemática, mas sobretudo de uma vivência pessoal repleta de lembranças e imagens que insistentemente lhe sugeriam a África.

Nascido no berço de uma sociedade escravista, dez anos após a Abolição, Cascudo foi menino na cidade de Natal, de onde abriu a janela para o mundo. Antes mesmo de despontarem suas preocupações intelectuais, a África já era uma referência fundamental. Canções de ninar, brincadeiras, frutas, deuses e demônios povoavam a imaginação da criança e passaram a ocupar a mente do chamado Papa do folclore no Brasil. Assim é que em sua viagem à África, os "motivos pesquisados tinham a dupla nacionalidade sentimental".

Observador arguto e estudioso contumaz, suas observações africanas surpreendem pelo inusitado de alguns temas tratados. O viajante movimenta-se em território estrangeiro, disposto a verificar costumes, lendas, crenças, origens, semelhanças e diferenças. Interessa-lhe tanto a cultura brasileira como a africana, elementos de uma na outra.

Os ensaios reunidos em *Made in Africa* investigam, por exemplo, a trajetória da banana como "o mais popular africanismo no Brasil". Ficamos sabendo que, embora oriunda da Índia, a banana aqui chegou por intermédio dos africanos. E o autor resgata em textos de viajantes e de estudiosos que o antecedem, ou mesmo contemporâneos seus, citações que aludem à presença real e simbólica da fruta. Alimento indispensável na mesa de ricos e pobres, no Brasil ou na África, a banana tem presença diversa no nosso imaginário, seja por associação morfológica com o falo, seja porque representa o homem apático, moleirão, despersonalizado. E por que africanismo? Porque banana é vocábulo africano que designa a fruta trazida ao Brasil pelos negros. A brasileira, nativa, é pacova, ensina Cascudo.

E no terreno da alimentação, o mestre nos ensina mais: que o abacaxi é nosso e o ananás africano. Que o abacaxi não é o ananás e que a África não conhece o abacaxi. Que o abacaxi é uma variedade cultivada do ananás e que não há abacaxi silvestre. Que às margens do rio Abacaxi, no Amazonas, existia uma tribo de indígenas abacaxis...

Aprendemos ainda com Cascudo que farofa constitui o vocábulo banto mais corrente no Brasil, depois do africanismo banana. Embora sua pesquisa indique uma grande variedade tanto na forma de fazer a farofa como na própria denominação do alimento (farófia, falofa, farinha de pau, fubá de bombó), o autor afirma que "em Angola inteira a farofa é idêntica à que comemos no Brasil".

Mas a atenção de Cascudo, em suas andanças pela África, não se fixa apenas no motivo original de sua viagem. O autor observa com extremo interesse hábitos como o cafuné, a posição do socó, o gosto pela tipóia e pela rede, as formas de saudação, a umbigada, o andar rebolado, mostrando aproximações, adaptações e diferenças numa e noutra cultura. Interessante é perceber o que o olhar do folclorista seleciona na África e a maneira como confronta o que vê ao que ele já conhece e àquilo que são as suas lembranças. Informações colhidas pela observação, pelo estudo sistemático e pela memória constituem, dessa forma, os ingredientes básicos de *Made in Africa*.

Elementos da religiosidade popular também atraem a atenção do viajante e ficamos sabendo que a Rainha Jinga, soberana indomável, astuta, combatente obstinada da dominação do branco, morta há trezentos anos, é presença viva em toda a África. E que, "sem jamais saber da existência do Brasil, Jinga continua na memória brasileira, íntegra, feroz, na autenticidade do tipo voluntarioso, decisivo, legítimo, com a majestade da voz e da vontade ilimitadas e objetivas".

Não apenas deuses mas também o diabo preocupa Cascudo. Assim é que sua conclusão decepcionada de que "não há um Diabo legítimo, verdadeiro, típico, nas crenças da África Negra" leva à constatação de que o velho Belzebu, "sempre, inevitável, funcionalmente perverso" é coisa nossa.

Em considerações sobre a presença do negro na cultura brasileira e sobre diferenças entre negro e preto na África, no Brasil, e mesmo em Portugal, o autor pontifica: "a valorização negra para os olhos de outras sensibilidades humanas será um resultado lógico de indagações posteriores, verficações, pesquisas. Consciência pela comunicação legítima, imediata, direta". Cascudo demonstra grande sensibilidade para com o problema da democracia racial em nossa sociedade quando afirma: "não creio nas simpatias por decreto, solidarismo por imposição e movimento compreensivo advindo das proposições dos congressos, políticos ou científicos." O autor compreende a complexidade da questão e sabe perfeitamente que sua solução só poderá ser encontrada no terreno mesmo da cultura.

Esses são alguns dos temas tratados em *Made in Africa*. Há outros, todos curiosos e importantes na percepção do folclorista. Duas histórias, no entanto, atraíram minha atenção de estudiosa: "Quem Perde o Corpo é a Língua", história que lhe fora contada, desde menino, por uma antiga empregada da família. Mais tarde, em suas pesquisas, Cascudo encontrou algumas outras narrativas da mesma história, tanto no Nordeste brasileiro, como em Luanda. Lendo-as, lembrei-me imediatamente de Elias Canetti e o pavor que sua ama lhe impusera aos quatro anos de idade^1. Versão européia de uma história africana ou brasileira, ou apenas um leitor sugestionado?

Já "Recado ao Morto" surpreende pelo ineditismo, pois, se aparece no Nordeste, "claro e sereno em sua estonteante banalidade", o mesmo não acontece no Sudeste brasileiro. O recado ao morto, "por intervenção graciosa de outro defunto, é tradição européia e não ameríndia", como afirma o autor. Curioso é que não tenha se espalhado pelas demais regiões do Brasil.

Made in Africa pode ter ficado esquecido por muitos anos. Afinal, num país que se dedicava a perseguir o desenvolvimento e ingressar a todo o custo na aldeia global, absorvendo mais e mais os valores da cultura americana-do-norte, é de se perguntar: que interesse teria despertado esse livro, quase terceiro-mundista, do mestre Cascudo?

Três décadas e meia depois, não é difícil afirmar que ele interessa a todo aquele que queira conhecer-nos, a nós brasileiros e à nossa cultura. [T. V. C. P.]

O MARQUEZ DE OLINDA E O SEU TEMPO [51]

O MARQUEZ DE OLINDA E O SEU TEMPO [51]. Esse livro foi concluído em fevereiro de 1930. Trata-se de uma biografia de perfil clássico: o autor relata o desempenho ímpar do personagem, contraposto ao de outros políticos contemporâneos, de forma a torná-lo referência para os pósteros. Juntamente com o percurso político de Pedro de Araújo Lima, a narrativa reconstrói a história do Império para ali reconhecer a origem e as possibilidades de resolução de problemas ainda remanescentes na política brasileira do século XX. No capítulo intitulado "Preliminar" (escrito após a finalização do texto), Cascudo explicita sua tese: devido à predominância de uma prática de origem liberal e européia, desde o Império, o Brasil desconhecia agremiações políticas efetivas.

> Os dois partidos, Liberal e Conservador eram lados d'um ângulo reto. Seus programas copiavam-se mutuamente. Seus chefes eram os mesmos na prática, na identidade de ação, na coordenada técnica das aptidões pessoais [...]. O conservador é psicologicamente e fisionomicamente o liberal. A recíproca é certa também. Faltou-lhes unidade de comando [na medida em que] a doutrina [que orientou estes partidos nunca expressou] um corpo homogêneo de princípios mas uma soma de predileções pessoais dos chefes componentes [...]. [Isso aconteceu porque] seus mentores vieram de Coimbra [...] da Europa

---

1. Elias Canetti, "História de uma Juventude", *A Língua Absolvida*, trad. de Kurt Jahn, São Paulo, Companhia das Letras, 1987.

e do Congresso de Viena. A terra brasileira só lhes surgia como entidade geográfica [...]. Da Europa nos veio a idolatria pelas monarquias parlamentares dos ingleses e pelos reis democratas de França com suas Câmaras sonoras e lindas. [...] Ficamos depressa vivendo vida da Europa e sem a idade dela. (pp. 23-31)

Dessa escolha resultaram algumas decorrências. Em primeiro lugar o "desequilíbrio" que inviabilizou situações políticas duradouras, já que, em virtude da imitação do modelo europeu, estabeleceu-se uma "dessemelhança" entre lideranças e bases partidárias, "pois o brasileiro não era nada daquilo que se discutia e citava nas Câmaras". Em segundo, ficamos "enquistados, distanciados, ignorados por nossos vizinhos", pois o espelhamento na prática liberal européia impossibilitou a emergência de lideranças locais, ou do "soldado político", de "um arrebatador Rosas, caudilho e meneur". Houve "sempre no militar brasileiro o fermento da obediência ao poder civil que ele viu construir a nação. Na revolução de 3 de outubro de 1930, dirigida por soldados, foi imediatamente após o sucesso, entregue a civis". Ainda resultou que

o progresso brasileiro foi sempre de enxertia. Uma continuada tentativa de adaptações. [...] Nós nunca nos livramos da idéia do cotejo, de padrão, de modelo [...] É esse hábito renitente e tenaz de respeito, do respeito supersticioso ao que se está usando que torna macaqueante e cômica a nossa fisionomia internacional: (p. 29)

A figura e o desempenho de Araújo Lima foram a nota dissonante nesse cenário. Foi o "mais esquecido" dos estadistas do Império, por não ter deixado vestígios expressivos, apenas uma documentação esparsa e difusa. Não ter publicado livros, nem memórias, e sua atuação, sem o esperado brilho dos grandes oradores, não deu margem a anedotas ou origem a discursos memoráveis – "Olinda é tão difícil de ser visto em seu conjunto como em detalhe" –, fato que, de acordo com as "lentes liberais", levantaria dúvidas quanto "à sua eficiência". Entretanto, tal originalidade, encobria os traços do estadista exemplar para a política brasileira: o aproximador, o vértice do ângulo reto que mediava liberais e conservadores, o elemento que reuniu fatores de contato difícil, que fez situações e as administrou:

Olinda não se ilude com a magia da frase rápida e brilhante, nem o seduz o prestígio duma doutrina com o selo europeu. Calca o solo da pátria e nela se radica duro sério, pesado e sincero. Não tem a inteligência plástica de Nabuco de Araújo nem a palavra vitriólica de Zacarias [...] Sua mentalidade é de análise, de perscruta, de exame, de estudo. Não há nele o arrojo da experiência, a ousadia do inusitado, a obediência, a popularidade, a manutenção dos partidos. Olinda é uma entidade isolada, única, definitiva. Não muda, não acelera, não retrograda, não pára (p. 32). [Foi o perfeito] Rei Constitucional.

De onde provinha essa originalidade? Cascudo a explicou a partir de várias heranças. Da herança genética, Olinda recebeu "um temperamento frio, pausado, rítmico pela vontade". A origem social fez dele senhor de engenho – condição que nunca perdeu de vista, mesmo passando na Corte e no Parlamento a maior parte de sua vida –, descendente dos Araújos Lima e Cavalcantis, famílias tradicionalmente devotadas à Monarquia. A vivência histórica tornou-o um "liberal precavido", pois assistiu ao esboroamento do Absolutismo em Portugal, corroído pelas exorbitâncias dos monarcas; os excessos "inúteis" das revoluções liberais impulsionadas pelas paixões; a obra arguta da restauração na França, que desconstruiu sem estrondo as conquistas liberais; e especialmente, observou de perto a solidez da Monarquia parlamentar inglesa, que "não salta, não corre, não cai. Continua".

O autor identifica três momentos no percurso de Olinda: um de formação política e intelectual (1813-1830), período de contato com a Europa e início do desempenho parlamentar; outro de apogeu de sua carreira (1831-1850), circunstância em que se tornou regente e "Rei Constitucional"; e um terceiro, 1850-1870, quando o estadista, deixando o primeiro plano, atuou, quando chamado pelo Imperador, como um "poder moderador" entre os partidos.

No período de formação, o biografado incorporou e adaptou, mediante um cuidadoso procedimento de análise, as lições assistidas em Coimbra, no exercício parlamentar nas cortes portuguesas e na Constituinte brasileira, com as situações presenciadas na França, em 1824, e na Inglaterra, em 1821 e 1824. Dessas experiências, Cascudo considera que as mais importantes foram a participação nas cortes e as estadas na Inglaterra. No primeiro caso, destoando de outros deputados brasileiros que tiveram uma atuação contundente no enfrentamento com os representantes portugueses, a exemplo de Antônio Carlos de Andrada, Araújo Lima foi o único que não se deixou dominar pelo arrebatamento: "não atroa, não ruge, não ameaça [...] o estágio nas Cortes explicará sua ação posterior. Ele desconfiará de todas as fórmulas substitutivas, evoluções que não tragam a soma das experiências parciais. Ele será modelarmente um Poder Moderador". Por sua vez, na Inglaterra, "passava sem transição do parlamentarismo teórico das Cortes portuguesas, para um outro assente em bases profundas, evoluído em campanhas longas [...]. Seu espírito de raciocínio frio, de observação demorada ter-se-ia encantado com esse aspecto para ele inteiramente novo".

De Canning, observou a audácia de aderir aos *whigs* no que fosse conveniente, criando "pontes de ouro"; de Peel, a habilidade de transformar revoluções em reformas. Esse aprendizado permitiria que o Olinda conservador levasse liberais para seus gabinetes, criasse o partido progressista e morresse em oposição aos saquaremas (p. 66).

Definidos a origem e os traços do personagem, Cascudo narra detalhadamente seu desempenho parlamentar, no qual destaca o perfil constante que garantiria a Olinda o respeito de todos os partidos: "fala pouco, tem boas maneiras, sabe fazer diplomacia"; mantém-se eqüidistante dos grandes embates e mostra-se sempre solidário com os colaboradores dos inúmeros ministérios dos quais participou, procedimentos que lhe permitem relacionar-se com políticos de origens e matizes diversos.

Durante o primeiro reinado, colaborou com "saliência discreta" na Constituinte mediando, juntamente com Bonifácio, os desacertos entre o Imperador e "uma aristocracia de espírito que não o reconhecia apto a dirigí-la. O Imperador queria 'dar' uma Constituição. E a Constituinte queria 'fazê-la' " (p. 70). Nesse papel, Olinda nunca despertou suspeitas nos Andradas ou mesmo nos liberais mais expressivos.

Quando participou, por pouco tempo, do Gabinete de 20 de novembro de 1827, esforçou-se em recuperar a popularidade de Pedro I, tarefa difícil em virtude do comportamento imprevisível do soberano.

Na Regência, atingiria o apogeu de sua carreira justamente por não ter-se envolvido em grandes disputas. No período das Regências Trinas, foi notado, fato testemunhado pela discreta presença de seu nome em todos os escrutínios. Mais do que com os interesses particulares, Araújo Lima preocupava-se com a nação "estava desligado de todos os partidos esboçados. Não era naquele mar de sargaços emaranhado e flutuante, que seu espírito julgasse cimentar poderio e criar solidariedades. Pairava um pouco acima. Nem alto que as situações desaparecessem, nem baixo que nelas se imiscuísse" (p. 144).

Esse cuidado, aliado às decorrências da morte do Imperador e da implementação do Ato Adicional (especialmente as rebeliões), levou-o, ao lado de Bernardo de Vasconcelos, a organizar o "partido do regresso, núcleo irradiante do Partido Conservador" (p. 152). O compromisso de Olinda com a nação motivaria Feijó – "homem de força disciplinadora que acreditava apenas no poder da repressão" – a facilitar sua ascensão a regente único, nomeando-o senador e ministro do Império, preterindo o rival e companheiro de partido, Holanda Cavalcanti. Então, Olinda tornou-se um "bom rei constitucional", condição que, respeitando a lei, procurou preservar de todas as maneiras. Para isso, enfrentou, sem sucesso, as manobras dos liberais em favor da maioridade, medida que considerava uma decisão prematura. E no Senado, resistiu (no caso da escolha senatorial pernambucana de 1847) aos ministros e ao próprio Imperador.

O tempo demonstraria que o "filho de Serinhaém" tinha razão, compreendia melhor do que ninguém a "lógica da situação brasileira" – fundada nos interesses e no poder dos senhores de engenho, no latifúndio e na escravidão – e nela visualizava as condições para o efetivo "equilíbrio" político. Quando, em 1848, se deu a "exaustão liberal", foi chamado para dar início à "Era Saquarema", presidindo "o maior gabinete da monarquia", aquele que realizou grandes reformas, dentre elas, a abolição do tráfico. Porém, para preservar seu prestígio de "regente único e bom rei constitucional" e atuar no interesse do Império, discordou da intervenção brasileira no Prata e de outras orientações das chefias saquaremas, e deixou a direção do gabinete em 1849. E, nas décadas seguintes, ao mesmo tempo em que resistiu às intervenções do Estado no gerenciamento da propriedade escrava, em especial à determinação da liberdade do ventre, exercitou uma genuína "conciliação", contribuindo significativamente na montagem da Liga Progressista e na reforma do partido liberal.

Nas delicadas circunstâncias políticas criadas pelas guerras platinas, pelas turbulências financeiras, pelo desequilíbrio político nascido dos desentendimentos internos ao partido conservador e pela pressão liberal emergente a partir da década de 1860, Olinda seria lembrado para presidir vários gabinetes importantes: o de 4 de maio de 1857 (que gerenciou a crise decorrente da morte súbita de Paraná); o de 30 de maio de 1862 – gabinete dos Velhos (integrado por Holanda Cavalcanti e Sinimbu); e o Ministério das Águias, que reuniu, na gestão da Guerra da Paraguai, Nabuco, Ferraz, Saraiva e Paranhos. Então, estava distanciado dos partidos e dos programas pré-estabelecidos. Essencialmente pragmático, respondia às interpelações da Câmara: "Senhores, um programa de governo não é mais do que a maneira de resolver as questões pendentes" (p. 240).

A propósito dessa última fase da atuação de Olinda, Cascudo procurou nuançar o "retrato retocado" do marquês construído por Joaquim Nabuco em *Estadista do Império*^{2}, obra que, juntamente com os *Anais do Parlamento*, foi referência essencial para o texto. Embora aceitando algumas considerações feitas pelo historiador, dentre elas, que Olinda "tinha idéias próprias", mas "não tinha flexibilidade" devido ao "orgulho de ter sido regente", o autor discorda da idéia de que o estadista "não podia exercer o comando por se sentir um homem de outra época" e que, por isso, teria "arregimentado os melhores nomes e os deixado agir". Em seu entender, "depois de 1850, numa coerência psicológica, Olinda, servia sempre de nucleador de energias, apaziguador de tormentas, um homem que se indica como melhor anteparo pacificador a uma tempestade ameaçante" (p. 227), tarefa vital para a preservação da ordem e sobrevivência da nação que o brilho e a vaidade dos grandes oradores, apenas, jamais poderiam realizar. Isso porque, no exercício da política, Olinda submetera as lições européias às necessidades da "terra brasileira" e de seu "povo", combinando exemplarmente conhecimento, experiência, energia e moderação, atributos de quem estava habituado a dirigir negócios, homens livres e escravos. Administrara o Império com o cabedal e a vivência de um senhor de engenho, habilidades que o tornaram o mais autêntico dos estadistas. Por isso, ao falecer em 1870, havia garantido, apesar de sua maneira discreta e severa de ser, um lugar insubstituível na história da nação.

Dessa maneira, o autor estabelece, ao mesmo tempo, uma aproximação e uma polêmica sutil com Joaquim Nabuco e *Estadista do Império*. Por um lado, configurou, assim como aquele historiador e inúmeros outros escritores contemporâneos, um estudo biográfico tradicional, projetando um personagem único, cujo percurso se caracterizou por irrepreensível coerência e linearidade. O traço conservador desse perfil teórico se acentua, particularmente, quando consideramos as contribuições para esse gênero de trabalho historiográfico já apresentadas por Lucien Febvre em *Un destin: Martin Luther* (1927), e por Marc Bloch, em *Les rois thaumaturgues* (1923)^3, autores que problematizaram as figuras dos heróis, acentuando tanto a plasticidade dos indivíduos quanto das circunstâncias históricas. Mas, por outro, demonstrando sua originalidade frente a Nabuco, ao contrapor a grandeza e a eficácia do estadista/ senhor de engenho no gerenciamento das crises políticas ocorridas no Império, aos procedimentos, invariavelmente inadequados e malsucedidos dos bacharéis liberais, Cascudo não deixou de sugerir que Nabuco de Araújo, apesar de sua ilustração, sensibilidade e inteligência, não chegara a partilhar da perfeita sintonia que se estabelecera entre Araújo Lima, "o povo e a terra brasileira". [I. A. M]

2. Joaquim Nabuco, *Estadista do Império. Nabuco de Araújo. Sua Vida, Suas Opiniões, Sua Época*, São Paulo, Nacional, 1936.
3. Lucien Febvre, *Martinho Lutero, Um Destino*, trad. de Fernando Tomaz, Porto, ASA, 1994; Marc Bloch, *Os Reis Taumaturgos*, trad. de Júlia Mainardi, São Paulo, Companhia das Letras, 1993.

MELEAGRO [52]. 1ª VERSÃO: *Por que Meleagro? Cascudo narra a lenda que explica o título, "nome pedante para justificar feitiço da Grécia em mão africana". Meleagro, príncipe etólio, teve ao nascer a vida ligada a um tição que ardia na lareira. Altéia guardou a acha que escondia a existência do filho, tornado invulnerável, insensível, imortal. Mas num momento de raiva, atirou ao fogo o tição que era a vida do filho. Quando a acha se consumiu, Meleagro faleceu...* "Quem Matou Meleagro foi a Magia que Vive no Catimbó" (p. 23).

Mas o que é catimbó?

Embora Cascudo vise, como Montaigne, citado em epígrafe e no epílogo, só contar uma história, a das pesquisas que vinha fazendo já antes de 1928 – data em que Mário de Andrade fechou o corpo em Natal –, a narrativa do que é catimbó não é das mais claras. O que se deve tanto ao método não metódico do autor, e seus vertiginosos saberes e derivas comparatistas, quanto à própria complexidade do universo da feitiçaria e da magia, da fluidez dos conceitos (que já está no subtítulo que fala em magia branca, por que não magia negra?), da mistura que é própria do catimbó, além das mudanças que este foi sofrendo no tempo da pesquisa, também registradas por Cascudo, à medida que o vai descrevendo. Donde aquela mescla de reações que balança o leitor de Luís da Câmara Cascudo: admiração, envolvimento, aprendizagem, mas também sufoco, quase naufrágio pelo excesso de informação e comparação que o leva mundo e tempo afora. Mas que fique bem claro: só depois que se aprendeu com os conhecimentos que só Mestre Cascudo possui é que se é levado a interrogar-lhe os métodos, ou a construção do texto, ou os passeios do raciocínio. Sendo que, no caso de *Meleagro*, "contagiado pelas reportagens de João do Rio às religiões suplementares na Capital Federal", Cascudo nos leva pelos terrenos pantanosos dos mistérios humanos e cósmicos, e isso numa época em que ainda se derrapa em fugidios, escondidos e perseguidos cultos, em que feitiçaria, catimbó, macumba, espiritismo e candomblé se confundem (vide Mário de Andrade, em *Música de Feitiçaria no Brasil*)^4 e são caso de polícia, e a umbanda ainda está em gestação. Época em que o mais poderoso dos feiticeiros não teria ousado vislumbrar o estatuto que adquiririam hoje, não que se tenha perdido o apelo aos bons (?) efeitos dos feitiços.

E provavelmente não só no Nordeste onde feitiço tem nome: catimbó.

Já que "nome, organização, funcionamento tudo está misturado, confuso" (p. 20), o melhor será acompanhar o livro capítulo por capítulo, cujos títulos indicam um roteiro, ainda que não esgotem todo o conteúdo dos mesmos que se espalham mundo e tempo afora, no comparatismo enciclopédico de Cascudo.

O catimbó é um ritual de feitiçaria que parece circunscrito ao Nordeste. Incorpora traços da antiga feitiçaria européia, trazida pelos colonizadores e reforçada

---

4. Mário de Andrade, *Música de Feitiçaria no Brasil*, org. de Oneyda Alvarenga, São Paulo, Martins Fontes, 1963.

com as práticas das feiticeiras portuguesas degredadas no Brasil pelos tribunais da Inquisição, está próximo da pajelança da Amazônia, com reminiscências de rituais indígenas como o "adjunto da jurema", cachimbo e memórias negras de espíritos de heróis mortos, aos quais também haveriam de se agregar doses de espiritismo.

Capítulo 2: O Que É Catimbó? Nome e Função.

Pode-se, conclui Cascudo após citar os verbetes de muitos dicionários, somente afirmar que "catimbó é cachimbo [...] e sem cachimbo não haveria catimbó". Afirmação desenvolvida no terceiro capítulo, "Elementos Étnicos no Catimbó: O Cachimbo. Instrumentos. A Chave Simbólica", e no capítulo quatro: "Mesa de Catimbó. Funcionamento. Os Preparos".

Além do cachimbo, outro objeto indispensável do catimbó, emprestado aos rituais indígenas, é o pequeno maracá, a "marca-mestra". A chave intervém na cerimônia de fechar o corpo e serve para abrir e fechar a sessão de catimbó. Esta se chama Mesa. Tudo se reduz no cerimonial às invocações aos "mestres do além" através do fumo sagrado e das defumações. "O trabalho do mestre se chama fumaça" (p. 41). Há a "fumaça às direitas", para o bem, realizadas às segundas, quartas e sextas-feiras. E, às terças, quintas e sábados, a fumaça às esquerdas, para o mal: vinganças, obstar casamentos, enfermar alguém, conquistar mulher casada, despertar paixões "sem ser para o bom fim" etc.

Preparos: no centro da mesa de pinho, há a "princesa", bacia de louça clara, entre duas "bugias" acesas ao começo da "fumaça". Dentro da princesa, há os objetos mais heteróclitos: imagens ou figuras de santos, geralmente Santo Antonio de Lisboa, peças de roupa para o "preparo de trabalhos", bonecas de pano "preparadas", terços, raízes e madeiras "convencionalmente vindos do Pará" e livrinhos, principalmente espíritas. Ao lado da princesa, estão a marca, o cachimbo e a "marca-mestra". Diante do mestre, um crucifixo e, à esquerda, a chave; em cima da mesa, há vários papeizinhos enrolados em canudos, que servem para acender os cigarros ou charutos da assistência, depois de acesos nas bugias, o que é precedido pelo sinalda-cruz. O mestre abre a sessão com o fornilho do cachimbo na boca, assopra a fumaça para os quatro pontos cardeais, monologa uma oração católica, seguida das linhas da licença.

Durante os trabalhos, não se fala, fuma-se e bebe-se cauim, servido em pequenas cuias que vão passando de mão em mão ao longo de toda a sessão.

Capítulo 5: Transe e Possessão.

Defumações e maracá, jurema ou cauim são servidos para chamar os espíritos, os encantados. Seria do cerimonial banto o canto das "linhas" para chamar os encantados, os "mestres de além", que vão acostar no "mestre da mesa" ou em algum participante do ritual. O "acostamento" é discreto, nada que se assemelhe à ruidosa chegada do orixá.

Capítulo 6: O "Mestre". A "Semente". Reinados e Aldeias. Deveres do "Mestre". As Mestras. O Tabu do Mênstruo. Continência Sexual. A Virgem.

Referência a vários mestres e mestras conhecidos. A semente é o sinal exterior, fixando a legitimidade do mestre. Só ele exibe a semente, uma espécie de quisto, de cor vermelho escuro, visível por baixo da pele. A semente garante um saber e a capacidade de aprender.

Capítulo 7: Uma Sessão de Catimbó.

O autor descreve uma sessão a que assistiu no bairro do Alecrim, em Natal (seria o da casa de dona Plastina, onde Mário de Andrade fechou o corpo, cerimônia longamente descrita em *O Turista Aprendiz*^{5} e em *Música de Feitiçaria no Brasil?*)

Capítulo 8: "Fechar o Corpo", Pé Direito sobre o Pé Esquerdo. Chave do Sacrário.

Capítulo 9: Mau Olhado. Quebranto. Amuletos.

Aqui, como em todos os capítulos, o autor desenvolve a perspectiva comparatista, apelando para as mais diferentes culturas, remetendo ao aspecto universal desse universo da feitiçaria.

Capítulo 10: Catimbó Não É Macumba nem Candomblé.

Ou seja, "catimbó não é culto religioso" (p. 87). "Com a pajelança há intercomunicação, mas não dependência ou filiação" (p. 89).

Capítulo 11: Flora Medicinal do Catimbó. Banho de Cheiro. Remédios Tradicionais. Fumigações. As Entradas. O Sangue. A Saliva. O Sopro. Os Ares.

Capítulo 12: Feitiço, Despacho, Canjerê, Coisa-feita, Ebó, Muamba. O Sal. Chá de Rasto. Areia. Remédios Repugnantes. Encruzilhadas. Não Olhar para Trás. Soleira da Porta. Horas Propícias e Maléficas, Horas Abertas.

O longo título já é por si um verdadeiro tratado de magia, no catimbó e no mundo. Um exemplo de feitiço 'tremendo". Mistura-se um pouco de sal

com areia da pegada de uma criatura, tendo no meio uma unha, cabelo, um pedaço de roupa íntima. O "mestre" defuma com o cachimbo grande, salpica de cauim preparado, aguardente com sumo de raízes de jurema e enterra, à meia-noite, o feitiço numa encruzilhada ou estrada deserta, nas proximidades da casa do paciente. Este brevemente terá o corpo coberto de feridas incuráveis [...].

Descreve-se também o difícil contra-feitiço.

Capítulo 13: Envultamento.

Trata de uma reza forte, a oração ao sol, "destinada a despertar e fixar o amor", para alcançar a felicidade amorosa "ao alcance da vontade" e para isso exige preparo. Envultamento é "serviço de mulher", dizem os catimbozeiros, e são geralmente mestras que o preparam: confeccionam dois bonecos de pano, que devem conter algum fragmento de roupas das pessoas que simbolizam. Uma tem alfinete ou faca espetada no corpo; uma deve amar, a outra morrer.

---

5. Mário de Andrade, *O Turista Aprendiz*, São Paulo, Duas Cidades, 1976.

Capítulo 14: "Orações Fortes". Modelos Clássicos. Orações para Beber e Orações para Engolir. Material Colhido pelo Santo Ofício. Oração da Cabra Preta. Oração do Sonho de Santa Helena, Oração da Pedra Cristalina, Oração das Estrelas etc. etc.

As orações do Rio Jordão, do Sol, e de Santo Amanso, "com dois eu te vejo, com três eu te ato [...]", remetem, mostra Cascudo, ao velho fundo da feitiçaria ibérica; aparecem já em processos de 1638: "con dos te miro, con cinco te ato" etc.

Uma unidade feiticeril que eu haveria de reencontrar quando me ocupei de Maria Padilha^6.

Capítulo 15: Mestres Invisíveis e suas Biografias. As "Linhas" e as Músicas.

Os mestres do além podem ser indígenas, negros, brancos. Cada um possui fisionomia própria, gestos, voz, manias, predileções.

Capítulo 16: Post-scriptum e *Conclusões.*

Capítulo 17: Adendo.

Durante a Segunda Guerra Mundial, militares norte-americanos da base aérea de Parnamirim também apelaram para o catimbó, lembra o autor. Ele também reproduz reportagens, feitas por ocasião da "prisão de macumbeiros na Praia do Meio, que transcrevem muitas cartas de clientes e descrevem uma sessão de catimbó realizada como demonstração especial" na Delegacia da Ordem Social (outubro de 1947).

Os capítulos finais retomam o que já corria em filigrana pelo livro: apesar das reminiscências de práticas afro-indígenas,

a concepção da magia, processos de encantamento, termos, orações, são da bruxaria ibérica, vinda e transmitida oralmente" (p. 35).

A presença do feiticeiro, da feiticeira especialmente, é um documento histórico, uma constante etnográfica desde as manhãs do Brasil colonial. As denunciações e confissões prestadas ao Santo Ofício em Bahia, 1591-1593, e Pernambuco, Paraíba, 1593-1595, evidenciam a fauna prestigiosa da bruxaria européia, em funcionamento normal e regular. Encontramos os nomes ilustres de Maria Gonçalves, a Cajada, de alcunha Arde-lhe o Rabo, natural de Aveiro; a cigana Joana Ribeira, uma outra feiticeira que virava borboleta; uma denominada Mija Vinagre; Isabel Rodrigues, a famosa Boca Torta, que se transformava em pata quando queria; Catarina Ropdrigues, a Tripeira, uma mãe de Giga; a mulata Correia, colaça de Fernão Cabral de Andrade, dona de uma cobra dentro de uma botija e que fez o navio em que viajava degradada para o Brasil arribar duas vezes [etc.].

Assim, brancos, negros e indígenas fundiam suas técnicas para a conquista do brasileiro quinhentista.

O colono português trouxera suas superstições e as semeara no Brasil inteiro. Essas superstições fazem o lastro essencial às nossas crendices e constituem a percentagem decisiva. [...]

Ao findar o século XVI o brasileiro estava com todos os elementos disponíveis do espírito para ser um fiel consulente do candomblé, muamba, macumba, canjerê e xangô. Os volumes que registraram as confissões e denúncias em Bahia, Pernambuco e Paraíba evidenciam que a credulidade popular contemporânea tem raízes fundas na terra em que a raça se formou (pp. 191 e 193).

---

6. Marlise Meyer, *Maria Padilha e Toda a sua Quadrilha*, São Paulo, Duas Cidades, 1993.

O que será confirmado por Laura de Mello e Souza^7. *Meleagro* forma, com esse livro e o de Yvonne Maggie^8, um quadro do que parece ser consubstancial à formação brasileira: a estreita relação com magia. O que é corroborado por Gilberto Velho, que presenciou em 1978 em plena Av. Nossa Senhora de Copacabana a tranqüila incorporação de um preto velho, que passou imediatamente a ser saudado e consultado pelos passantes: "[...] o domínio do 'sobrenatural' aparece como fundamental para compreender o sistema de representações da sociedade brasileira ou do sistema cultural propriamente dito"^{9}. [M. M.]

MELEAGRO [52]. 2ª VERSÃO. *Meleagro* é livro fundamental para o conhecimento do folclore, da magia, da religião, e da medicina popular em nosso país. E ainda que se refira sobretudo ao Nordeste Oriental – à área, mais ou menos paralela ao litoral, que vai de Pernambuco ao Rio Grande do Norte –, não deixa, como destaca no subtítulo, a seu modo, de abranger todo o Brasil. Está cheio de descrições, mas sem deixar de conter lições teóricas e uma concepção bem articulada da formação social brasileira.

À magia, Cascudo dá o nome de catimbó, ainda que em seu entendimento o termo seja recente.

No Rio Grande do Norte, onde [o] estudei [...] o nome é relativamente moderno. Durante o século XIX a notícia oral do feiticeiro vinha através do medo da ciência do indígena, do nativo inadaptado e guardador de segredos miraculosos. Dizia-se "feitiço", como em Lisboa, ou "beber jurema", "adjunto da jurema" (p. 19).

Há um capítulo quase inteiro dedicado à origem da palavra, que afinal parece relacionar-se com cachimbo, tanto mais que o cachimbo constitui um dos materiais mais importantes dessa magia.

Cascudo gosta de enfatizar as raízes européias do Catimbó. Mas esse europeísmo não exclui uma *trirracialidade* que, por assim dizer, lhe é igual e oposta. Logo no princípio, encontramos o enunciado segundo o qual "O Catimbó reúne, reconhecíveis na sua união como veios num mesmo bloco de mármore, as participações de brancos, negros, ameríndios" (p. 12). Na verdade, nosso autor vai além das raízes nacionais para chegar a uma magia universal e arquetípica, pois "a bruxaria de gregos e de romanos revive processos perpétuos de encantamento disfarçados em rezas católicas usadas pelo português de casa armoriada e pelo preto fiel a Xangô" (p. 12). Mas qualquer que seja essa base supranacional, "o Catimbó é o melhor, é o mais nítido dos exemplos desses processos de convergência afro-branca-ameríndia. As três

7. Laura de Mello e Souza, *O Diabo e a Terra de Santa Cruz*, São Paulo, Companhia das Letras, 1986.
8. Yvonne Maggie, *Medo do Feitiço: Relações entre Magia e Poder no Brasil*, Rio de Janeiro, Arquivo Nacional, 1992.
9. Gilberto Velho, *Projeto Metamorfose – Antropologia das Sociedades Complexas*, Rio de Janeiro, Jorge Zahar, 1994.